W0344477

Nichts als die Wahrheit

Das Buch

Zum ersten Mal erzählt Pop-Millionär Dieter Bohlen – gemeinsam mit Katja Kessler, Deutschlands Gesellschafts-Kolumnistin Nr. 1 – wie das alles wirklich war:

Wie er als Dorfjunge aus Oldenburg immer ganz nach oben wollte. Warum er schon mit 25 so viele Frauen hatte wie kein anderer. Wie er Modern Talking gründete, warum seine Ehe mit Verona Feldbusch nur vier Wochen hielt und er dreizehn Jahre nicht von Nadja Ab del Farrag loskam. Wie ihm Boris Becker bei Sabrina Setlur zuvorkam, warum er Roy Black und Peter Alexander bewundert. Und schließlich: Welches süße Geheimnis er mit Brigitte Nielsen und Daliah Lavi teilt. Eben nichts als die Wahrheit …

Die Autoren

Dieter Bohlen, Baujahr 1954, ist mit 500 Goldenen und 50 Platin-Schallplatten der erfolgreichste deutsche Pop-Produzent aller Zeiten. Neben Modern Talking produzierte er u.a. Bonnie Tyler, Al Martino, Roy Black, Howard Carpendale, Dionne Warwick und Chris Norman. Für seine musikalischen Leistungen erhielt er u.a. die Goldene Kamera, Bambi, Echo und den Goldenen Löwen.

Dr. Katja Kessler, 1969 in Kiel geboren, ist Zahnärztin und seit 1999 Klatsch-Kolumnistin der *Bild-Zeitung*. Sie schreibt als Autorin für *Welt am Sonntag* und *Frankfurter Allgemeine Zeitung*. Für ihre Arbeiten wurde sie u.a. mit dem Journalisten-Preis für Lebensfreude von Moët & Chandon ausgezeichnet.

DIETER
BOHLEN
mit Katja Kessler

Nichts als die Wahrheit

Weltbild

Besuchen Sie uns im Internet:
www.weltbild.de

Genehmigte Lizenzausgabe für Verlagsgruppe
Weltbild GmbH, Steinerne Furt, 86167 Augsburg

Umschlagmotiv: Stephan Pick
Gesamtherstellung: GGP Media GmbH,
Karl-Marx-Straße 24, 07381 Pößneck
Printed in Germany
ISBN 3-8289-7239-X

2006 2005 2004 2003
Die letzte Jahreszahl gibt die aktuelle Lizenzausgabe an.

Inhalt

Intro

Oder: Warum ich jetzt auch noch ein Buch schreibe

Liebe Bohlen-Buch-Leser!

Immer wieder werde ich gefragt:

1) Lieber Dieter, wie kriegt man so viel Kohle?
2) Lieber Dieter, wie kriegt man so viele Frauen?
3) Lieber Dieter, wie kriegt man so viele Autos?
4) Lieber Dieter, wie macht man das, immer in den Medien zu sein?

Die Zeit scheint reif für ein paar Antworten. Frage eins bis drei wären schnell geklärt: Talent + arbeiten + arbeiten + arbeiten + arbeiten – dann kommt irgendwann auch die Kohle. Und: Haste Kohle, haste Frauen, haste Autos.

Doch nun zu Punkt vier: In die Medien zu kommen ist nicht so, wie Klein Erna sich das immer vorstellt. Man sitzt nicht den ganzen Tag zu Haus, überlegt sich irgendwelche komischen Geschichtchen und ruft dann die Zeitung an. Geschichten erzählt nur das Leben. Wer keine Personality hat, kommt auch nicht in die Medien (es sei denn, er schläft mit einem Promi). Profil wie ein Bridgestone-Reifen – das gibt einem nur der liebe Gott, das hat man oder hat man nicht. Ich mein: Wer sagt schon, was er denkt? Haben doch alle die Büx bis oben hin voll. Das ist die Message dieses Buchs: Free your mind! Think different! Be different!

Und noch etwas war für mich Anlass zum Schreiben meiner Autobiografie: der Schotter (womit wir wieder bei Punkt 1 wären). Ich habe den Spieß einfach mal umgedreht – früher haben die Leute für die Lügen über mich sehr viel Geld gekriegt, jetzt kassiere ich für die Wahrheit.

Hier bin ich, leckt mich alle!
Euer Dieter

1954
Der kleine
Dieter
Oder: Wie ich die Liebe lernte

Also ich sag mal so: Wenn andere mit dem goldenen Löffel im Mund geboren werden, dann sind's bei meinen Ahnen Mistgabel und Sahnespritztüte. Oma und Opa Bohlen waren Schweine- und Kuh-Bauern in der dunkelsten Ecke von Ostfriesland, irgendwo an einem Kanal. Außer Schweinen und Kühen hatten sie noch elf Kinder. Ich kann von Glück sagen, dass mein Vater ein echter Sturkopp ist und unbedingt Abi machen wollte. Sonst würde ich jetzt vielleicht auch mit Gummistiefeln hinterm Deich rumhopsen und an Kuheutern rummachen. Oder ich wäre Otto Waalkes geworden, auch ein Absturz.

Der wichtigste Mensch, die allergrößte Liebe meines Lebens ist Mamas Mama: meine Oma Marie. Alles was ich bin, bin ich durch sie. Sie war etwas absolut Einmaliges. Dass ich ihr Enkel war, gab mir schon früh das Gefühl, auch etwas Besonderes zu sein. Sie ist die Person, die in mir den Keim gepflanzt hat, meinen Träumen zu folgen. Dazu muss man wissen: Oma Marie war Hausfrau in Königsberg, dem heutigen Kaliningrad, und flüchtete nach dem Krieg mit Opa Wilhelm, einem Konditormeister, fünf Kindern und einem megamäßig leckeren Rezept für Erdbeertorte in die Nähe von Oldenburg. Opi starb früh an Leberkrebs, Oma Marie war Oma Courage, strickte, häkelte, machte morgens, mittags, abends Essen. Sie konnte das beste Kaninchen auf diesem Planeten, das spickte sie mit Knoblauchzehen, bis es aussah wie ein Igel. Immer wenn der kleine Dieter ein Jahr älter wurde, steckten seine Kerzen quasi nicht im Kuchen, sondern im Karnickel, ihr Geburtstagsgeschenk für mich. Für mich war sie die schönste Frau der Welt, sie schnitt sich nie die Haare und hinten am Kopf, weiß ich noch, hatte sie so eine Schnecke aus geflochtenem Haar kleben. Von ihr kriegte ich dieses Antennenmäßige, was ein Mensch haben muss, um Komponist zu sein. »Vor den Erfolg hat der Heiland den Schweiß gesetzt«, »Du sollst immer ehrlich sein« – ihre Schnacks waren meine Werte, ich sag immer: Mein Neues Testament stammt nicht von Gott, sondern von Omi.

Wenn sie mal was geschenkt bekam, was in unserer Familie zweimal in fünf Jahren passierte, bunkerte sie es gleich in der Kommode, »für schlechtere Tage«, wie sie meinte. Ich halte es seit Kindheit genauso: Anzüge erst mal in den Schrank, alles Teure schnell ab in den Safe. Und später, wenn ich alles wieder vorholen will, merke ich manchmal: »Ist ja schon total out, das Teil.« So liegt zum Beispiel seit Jahren eine 18-Karat-Cartier-Uhr – so mit dickem Gold drum rum – in meinem Tresor. Die kann man eigentlich nur noch anziehen, wenn man Dealer in Herne-Süd werden will und Sätze sagt wie: »Ey, du voll fett der krasse Macker!«

Omi hatte eine russische Seele: erdig, schwermütig, melancholisch, dieses ganze Moll-Feeling in meiner Musik habe ich von ihr. »Herr, gäh vorrann auf derrr Lebbensbahn!«, sang sie immer mit zittriger Stimme in ihrem Memel-Ecke-Ostpreußen-Akzent, der so angenehm rollt und so ein Wohlfühlen und eine Gemütlichkeit im Bauch macht. Und den ich noch heute im Ohr habe. Oder sie schimpfte: »du Lorrrrbass«, »du fetterrrr Borrrrcher«, was so viel heißt wie »du Lümmel«, »du Wutz«. Damit meinte sie mich, ihren Enkel. Vor einem Konzert in Danzig drückte ich mal einer bettelnden alten Mutti einen Tausender in die Hand, nur weil sie mich so an Omi erinnerte. Als sie vor ein paar Jahren starb, meine Omi, war das Am-Grab-Stehen für mich, wie fünfzig Prozent von mir mit einzubuddeln. Könnte ich jetzt wie E. T. in den Himmel telefonieren, wo sie sicherlich dem lieben Gott auch grade Karnickel brät, würde ich sagen: Omi, ich liebe dich und es vergeht kein Tag, wo ich nicht an dich denke. Eigentlich plante ich auch, an dieser Stelle ein Tempo-Taschentuch ins Buch zu kleben, dies wurde mir aber vom Verlag untersagt.

Nach meiner Oma ist meine Mama Edith die zweitsüßeste Frau von der ganzen Welt, weich wie Yes-Torty, die sich schämt, wenn ich im Fernsehen das Wort »geil« in den Mund nehme, und die sich dann beim Friseur hinter ihrer »Frau im Spiegel« versteckt, um nicht drauf angesprochen zu werden. »Junge, dafür haben wir dich nicht studieren lassen«, sind ihre Worte. Sie sieht aus wie Dagmar Berghoff, nur noch hübscher, wie ich finde. Eine ganz zierliche Person, der man fast einen Keks zustecken möchte, weil sie so wenig wiegt und Beschützerinstinkte in Männern weckt. Ein Journalist schrieb mal unter ein Bild von uns beiden: »Der mit den Falten, das ist der

Sohn.« Ach ja, die Falten! Zum einen lege ich mich, seit ich achtzehn bin, rigoros in die Sonne, das hinterlässt natürlich seine Spuren. Zum anderen habe ich die Hans-Bohlen-Krater-Gene geerbt. Ich habe die Befürchtung, in seine Familie sind mal Hush-Puppies eingekreuzt worden. Egal! Mein Vater sieht vielleicht nicht aus wie ein Model, dafür hat er einen enormen Charme. Früher fielen die Frauen reihenweise auf ihn rein, auch Klein Edith.

Ich war ein Volltreffer. Meine Eltern – Hans fünfundzwanzig, Edith grade mal achtzehn – verabredeten sich nur einmal zum Eisschlecken, schon wurde Mama Mutti. Sie heirateten, denn das war natürlich damals unmöglich, Kinderkriegen ohne Trauschein. Bei meiner Geburt schrie sie die ganze Zeit: »Ich platze, ich platze!«, für sie muss sich das angefühlt haben, als ob sie da ein ganzes Haus inklusive Garage und Vorgarten zur Welt bringt, dabei kriegte sie blutunterlaufene Augen. Ich hatte nämlich schon damals das, was mich heute auszeichnet: eine halbe Wassermelone auf den Schultern.

Kaum war zwei Jahre später mein Bruder Uwe geboren, warf mein Vater seinen Job als Beamter im Straßenbauamt Aurich hin und machte sich mit seiner Straßenbau-Firma »Hans Bohlen Tiefbau GmbH Oldenburg« selbstständig. Das Geld für die allerersten Maschinen und Geräte bettelte er sich bei allen möglichen Bekannten zusammen. Abends am Abendbrottisch ging es nur um Preise, Schubkarren, Zementmischer, Walzen, Raupen und Bagger. Gleichzeitig schaufelte sich mein Vater Bratkartoffeln mit extra viel Eiern und Flinsen rein, die Oma Marie für ihn gebrutzelt hatte. Bevor wir anderen uns hingesetzt hatten, war er schon fertig mit seinem Teller. Die Auftragslage war schwierig, meine Mutter hielt im Büro die Stellung und bekam fast jedes Mal einen Kreislaufkollaps, wenn die Lieferanten den Zement anlieferten und die Preise wieder um einskommafünf Pfennig gestiegen waren. Sie feilschte, als ob es um ihr Leben ginge, und versuchte die Moneten zusammenzuhalten, während mein Vater zu ihrem Leidwesen oft zu wenig wie ein Geschäftsmann dachte. Wenn sie mahnte: »Hans, diesen Arbeiter musst du jetzt wirklich entlassen, der war acht Wochen krank, außerdem säuft er wie ein Loch«, dann brauchte sich der Typ nur hinzustellen und sich ein paar Tränen abzuweinen und schon zerfloss mein Vater vor Mitgefühl. Überhaupt: Das hab ich von ihm, da bin ich wie er: Dieses Weichwerden bei Menschen, die schluchzen. Auch mein Papa wäre, glaube ich, auf marodierende Feld-, Wald-, Wühl- und Tränenmäuse reingefallen.

Bei all der Arbeit und Anspannung wollte ich meiner Mutter immer zeigen, wie lieb ich sie hatte. Bei uns vor dem Haus hatte meine Oma Rabatten voll mit blauen und gelben Stiefmütterchen gepflanzt. Als ich zwei Jahre alt war, rupfte ich die alle raus, weil mir meine Oma das Märchen von Schneewittchen erzählt hatte und ich keine böse Stiefmutti wollte. Zum Muttertag 1959, ich war gerade fünf, hatte ich endlich die Idee für den ultimativen Liebesbeweis: Ich beschloss, meiner Mutter ein bisschen von ihrer vielen Arbeit abzunehmen und unser Haus – Esszimmer, Küche, Bad – einmal komplett feucht aufzuwischen. Als ich nach getaner Arbeit feststellte, dass mein Werk nicht zufrieden stellend glänzte, ging ich zum Kühlschrank, holte die gesammelten Margarine-Vorräte raus und versuchte damit, alles zum Spiegeln zu bringen. Meine Mutter schlug die Hände überm Kopf zusammen und kriegte einen Schreianfall, woraufhin ich schon in diesem zarten Alter beschloss, meine Aktivitäten in der Küche in Zukunft auf ein Minimum zu reduzieren.

Trotz Arbeiten und megamäßig Ranklotzen: Die Kohle war knapp bei uns zu Hause und wenn sie nicht knapp war, war sie ganz aus. Eines Abends wollten meine Eltern ins Kino und hatten noch nicht mal das Geld für zwei Karten übrig. In meinem Zimmer im Regal stand ein hellblaues Sparschwein, in das mein Onkel Günther und meine Tante Marianne bei ihren Besuchen immer was für mich reinsteckten. Um sich überhaupt mal einen netten Abend leisten zu können, schlich mein Vater in mein Zimmer und erschlug mein Sparschwein, während ich schlief.

Ein anderes Mal wünschte ich mir einen tollen Doppeldecker-Tuschkasten mit ganz vielen Zwischenfarben und Extrafach für meine Pinsel. Alle in meiner Klasse, so hatte ich das Gefühl, hatten die

Luxus-Ausführung von Pelikan, aber für den kleinen Dieter reichte es dann doch nur wieder für die Sparversion aus Taiwan. Theateraufführungen in der Schule waren der größte Horror. Ich wollte so gern als Held gehen, alle sollten mich beneiden. »Hier ist ein Badehandtuch, leg dir das um die Schultern, du bist jetzt Prinz!«, sagte meine Mutter. Damit war der Fall für sie erledigt.

Und ich erinnere es auch noch wie heute: Mein erster und einziger Besuch mit meinem Vater im Hallenbad. Ich hatte zwei Albträume: meine grün-schwarz karierte Badehose, die ich hasste, weil sie so hässlich war. Und mich mit allen anderen zusammen umziehen zu müssen. »Kann ich da rein?«, fragte ich meinen Vater und deutete auf die Einzelkabine für zwei Groschen. Aber er sagte nur: »Komm mit!« und zog mich in die kostenlose große Gemeinschaftskabine für Männer. Da stand ich dann mit meinem kleinen nackten Pingelmann zwischen lauter Hängebäuchen, fummelte schnell meine Badehose aus der Tasche und schämte mich tot, weil ich dachte, alle würden mir was abgucken.

So war mein Aufwachsen: voll sparsam, immer aufpassen, immer kalkulieren. Und wenn mein Vater einmal überraschend dreihundert Ytong-Steine für den Werken-Unterricht in meiner Schule spendierte, damit wir daraus Fische und Herzen sägen konnten – »Hier, Kinder, bastelt mal schön!« –, lag der Verdacht nahe, dass er nur deshalb so großzügig war, weil er wollte, dass sein Sohnemann von einem Fünfer auf eine Drei kam.

Aber es war nicht nur der Mangel an Geld, der meine Kindheit prägte, es waren auch die Erzählungen meines Vaters. Wenn er seine trübe Jugend beschrieb, was häufig vorkam, dann hatte man förmlich den Geschmack von durchgeachselten Hemden und Schweißfüßen auf der Zunge: »Jeden Morgen musste ich fünfzehn Kilometer zu Fuß zum Gymnasium laufen, Dieter«, mahnte er, »ob Hitze, ob Kälte, ich musste ran!« So ging es endlos weiter: Wie alle gegen ihn gewesen seien. Wie er sich hätte durchbeißen müssen. Und seine Ausführungen endeten stets mit denselben Worten: »Du weißt ja gar nicht, wie gut du's hast, Dieter!« Denen die ewig gleichen Horror-Szenarien folgten: »Wenn du in der Schule nicht Gas gibst, dann kriegst du nur noch einen Job bei der Müllabfuhr und verhungerst in der Gosse.« Ich bekam mächtig Grusel, ich war ja auch noch ganz klein damals.

Dieser Grusel wurde zu meinem ständigen Begleiter, der Stress und die Existenzangst meiner Eltern waren auch meine. Immer an Weihnachten spitzte sich die Situation in unserer Familie dramatisch zu, dann herrschte emotionaler Ausnahmezustand bei uns in Oldenburg. Mein Vater schloss sich mit seinen Jahres-Bilanzen in sein Büro im Anbau hinterm Wohnzimmer ein, und wenn er feststellte, dass auch dieses Jahr nix an Geld übrig geblieben war, kam er wieder zum Vorschein und wollte sich erschießen. (Wobei er für eine Pistole wahrscheinlich gar kein Geld gehabt und es nur für ein Bahnticket bis zur nächsten Brücke gereicht hätte.) »Ich kann euch alle sowieso nicht mehr ernähren! Besser, ich bring mich um«, schimpfte er. Dann erschrak meine Mutter: »Aber Hans, so was kannst du doch nicht sagen!«, und stellte wie jedes Jahr schnell die Gans auf den Tisch. Aber auf mich verfehlten diese Worte natürlich nicht ihre Wirkung. Ich sag mal: Wie andere Kinder unterm Baum ihre Geschenke fanden, so stand da für mich mein psychologisches Päckchen mit der Aufschrift »keine Kohle«. Ich weiß nur: Ob jetzt Multi-Multi-Multi-Millionär oder nicht, ich werde zeit meines Lebens von dem Druck vorwärts getrieben werden, dass ich nicht genug auf die hohe Kante geschafft habe.

Nach innen kein Frieden, nach außen auch nicht. Mit den anderen Kindern in meiner Straße befand ich mich im Dauerkriegszustand. Denn obwohl es vorne und hinten nicht reichte und meine Mutter manchmal nicht wusste, wovon sie die Rechnungen für Kies und Sand zahlen sollte, hatte sich mein Vater, der alte Hasardeur, einen Mercedes 180 D gegönnt. Der sorgte dafür, dass meine Mutter einen halben Anfall kriegte und nicht mehr mit meinem Vater sprach. Und bei meinen Spielkameraden hatte ich von Stund an verschissen, hier brach der allgemeine Neid aus: »Ey Bohlen, komm her, willst Dresche?« Auf einen Schlag war ich voll unbeliebt. Ihre liebste Tätigkeit war es, mir auf dem Rückweg von der Schule im Straßengraben aufzulauern. Und immer wenn sie mich zu fassen kriegten, musste ich mir neue Schliche und Methoden ausdenken, wie ich sie mir vom Hals halten konnte: »Passt mal auf«, lockte ich, »lasst mich nach Hause gehen, ich hol euch 'ne riiiiesige Tafel Schokolade!« So wurde schon früh meine Kreativität gefördert. Zu Hause angekommen, holte ich natürlich keine Süßigkeiten aus dem Schrank, sondern schickte meine Omi mit dem Besen vor. Ich stand triumphierend und feixend hinter der sicheren Hecke und sah zu, wie sie meinen Peinigern eine Tracht Prügel androhte. Und gleichzeitig war mir angst und bange vor dem nächsten Mal, wo sie mich kriegen würden.

Der Umzug nach Eversten, einem Vorort von Oldenburg, war es, der mich schließlich rettete, da war ich zehn. Mittlerweile hatte mein Vater so viele Landstraßen betoniert, Gruben ausgebaggert und Kanalisationsrohre verlegt, dass wir uns ein schickes Eigenheim in bevorzugter Wohnlage leisten konnten. »Nicht kleckern, sondern unterkellern« – was mein Papa machte, machte er richtig: Da wartete nicht nur irgend so eine Villa auf die Familie Bohlen, da wartete ein riesiger hingeklotzter zweigeschossiger Kasten aus gelbem Klinker mit hässlichem Flachdach auf uns. Wobei: Kästen mit Flachdach waren damals schwer angesagt.

Mein Vater hatte mittlerweile eine Armee von zweihundert Arbeitern, die er zwischen mehreren Großbaustellen hin und her bewegte. Und ich war immer mächtig stolz, wenn wir in seinem Mercedes über die Baustellen kurvten, er das Fenster runterkurbelte und laut rief: »Haut mal 'nen Schlag rein, Jungs!« Das gefiel mir mächtig gut – mein Vater, mein Denkmal. Ich wollte, wenn ich erwachsen war, auch Scheiben runterkurbeln und Anweisungen geben.

In der Schule fand ich es eine gute Idee, meinen Vater zu imitieren. Brachte mir auch nicht wirklich viele Freunde. Ich weiß noch: Ich nahm immer wieder Anlauf, Klassensprecher zu werden. Aber wenn dann am Ende der geheimen Abstimmung die Zettelchen ausgezählt wurden, erschien auf der Tafel hinter meinem Namen stets nur ein einsamer Kreidestrich, sodass ich wusste: »Hey, der Einzige, der dich hier wählt, bist du selbst.« Der Blick auf diesen Strich erschütterte mich. Im Geiste sah ich mich als Anführer, als eine Art Bandenchef, und ich kam einfach nicht auf den Trichter, woran es lag, dass die anderen nicht alle auf mich abfuhren.

Dann begegnete mir das Schicksal – in Form eines hässlichen verpickelten Typen, da war Klein Bohlenski gerade in der zweiten Klasse vom Gymnasium. Dieser Typ war zwar hochgradig unappetitlich, aber was er konnte, war Gitarre spielen. Und auf einmal saßen alle Mädels, alle Jungs aus meiner Klasse fasziniert um ihn rum, wenn er »I Wanna Hold Your Hand« von den Beatles spielte. Alle machten uh und ah, plötzlich war er cool, war er angesagt. Alle wollten ihn kennen. Und bei mir fiel der Groschen: »Moment, so funktioniert das also mit dem Beliebtsein!«

Ich lief sofort zu meinem Vater. Tagelang lag ich ihm in den Ohren mit nur einem Satz: »Duuu, Paaaapa, du, ich möchte auch so 'ne Gitarre!« Aber natürlich sagte mein alter Herr: »Nee, nix da Gitarre! Hausaufgaben machen!« Das konnte mich von meiner Idee nicht abbringen. Ich wollte, dass die anderen auch so um mich rumsaßen, mich bewunderten und fragten: »Sag, Dieter, wie machst du das?«

Die Lösung war ein Bauer aus Eversten, fünfhundert Meter weiter die Straße hoch. Für fünf Mark am Tag konnte ich hier mit einem Drahtkorb unter dem Bauch hinter einem Trecker in der Ackerfurche rumkriechen und Kartoffeln einsammeln, die der Pflug aus der Erde gewühlt hatte. Mit siebzig Mark und zwei Kilo Mutterboden unter den Fingernägeln rannte ich los und kaufte mir bei Merkur neben der Kirche meinen Traum: eine kleine Wandergitarre.

Gitarre gut und schön, aber jetzt musste ich auch was spielen können. Ich hatte noch zehn Mark über, von denen leistete ich mir eine Gitarrenstunde. Eine einschneidende Erfahrung: Ich bin Linkshänder, der Gitarrenlehrer zupfte beharrlich mit rechts. Das brachte mich total durcheinander, ich kapierte nur Bahnhof. So war meine erste Stunde gleichzeitig auch meine letzte.

Also wenn die Bienen ihren Rüssel in die Blüte …

An dieser Stelle möchte ich mal was zu dem Thema sagen, was mich schon früh beschäftigte: Sex und Aufklärung. Wenn ich meine Oma löcherte: »Du, Omi, wo komm ich eigentlich her?«, dann war ihre Standardausflucht: »Dich hat der Esel im Galopp verloren!« Keine wirklich befriedigende Antwort. Ich wusste mir zu helfen: Besuche beim Bauern im Stall vermittelten mir erste grobe Eindrücke.

Jetzt wollte ich es genau wissen: Wie funktioniert das eigentlich bei den Menschen? Zum Glück wusste ich, dass die Mädels aus meiner Nachbarschaft genauso neugierig waren wie ich auf die Antwort. »Kommt!«, sagte ich zu meinen Kumpels. »Ich hab da was organisiert.« Alle zusammen schlichen wir hinter die schützenden Erdwälle eines Schießstandes, der sich hinter einer Kneipe befand. Vorne feierten die Erwachsenen, hinten spielten wir Kinder Doktorspiele. »So, der Arzt kommt, ihr müsst euch jetzt ausziehen!«, meinte ich zu den Mädels.

Natürlich wurden wir irgendwann von ein paar Erwachsenen dabei erwischt. Ich sag mal: Heute wäre das natürlich ganz anders, da würde man Tiefen-Gespräche führen nach dem Motto: »Können wir euch helfen?«, aber damals hieß es nur: »Ey, ihr Schweine! Wartet, bis wir euch erwischen, Drecksäue!« Ich hatte unglaubliche Angst, dass jemand zu meinen Eltern gehen und mich verpetzen könnte. Ich wusste, mein Vater wäre ausgeflippt. Die ganze Nacht zitterte ich oben in meinem Zimmer unterm Dach, wartete auf das Klingeln an der Haustür, lauschte auf Gebrüll, auf wütende Schritte, die die Treppe hochpolterten. Aber nichts passierte. Und kaum, dass ich feststellte, dass nichts passierte, kam mein Selbstbewusstsein zurück. Eigentlich, fand ich, war das doch ganz normal, dass man als kleiner Junge sehen wollte, wie das beim kleinen Mädchen unten aussah – oder nicht?

Nächster Schritt: Küssen lernen. Bei uns in der Straße wohnte eine, die hieß Nele und sah voll gruselig aus: Sie hatte eine Pony-Frisur, die ihr bis über die Nase hing, um zu kaschieren, dass sie sich mit dem linken Auge in die rechte Hosentasche gucken konnte. Aber das war egal. Für zwei Mark konnte man sie küssen. Das Geld »borgte« ich mir bei meiner Mutter aus dem Portemonnaie. Hektisch und verschwitzt lief ich zu dieser Nele, aber die wollte mich nicht küssen, selbst nicht gegen Bares. Und schon gar nicht auf Zunge, wie mir vorschwebte. Ihr Laden brummte wohl, die Nachfrage an diesem Tag war einfach zu groß. Schließlich durfte ich doch ran, genau fünf Minuten. Und ich weiß noch: Sie schmeckte nach Kaugummi.

Lülle

Ich war bereit! 1967, mit dreizehn, trat Lülle in mein Leben. Lülle hieß eigentlich Liesel, wohnte bei mir in der Straße, trug Zöpfe und wurde meine allererste Freundin. Wir schmusten immer bei ihr zu Hause, im Gegensatz zu mir hatte sie voll tolerante Eltern. Außerdem war es Lülles hochherrschaftliche Aufgabe, mit mir Hitparade zu spielen: Sie musste die Titel anhören, die ich komponiert hatte. Das Boykottieren des Gitarrelehrers hatte nämlich tief greifende Folgen. Weil ich nicht mehr hinging, konnte ich auch keine Noten lesen. Und weil ich keine Noten lesen konnte, konnte ich auch keine Stücke nachspielen. Also mussten eigene Kompositionen her. Mein liedtechnischer Tages-Ausstoß lag bei zwei Stücken. Von denen musste Lülle sagen, wie sie sie fand, und Platzierungen vergeben. Meine Konkurrenten waren: »Dear Mrs. Applebee« von David Garrick, »I'm a Believer« von den Monkees, »All You Need Is Love« von den Beatles und »Goodnight My Love« von Roy Black.

Ein trüber Tag brach an, als Lülle fünfzehn wurde, mich verstieß und sich, zackizacki, von einem fremden Musiker namens Detlef schwängern ließ. Ich sah sie nie mehr wieder. Mit Lülles Abschied schickten meine Eltern zehn Stoßgebete zum Himmel. Oder besser gesagt: Meine Oma betete, denn meine Eltern waren viel zu beschäftigt.

Herr Engelmann

Dank der Gitarre lief es mit den anderen Kindern jetzt supi, nur die Erwachsenen widersetzten sich meinem Charme, allen voran mein Klassenlehrer, Herr Engelmann. Typ männliches Fräulein Rottenmeier, superstreng und verkniffen, mit Glatze und Schmissen auf der Backe. Unser Verhältnis ging endgültig den Bach runter an dem Tag, als ich für meine Mitschüler mal wieder den Vorturner machte: »Schmeiß doch mal die Türleiste übers Geländer, Dieter! Traust dich nicht!«, stichelten sie. So was muss man mir nicht zweimal sagen. Just in dem Moment, wo ich das Ding übers Geländer semmelte, kam meine Bio-Lehrerin die Treppe hoch, die Leiste verfehlte sie um Haaresbreite und klatschte einen halben Meter vor ihr auf die Stufen. Was ich völlig übersehen hatte: Das Ding war gespickt mit tausend kleinen Teppichnägeln. Beinahe wäre aus ihr ein Fakir geworden.

Sie dachte natürlich, dass es sich um einen absichtlichen Anschlag auf ihre Person gehandelt hätte. Fünf Minuten später kam der alte Engelmann und fragte: »Wer war das?« Ich dachte mir nichts dabei, ich hatte ja auch kein schlechtes Gewissen und hob die Hand: »Ich war das.« Engelmann kam auf mich zu, holte aus und schlug mir mit voller Wucht, links, rechts, bamm, bamm, bamm, an den Kopf! Meine Nase platzte auf, das Ohrläppchen riss ein, ich fiel auf den Boden, er trat noch mal nach und schrie: »Raus hier, Bohlen, raus, raus, raus!«

Ich rannte auf die Toilette, drehte Klopapier zu Popeln und stopfte sie mir in beide Nasenlöcher, weil ich blutete wie verrückt. Ich war völlig perplex, ich wusste, ich hatte wieder was ausgefressen. Als ich zu Hause ankam, ging's erst richtig rund. Engelmann hatte keine Mühen gescheut, meinen Vater anzurufen und darüber aufzuklären, was für einen missratenen Sohn er hätte. »Hierher, Freundchen!«, sagte mein Vater, den Schuhlöffel schon in der Hand, und deutete in Richtung Badezimmer.

Mein Vater bat gern zum Vier-Augen-Gespräch ins Badezimmer. Aber das alles passierte nicht einfach nur so, nein, es war eher eine gerechte monatliche Zuteilung, die ich brauchte, denn ich war ein kompliziertes Kind. Und aus diesem komplizierten Kind sollte ein guter Mensch werden, wenn nicht durch einen Appell an die Rezeptoren im Hirn, dann durch die am Hintern. Meine Mutter sah das ähnlich: Wenn es ihr zu viel wurde, griff sie in ihrer Not für die Klärung pädagogischer Detailfragen auch mal zum Kochlöffel. Da wurde dann nicht mehr viel gelabert von wegen: »Aber Mama, ich wollt doch nur ...!«, zack, hatte ich eins an der Backe.

Auf der anderen Seite: Wenn's drauf ankam, konnte ich auf meine Eltern zählen. Da waren sie wie Löwen, die ihr Junges verteidigten. Es passierte beim Ringe-Turnen in der Schule. Ich kriegte einen Schlag auf den Kopf und stürzte auf die Matte. Völlig benommen rappelte ich mich hoch. Blut lief mir aus der Nase und den Ohren. Ich sah alles nur noch milchig und verschwommen. Verwirrt und planlos torkelte ich Richtung Umkleidekabinen, griff mir meine Klamotten und verließ das Schulgelände, ohne dass mich jemand aufgehalten hätte oder ein Lehrer auf mich aufmerksam geworden wäre. Unsicher und orientierungslos wankte ich durch Oldenburg, die Klamotten verkehrt rum, die Etiketten nach draußen, die Reißverschlüsse offen. Und kein Passant, der mich angesprochen und sich gewundert hätte: »Hallo, Junge, sag mal, was ist denn los mit dir? Können wir dir helfen?« So war auch damals ein bisschen die Zeit: Da interessierte es die Leute auf der Straße einfach nicht, ob so ein Typ wie ich Nasenbluten hatte und die Lage nicht peilte.

Ich wankte bestimmt sechs, sieben Kilometer zu Fuß nach Hause, brach dort in den Armen meines Vaters an der Haustür zusammen. Bewusstlos wurde ich ins Oldenburger Kreiskrankenhaus eingeliefert. Hier kam die Diagnose »Schädelbasisbruch mit Haarriss der Schädeldecke«. Dazu Sprüche wie »Herr und Frau Bohlen, richten Sie sich mal besser drauf ein, das war's wohl mit Ihrem Sohn.« Hier verdanke ich meinem Vater mein Leben: Er machte auf dem Absatz kehrt und schaffte mich in eine Privatklinik. Da war ihm nix zu teuer. Acht Wochen musste ich im Bett liegen, die ersten Wochen davon bei vollkommener Dunkelheit. Ich hatte wahnsinnige Kopfschmerzen, alles ging drunter und drüber in meinem Gehirn und es klöterte beim Sprechen. Man wies mich darauf hin, dass das vielleicht ein Leben lang bleiben würde, aber das interessierte mich nicht. Viel besser war, dass alle meine Freunde aus der Schule auf ein Stündchen vorbeischauten. Und meine Eltern mich täglich mit Marmorkuchen und Geschenken eindeckten. Da war Kauen, Rumgekrümel und Partystimmung bei mir am Bett, aber die eigentliche Ursache für den Schlag auf den Kopf, der Grund, warum ich überhaupt im Krankenhaus war, ließ sich im Nachhinein nicht mehr rekonstruieren. Obwohl alle meine Klassenkameraden drum rum gestanden hatten, wollte keiner was gesehen haben. Und ich selbst konnte mich an nichts erinnern.

Hendrike

Mit fünfzehn hatte ich eine eddelige Haarmatte bis auf die Schultern, trank gern ein paar Bierchen nach der Schule, mit Vorliebe Jever Export, frisch gezapft, und hing bevorzugt im »Gretna Green« rum, einem dunklen Schülertreff, wo sie die aktuellen Songs aus den Charts spielten: »Obla Di, Obla Da« von den Beatles und »Eloise« von Barry Ryan. Hier lernte ich meine große Liebe kennen: Hendrike. Vater angesehener Augenarzt, sie etepetete erzogen mit Ballett, weißem Flügel im Wohnzimmer, Hausmädchen und Latein-Unterricht.

Hendrike hatte kohlschwarze Haare, braune Augen, eine rabenrattenscharfe Figur – eine Estefania von Oldenburg und voll mein Typ. Meine Family war für Hendrikes Family nur die Abteilung »neureiche Coming-Ups aus der Vorstadt«. Hendrike ließ mich merken, wie gruselig sie mich fand. Sie mochte mich nicht einfach nur nicht, nein, sie fand mich zum Kotzen. Nach außen hin gab sie sich auf mein Gebalze zwar höflich, von wegen, sie sei »unsicher« und »wüsste nicht«. Aber sie wollte sich partout nicht mit mir treffen. So blieb mir nichts anderes übrig, als ihr im »Gretna Green« aufzulauern. Auf der Tanzfläche rotierte ich vor ihren Augen mit dem Becken, machte auf Elvis. Das war sonst meine Garantie-Methode, Mädels weich zu klopfen. Hendrike ignorierte mich, quatschte mit ihren Freundinnen, flirtete mit anderen Jungs.

Aber meine Oma sagte immer: »Steter Tropfen höhlt den Stein«, und so war das auch bei Hendrike. Jeden Abend, pünktlich wie ein Wecker, sagte ich ihr, wie toll sie aussähe. Dass ich den ganzen Tag nur an sie gedacht hätte. Dass sie die Frau meines Lebens sei. Irgendwie stimmte das alles auch. Ich glaube, Hendrike spürte das. Nach drei Monaten Graben erhörte sie mich.

Sie war meine Prinzessin. Es war dieser Gegensatz, der mich anzog: Sie, die jede Woche in die Oper und ins Theater ging, die so rein war und mit dreizehn Jahren natürlich noch Jungfrau. Die dasaß mit kerzengradem Rücken, anmutig wie eine Elfe. Bei der es zu Hause immer nach Duftkerzen roch, während ich Kerzen nur von Weihnachten kannte. Wozu gab's auch Elektrizität? Hendrike war die Frau, die ich haben wollte, meine Göttin, zu der ich aufblickte. Nur in einem Punkt fühlte ich mich ihr überlegen: Zog ich ihr die Klavier-Noten weg, konnte sie noch nicht mal mehr »Hänschen klein« spielen. »Mann!«, meinte ich zu ihr. »Du hast jetzt fünf Jahre Klavierunterricht und kannst überhaupt nix spielen ohne Noten, wo bist du denn bitte kreativ?« Dann saß sie da, schaute mich beleidigt an und fing an zu weinen.

Nach einem halben Jahr lernte ich ihre Eltern kennen: Wir saßen alle um den Tisch rum, Hendrike, ihr Vater, ihre Mutter, ihre vier Geschwister, da beugte sich ihr Vater zu mir und flüsterte: »Dieter, ich muss dich mal zur Seite nehmen.« Und ich fragte: »Ja, was ist denn?« Und er: »Nur damit wir uns da richtig verstehen, meine Tochter ist erst vierzehn …« Er redete so ein bisschen gespreizt und nebulös, woraufhin ich zu ihm sagte: »Ja, wenn Sie damit meinen, dass ich nicht mit Ihrer Tochter schlafen soll – das hab ich schon längst erledigt!« Woraufhin ihr Papi ganz locker ausholte und mir eine schallerte, dass ich neben dem Tisch lag. Bis an mein Lebensende hatte ich Hausverbot bei Hendrike.

Aber so war ich früher: Erwachsene hassten mich chronisch. Und ich merkte, wie heikel es manchmal ist, die Wahrheit zu sagen. Anscheinend gibt es verschiedene Wahrheiten: welche, die man sagen darf, und welche, die man für sich behält. Ich habe bis heute nicht begriffen, welche welche ist.

Hendrike und ich trafen uns fortan heimlich. Ich liebte sie rasend, war chronisch eifersüchtig. Eine Zeit lang hockte ich tagsüber im Baum vor ihrem Haus und beobachtete mit dem Feldstecher, wer bei ihr ein und aus ging. Sie hatte mir erzählt, dass sie mit irgendwelchen Mädels und Typen Hausaufgaben machen würde, und ich wollte sichergehen, dass sie mich nicht betrog. Unendliche Nachmittage verbrachte ich in diesem Scheiß-Baum.

Nachts kletterte Hendrike dann bei sich aus dem Fenster, lief – taptitap – sieben Kilometer zu Fuß zu mir und warf Steinchen gegen mein Fenster. Ich ließ sie rein, wir schnackselten eine Runde (oder auch zwei). In der Früh um drei – dumdidum – lief sie die sieben Kilometer wieder zurück. Meine Eltern kamen hinter das Treiben, als ich trotz Steinchen-Werfens einen dieser nächtlichen Hendrike-Besuche verpennte. Wer allerdings wach wurde von dem Lärm, war mein Vater: Er lud Hendrike in seinen Mercedes und karrte sie stillschweigend zurück nach Hause, ohne mich zu wecken. Was Weibergeschichten anbelangte, konnte ich auf sein vollstes Verständnis zählen: »Wir Männer, wir müssen doch zusammenhalten.«

Irgendwann kam der Herbst, der doofe Baum verlor seine Blätter und ich beschloss, die Observation von Hendrike aufs nächste Frühjahr zu verschieben. Außerdem wartete meine Musik auf mich. Seitdem ich die Gitarre in die Hand genommen und bei Lülle Hitparaden-Erster geworden war, war ich besessen von dem Gedanken, Musiker zu werden. Ich kam aus der Schule, warf den Ranzen aufs Bett und komponierte und traktierte meine Gitarre, bis meine Kumpels kamen: eine weitere Gitarre, ein Bass, ein Schlagzeug. Dann ging's ab in den dunklen, miefigen Heizungskeller, noch nicht das Optimum, aber immerhin ein Anfang. Hier in unserer Verbannung träumten wir von hell erleuchteten Stadien voller Menschen. Hausaufgaben Fehlanzeige, ich hatte Wichtigeres zu tun.

Eines Tages riss meinem Vater der Geduldsfaden: Tierisch genervt von dem ständigen Lärm in unserem Haus stürmte er in mein Zimmer und sagte: »Deine schulischen Leistungen sind schlecht! Jetzt ist Schluss!«, und – kawumm – trat er die Gitarre in die Grütze. Ich höre noch heute das Holz splittern. Ich heulte. So ist das, wenn du wochenlang im Kartoffeldreck wühlst für eine Gitarre. Wenn du dich schon Paul McCartney die Hand schütteln siehst. Und dann kommt dein Vater und haut von einer Sekunde zur anderen alles kurz und klein. Doch mein Papa, die alte Raufaser-Haut mit der Seele eines Sauriers, stand da und hätte beinahe mitgeflennt – noch am selben Tag hatte ich eine neue Klampfe und konnte weiterzupfen. Ich machte auf Bob Dylan und komponierte fortan Protestsongs:

»Viele Bomben fallen,
doch keiner ändert was,
es nützt kein Krawallen,
geschehen muss etwas.«

Das Ganze im Stil von »Blowing In The Wind«, also Lagerfeuer-Gitarren-Schrabbel-Sound.

Orgelitis Akutis

Nicht kleckern, sondern unterkellern, wenn schon, denn schon, was eine Saurier-Seele macht, macht sie ganz. Als meine großen Vorbilder aus dem Radio – Deep Purple, Uriah Heep, also die ganzen wichtigen ausländischen Bands – plötzlich alle Keyboards in ihren Songs hatten, holte mein alter Herr zum großen Wurf aus. Ich hatte natürlich nicht versäumt, ihn davon in Kenntnis zu setzen, dass so eine Orgel eine gute Geschenkidee sei und meine Band unbedingt technisch aufgepeppt werden müsste. So kam es, dass ich für sage und schreibe 1950 Mark eine kleine »Philicorda« zu Weihnachten geschenkt bekam. Drei Tage vorher konnte ich nicht schlafen, weil ich so aufgeregt war. Es sprengte meine Vorstellungskraft, so was Tolles unterm Baum zu finden. Nie wieder in meinem Leben freute ich mich so über ein Geschenk.

Stolz stellte ich die kleine, süße, schnuckelige Philicorda in mein Zimmer und hämmerte Tag und Nacht ohne zu essen und zu trinken auf ihr herum. »Ich will Komponist werden!«, verkündete ich jedem. Meine Eltern lächelten gequält, wenn sie durch das lautstarke Geklimper nicht grade einen Nervenzusammenbruch hatten. »Das reicht vielleicht für den Hausgebrauch«, meinte mein Vater, »damit kannst du auf Hochzeiten und Beerdigungen auftreten. Aber eine Familie kannst du damit nie und nimmer ernähren.«

Natürlich konnte sich mein Papa auch nicht verkneifen, mal wieder eines seiner geliebten Weltuntergangsszenarien ins Rennen zu schicken: »Irgendwann komme ich mit meinen Freunden zum Bahnhof und da stehst du als Penner mit dem Hut.« Aber eigentlich muss ich ihm dankbar sein, dass er so eine Motivationsbremse war. Gerade weil er sich nicht mitreißen ließ, konnte ich mir sicher sein, dass ich wirklich wollte, was ich da wollte.

Mit fünfzehn gründete ich mit meinem Kumpel Charly meine erste richtige Band: Mayfair. Und eine Band brauchte natürlich auch einen Gig. Ich ging zu Pfarrer Schulze und sagte: »Du, ich brauche dein Gemeindehaus!« Wir verkauften dreihundert Eintrittskarten für eine Mark das Stück. Vor dem Auftritt hatten Charly und ich aber so viel Lampenfieber und waren so aufgeregt, dass wir in einer Kneipe eineinhalb Liter Bier in uns reinschütteten. Das eigentliche Konzert dauerte dann nur noch fünf Minuten. Ich musste mich an meiner Orgel festhalten, weil ich so schwankte. Charly übergab sich hinter der Bühne. Der Mega-Reinfall.

Dieses Alles-für-die-Musik-Geben hatte natürlich seinen Preis. In der Schule gab es niemanden, der so grottenschlecht war wie ich, dafür fiel ich beim Stören positiv auf: An dreihundertfünfundsechzig Tagen im Jahr wollten mich die Lehrer von der Schule schmeißen. Wenn andere zwei Einträge im Klassenbuch hatten, dann hatte ich fünfundsiebzig: »Dieter schmeißt mit Schuhbürste nach Mitschüler.«, »Dieter bohrt mit Finger in Bauchnabel.« Dieter dies, Dieter das. Jeden Tag, jede Woche. Ich war mehr draußen vor der Tür als im Unterricht. Alle Lehrer hassten mich, denn wenn die redeten, redete ich auch. Und ich trieb es nur zu gern auf die Spitze: »Du, Dieter, wenn du fertig bist, sag Bescheid«, meinte mal einer zu mir. Und ich einige Minuten später zurück: »Ja, danke! Ich bin jetzt fertig!« Am meisten strapazierte ich meinen Musiklehrer, den fand ich am aller-ober-verachtenswertesten: der konnte nicht Klavier spielen, nicht Gitarre, der konnte gar nichts. Den ließ ich überhaupt nicht mehr zu Wort kommen. Am Ende jedes Halbjahres strotzte mein Zeugnis vor schlechten Zensuren.

So hätte ich es vielleicht noch eine ganze Weile weitergetrieben, wenn nicht plötzlich ein Erwachsener bei uns zu Hause auf der Couch gesessen und Omis Erdbeertorte gegessen hätte, den ich nach diesen ganzen Nieten und Nullen um mich herum endlich ernst nehmen konnte: studiert, superschlau, Professor Doktor für Ingenieurwesen – mein Onkel Heinz. Wenn Sie jetzt erstaunt fragen: Wie kommt so einer in die Familie Bohlen? Antwort: Ich weiß es nicht. Er nahm mich ins Gebet: »Hör mal, Dieter«, sagte er, »entweder du strengst dich jetzt an und machst ein Super-Abi oder du arbeitest wie einer der Kuddels auf der Baustelle deines Vaters – Schippe in die Hand und buddeln, bis der Arzt kommt.« Das machte mir wirklich Angst. De facto hatte ich diverse Male bei meinem Vater ausgeholfen und wusste ganz genau: Alles, nur nicht Bau. Jedes Mal, wenn ich Steine geschleppt hatte, musste ich mich danach übergeben. Körperliche Arbeit war wirklich nix für mich und Abschmecker in der Kläranlage in Eversten wollte ich auch nicht werden.

Das war mein Schlüsselerlebnis, der berühmte Bolzenschuss, da wachte ich auf. Ich begann zu schleimen bei meinen Sozi-Lehrern, dass es krachte. Ich schrieb Sätze wie »Ich bin gegen Kapitalisten« oder »Kampf dem STAMOKAP!« in meine Aufsätze, ging abends mit ihnen ein Bier trinken und hatte auf einmal nur noch gute Noten im Zeugnis. Ich muss zugeben: Die Glibberspur, die ich hinter mir herzog, war breit wie die A 7. Ich kann mich sogar noch daran erinnern, einem Lehrer zu Hause beim Gardinenaufhängen geholfen zu haben. Igittigitt, aber in Deutsch 'ne Zwei.

Meine Oma hatte mir immer eingebläut: »Alles, was man macht, soll man hundert Prozent machen oder gar nicht.« Ein Satz mit unheimlich viel Wahrheit. Also her mit dem Schleimtopf! Das volle Pfund! Mittendrin in der Soße mein Ziel: mein Lehrer Dr. Knake, Willy Wichtig bei den Sozis, dem wollte ich ganz besonders gefallen. Mit ihm begann ich zu den Versammlungen der SPD zu gehen.

Diese Treffen fand ich toll, wo man über Weltpolitik sprach und über Brüderlichkeit und nach dem achtzehnten Bier waren alle gleich – nämlich alle gleich besoffen.

Und wenn dir deine Lehrer permanent vermitteln, Kapitalismus ist Scheiße und Ausbeuterei, dann kommst du natürlich nach Hause und hast deinen Vater im Fadenkreuz, den dekadenten Baulöwen. Plötzlich war er in meinen Augen der Oberkapitalist und Hass-Kandidat, der davon lebte, andere Leute auszusaugen und für sich arbeiten zu lassen. Ich wurde Mitglied bei den Jusos, fing an »Mercedes ist Scheiße!« und »Guck mal, unsere Bonzen-Villa!« zu rufen. Das ging so weit, dass ich auf unser hässliches Flachdach kletterte und dort an der Antenne eine rote Fahne mit Hammer und Sichel hisste. Abends kam mein Vater von der Baustelle, sah die rote Fahne wehen und zitierte mich zur »Rücksprache« in unser Badezimmer. Die Tür wurde abgeschlossen, ich hörte meine Mutter noch von draußen rufen: »Nein, Hans! Nein!«

Aber das sollte das letzte große Gipfeltreffen zwischen mir und meinem Vater sein: Nach der schulischen Wende folgte die Sohn-technische Perestroika, das Ende der Ära »Kotzbrocken«, der Beginn von »Ich, der liebe Dieter«. Ich war siebzehn und das kam so: Eines Abends hockten wir – mein Schlagzeugerkumpel, dessen Maus, Hendrike und ich – oben bei mir auf der Bude. Es war schon später, Mitternacht vielleicht, mein Vater wollte schlafen und wir waren ihm dabei zu laut. »Seid leiser!«, raunzte er vom Fuß der Treppe. Nichts passierte. Er rief ein zweites, ein drittes Mal – wir lärmten unverdrossen. Das vierte Mal schenkte er sich das Rufen und kam gleich die Treppe hoch. Da war er nicht mehr nur auf hundertachtzig, sondern schon auf dreihundertfünfzig. Eigentlich ist mein Vater jemand, der ist unheimlich lieb zu Tieren und Frauen. Aber wir hatten ihn bis aufs Blut gereizt. Er holte aus und der erstbesten Person, die er zu fassen kriegte, schallerte er eine: Das war die Freundin meines Freundes – doof auch. Dieser Freund wiederum war ein ziemlicher Hänfling, total spargelig, mit dem Aussehen wie Jesus nach dem ersten Schlaganfall. Aber das mit seiner Freundin konnte er ja nun nicht so auf sich sitzen lassen. Heldengleich wuchs er über sich hinaus. Vielleicht war er aber auch einfach nur zu bekifft, um irgendwas zu raffen. Er stand auf: »Hey, was soll das?«, und verpasste meinem Vater einen Leberhaken, worauf der umfiel und schrie: »Man hat mich erstochen! Man hat mich erstochen!« Hatte das wohl nicht richtig gesehen – war ja auch alles ein bisschen duster bei mir da oben im Zimmer. Und ich meinerseits dachte nur: »Au, Mensch, Mensch! Jetzt gibt's aber richtig Ärger!«, und türmte. Die ganze Nacht traute ich mich nicht nach Hause, aus Angst, meinem Vater in die Hände zu fallen, und es tat mir auch alles wirklich Leid, was da passiert war. »Mensch, Dieter, alte Socke!«, sagte ich mir, »wenn du so weitermachst, bringst du deine Alten noch unter die Erde!« Als ich wiederkam, war mein Vater schon ins Bett gegangen, wir verloren nie wieder ein Wort über den Vorfall. Von da an hatten wir ein Gentlemen's Agreement: Ich riss mich am Riemen, er langte nie mehr zu. Im Badezimmer wurde fortan nur noch gebadet.

Nach dem Reinfall des erstes Gigs im Gemeindehaus hatte ich ein bisschen Zeit verstreichen lassen, damit Gras über die Blamage wachsen konnte. Beim nächsten Anlauf sollte alles perfekt sein. Ich klebte Plakate, die wir in einer Druckerei hatten drucken lassen und für die mein Vater die Rechnung kriegte (nicht fürs Drucken, sondern fürs wilde Plakatieren). Hendrike saß an der Kasse, wir spielten eine Mixtur aus Eigenkompositionen und meinen Helden Deep Purple und Uriah Heep. Ein triumphaler Erfolg. Meine damaligen Musikkumpel waren eine Ansammlung von netten Pennern: der eine Anstreicher, der andere Tankwart, der nächste arbeitslos. Alle zusammen, wenn man sie so dasitzen sah: ein Haufen von hoffnungslosen Losern. Jedes Wochenende tourten wir mit unserem abgewrackten VW-Bus durch die Gegend und absolvierten Auftritte, die wir uns selbst verschafft hatten. Hinten im Bus hockte Hendrike mit ein paar Mädels auf Matratzen, häkelte Vorhänge und batikte Blusen, vorne saßen wir Typen und machten auf Easy Rider. Während alle anderen kifften, hatten Hendrike und ich ein Spezial-Hobby: die Auskundschaftung des Erotischen. Ich kaufte mir eine 8-mm-Kamera und drehte wilde Filme mit Hendrike in der Hauptrolle, Theresa Orlowski hätte Bauklötze gestaunt. Wir schworen uns ewige Liebe und wollten heiraten.

Vielleicht wäre es auch so gekommen, wenn mir auf Dauer Scheunenfeste und Dorftaufen genug gewesen wären. Aber ich wollte mehr. Ich wollte mit meiner Band unbedingt da auftreten, wo schon Randy Newman und Al Jarreau gesungen hatten: Im »Onkel Pö« in Hamburg. »Hallo«, rief ich an, »ich möchte bei euch spielen.« – »Okay«, war die Antwort, »schick uns mal eine Demokassette.« Drei Wochen später hatten wir unseren ersten ernst zu nehmenden Gig. Man jubelte uns zu, ich fühlte mich toll, ich fühlte mich stark. Doch plötzlich hatte ich ein Problem an der Backe, mit dem ich nicht gerechnet hatte: die vielen scharfen Hühner am Ausgang vom »Onkel Pö«. Voll gierig standen sie nach unseren Auftritten da und verlangten regelrecht danach, weggeputzt zu werden. So waren die Zeiten und mein Motto war: Man darf nicht Nein sagen zu den Mädels. Es lief immer gleich ab: Wir fuhren mit der Band und mehreren unserer Bewunderinnen zu einem der Groupies nach Hause. Während die Damen unter unseren allgemeinen Anfeuerungsrufen auf den Tisch stiegen, um uns etwas vorzustrippen, saßen wir Herren auf dem Teppich und tranken Bier.

Ich kam so auf sieben, acht nette Flirts nebenher, kopfmäßig blieb ich aber immer meiner Hendrike treu. Sie war meine Frau, meine Super-Sonne, die anderen waren nur kleine Satelliten drum rum. Hendrike durfte von den Groupies natürlich nichts wissen. Sie hätte mich erst in den Hintern getreten und dann zum Mond geschossen.

Wie ich ein Akademiker wurde

Mit dem Abi in der Tasche hieß das Ziel: ab nach Göttingen zum Studieren. Die Vision meiner Eltern: studierter Betriebswirt, was Ordentliches sollte ich werden, die väterliche Firma übernehmen. Mit stolzgeschwellter Brust winkten sie ihrem Prachtstück (mir) an der Haustür hinterher, doch was sich so easy anhört, war leichter gesagt als getan. Zur Uni hin, sich immatrikulieren müssen – kein

Mensch hatte mir gesagt, wie schwer das ist. Dass man sich fühlt wie Falschgeld, keiner einen Plan hat und man von Pontius zu Pilatus läuft. In Oldenburg war ich Dieter Dampf in allen Gassen gewesen. Dieter, der Hero, der in zwanzig Bands spielte und mit fast jeder Tante ein Verhältnis hatte. Alle kannten mich und ich kannte jede. Und zweihundertachtzig Kilometer entfernt in Göttingen war ich ein Nichts, dem die Düse ging vor Angst, dass er es nicht packen könnte. Kein Risiko eingehen, die Kosten schön übersichtlich halten – für neunzig Mark im Monat mietete ich einen Karnickelstall, der sich Wohnung nannte, mit Gemeinschaftsklo auf dem Flur. »Mach uns keine Schande, hörst du?«, hatten mir meine Eltern mit auf den Weg gegeben, dazu monatlich fünfhundert Mark. Ich besaß nur einen Teller, ein Glas, ein Besteck. Was das Abwaschen ausgesprochen unkompliziert machte: einfach untern Wasserhahn vom Gemeinschaftsklo halten – fertig.

Plötzlich stand Hendrike bei mir vor der Tür. Großes Latinum, weißer Flügel, Häkelnadeln: Alles hatte sie hingeschmissen. Sie stellte mein Leben vor ihr Leben, nur um mit mir zusammen zu sein, wollte jetzt eine Lehre als Krankenschwester beginnen. Für sie waren wir eine Einheit, uns durfte nichts trennen. Damit hätte ich nie gerechnet, ihre Familie auch nicht, der Schock saß tief. Und während ihr Vater daheim in Oldenburg vor Wut und Verzweiflung darüber, dass die Tochter ihre Karriere ruinierte, in den Perser-Teppich biss, siegte mein Sinn fürs Praktische. Sie gab mir die Sicherheit, meine Neunzig-Mark-Klitsche zu kündigen. Gemeinsam mieteten wir eine größere Wohnung. Wo wir nun richtig als Mann und Frau zusammenlebten, funktionierte das Handling mit der Sonne und den Satelliten nicht mehr so recht. Plötzlich war ich tierisch eifersüchtig, argwöhnte, sie könnte genauso sein wie ich und mich betrügen. Leute erzählten mir frohlockend, Hendrike würde unterm Kittel nie was anziehen, alle seien ganz wild auf meine Freundin und mindestens das halbe Krankenhaus hätte einen Ständer. Na, da hatten sie in mir ja den richtigen Adressaten! Ich fing an, Streit vom Zaun zu brechen: »Wo kommst du her?«, »Warum kommst du so spät?« Ich machte mich wirklich zum Elch, das war der Anfang vom Ende, von da an ging unsere Liebe den Bach runter.

An den Wochenenden trat ich wie gehabt mit meinen fünfundzwanzig verschiedenen Bands auf: Mayfair, Urvogel, Dacapo, Aorta. Bis in die Morgenstunden spielten wir die Top 100: »Mississippi« von Pussy Cat, Tony Christie mit »Is this the Way to Amarillo?«, dazu Smokie und Hot Chocolate. Schwer angesagt war ich auch als Marianne Rosenberg: Ich sah zwar nicht aus wie sie, aber wegen meiner hohen Stimme hieß es immer: »Das kann nur einer singen, da musst du jetzt ran, Dieter!« Als kleine Motivationsstütze bekam ich fünf Apfelkorn auf die Orgel geknallt, dann kam die Forderung: »Los jetzt! Wir wollen ›Ich bin wie du‹ hören. Pro Auftritt gab's zweihundert Mark, an manchen Wochenenden schaffte ich drei Auftritte. Ich kaufte mir einen Golf in Senfei-Farbe, die damalige Trendfarbe. Dazu leistete ich mir die teuerste und geilste Orgel, eine A 100 von Hammond.

Montags um acht saß ich wieder in der Statistik-Vorlesung, schwerste Mathematik, die kein Mensch kapierte, Semester-Durchfallquote siebzig Prozent. Aber mich trieb die Angst, dass meine alten Herrschaften über Nacht beim lieben Gott zum Harfespielen antreten müssten, weil sie immer ohne Rücksicht auf die Gesundheit wie die Bekloppten schufteten. Mein Vater hatte bereits einen Herzinfarkt hinter sich, meine Mutter lag permanent im Clinch mit ihrem Kreislauf. Kein Tag, an dem ihr nicht schwindelig wurde. Sie sah total spiddelig aus, wog nur noch achtundvierzig Kilo.

Ich sah mich von jetzt auf gleich vor dem Nichts stehen, keine monatliche Sicherheit mehr aus Oldenburg. Deshalb ackerte ich meinerseits wie ein Blöder, lernte jede freie Minute. Das verschlechterte natürlich noch zusätzlich die angespannte Situation zwischen mir und Hendrike. Aber ich sah nicht, dass meine Beziehung auf dem Spiel stand.

Nach nur drei Semestern beendete ich schon mein Vorstudium und begann mit Hauptstudium und Diplom-Arbeit: »Die Equity-Methode und ihre Anwendung auf die Grundsätze ordnungsgemäßer Buchführung«. Daneben verfolgte ich meinen wahren Lebenstraum: Musiker werden. Wie ein Besessener komponierte ich Titel und produzierte Demobänder. Das ging so: Ich nahm ein Telefonbuch und schlug es im Takt auf den Küchentisch. Dabei ließ ich ein vierspuriges Aufnahmegerät laufen – so hatte ich die »Base«, die Grundspur. Darauf schichtete ich noch meinen Gesang, ein bisschen Orgel und Gitarrenspiel. Das Ganze ging als Kassette und im Couvert in die Hamburger Hallerstraße 40. »Da gibt's so 'nen Musikverlag«, hatte mir ein Kommilitone gesteckt, der in dem Laden mal Praktikant gewesen war, »dort kann man Titel hinschicken.« Der hatte da voll den Durchblick. Nach vier Tagen kamen die Umschläge mit tödlicher Sicherheit und dem Vermerk zurück:

»Vielen Dank für Ihre Zusendung. Leider ist in unserem momentanen Produktrahmen eine Veröffentlichung dieses Titels nicht möglich.«

Mir war natürlich klar, was die meinten: »Diesen Müll hier können wir nicht gebrauchen.« So blieb ich weiterhin der Einzige, der wusste, dass meine Songs mindestens genauso gut waren wie die Superhits »Mammy Blue« von den Pop Tops und »Es fährt ein Zug nach Nirgendwo« von Christian Anders. Die führten zu dem Zeitpunkt gerade die Charts an.

Das Ende meiner großen Liebe

Ich lebte in meinem privaten Universum, war nur auf meine eigenen Ziele fixiert. Plötzlich der Donnerschlag: Hendrike erwartete ein Baby. Ich Idiot hatte nicht aufgepasst und meine eigene goldene Königsregel verletzt: immer hübsch vorsichtig sein, im richtigen Moment die Luft anhalten und eine Rechenaufgabe anfangen. Ich wollte das Kind. Hendrike nicht. »Hilf mir, Dieter«, verlangte sie. Ich sagte: »Nein.« Eines Morgens lag ein Zettel bei uns auf dem Küchentisch, an dem ich sonst mit meinem Aufnahmegerät saß und an meiner Karriere bastelte. Jetzt stand da: »Bin nach Holland gefahren.«

Ich hatte eine unendliche Wut in mir, war tief verletzt, dachte nur: »Mensch, sie kann dich nicht lieben, sie will ja noch nicht mal dein Kind!« Statt an sie zu denken, mich um sie zu sorgen, mich zu kümmern, dachte ich nur: »Mensch, du Armer, du wirst zurückgestoßen«. Und so reagierte ich auch. Ich hatte nix begriffen, war weiterhin nur mit mir selbst beschäftigt. Ich drehte total durch und war richtig ekelig zu ihr, dass sie irgendwann die Reißleine ziehen musste: »Tschüss, Dieter, such dir eine neue Wohnung!«, hieß ihre Konsequenz. Heute weiß ich: Hendrike hatte die richtige Entscheidung getroffen. Ich war selbst noch ein Kind, ein weiteres Baby hätten wir nicht gewuppt gekriegt. Das hatte sie im Gegensatz zu mir ganz klar erkannt. Ich möchte ihr an dieser Stelle, dreißig Jahre später, gerne sagen: Sorry, Hendrike, dass ich so blind war.

Es war der vollkommene Absturz für mich, ich fiel ins Bodenlose. Am liebsten wäre ich vom Göttinger Kirchturm gesprungen. Immer wieder rief ich sie an, bettelte: »Lass mich zurückkommen!« Ich verlor meine Traumfrau.

Die Zeit heilt alle Wunden, heißt es. Ich brauchte Jahre, bis ich über Hendrike hinweg war. Und selbst danach war da nur eine dünne Kruste Schorf.

Ohne Hendrike klopften meine Lebens- und Existenzängste wieder an die Tür: »Hallo, Dieter, da sind wir wieder!« Ich schleppte mich jeden Tag zur Uni, bolzte mir in der Mensa was zu essen rein. Ich verkniff mir den Kartoffelsalat mit Fisch in Bierteig, den ich für mein Leben gern aß. Stattdessen nahm ich Kohl mit Salzkartoffeln und grünen Bohnen, weil der fünfzig Pfennige billiger war. Schon mittags um halb eins feilschte ich in Gedanken mit mir, was ich eine halbe Stunde später essen sollte. Und landete doch nur wieder bei Kohl. Ich versuchte finanzielle Sicherheit anzusammeln um jeden Preis. Wenn ich am Wochenende von meinen Eltern aus Oldenburg zurückkehrte, sah es nicht so aus, als ob ich nach Göttingen fahre, sondern als ob ich in die Sahelzone einreisen würde: Ich hatte die Speisekammer meiner Mutter komplett geplündert, Tonnen von Vorräten und Fressalien im Gepäck. Nichts kam um, alles stapelte sich in meiner Küche und wurde konsequent restverwertet. Bis ich irgendwann in ein Räucher-Hähnchen biss, das schon viel zu alt war, von dem ich mich aber aus Sparsamkeit nicht trennen konnte. Ich lag zwei Tage im Bett und würgte den alten Gockel wieder raus. Ich ermahnte mich »Du darfst nicht mehr so geizig sein, Dieter!« Trotzdem: Bis zum Ende meines Studiums hatte ich mir so fast siebzigtausend Mark vom Munde abgespart.

Annegret

Trost in weiblicher Form fand ich in den Armen der schönsten Frau von Oldenburg: Annegret. Als Chefsekretärin schaffte sie zwar nur fünf Anschläge pro Minute, was aber zwischen den ganzen Leitz-Ordnern und Tesafilm-Rollern nicht weiter auffiel. Denn Männer hatten bei ihrem Anblick sowieso nur einen Gedanken: »Lass mich dein Locher sein!« Unsere Blicke trafen sich an einem Wochenende in der Disko, während ihr Verlobter neben ihr saß und nicht mitkriegte, dass sein letztes Stündlein geschlagen hatte. Als Annegret aufstand, um sich die Lippen nachzumalen, war sie geliefert: »Sag mal, willst du nicht meine Freundin sein?«, fragte ich dreist, mit dem Effekt, dass sie von jetzt auf gleich alle ihre Zelte abbrach und zu mir nach Göttingen zog.

Eigentlich hätte ich zufrieden sein sollen. Annegret war eine gute Partie, hatte Schotter ohne Ende. 3 000 Mark Gehalt pro Monat, mir kam das vor wie ein Vermögen. Trotzdem hatten wir ein unerwartetes Problem: Sex. Annegret wollte immer, Annegret konnte immer. Ich kam gar nicht hinterher. Ich hing noch so an Hendrike. Wenn wir im Bett lagen, dachte ich nur an sie. Hendrikes Fotos auf allen Regalen und an allen Wänden, ihre gebatikten und gehäkelten Deckchen, die ganzen scharfen Super-8-Erotik-Dokumentationen, die wir gedreht hatten – meine komplette Wohnung war ein Hendrike-Schrein.

»Ich will, dass dieser Ramsch und Schweinkram wegkommt!«, tobte Annegret. »Und zwar zacki-zacki.«

Ich wollte keinen Streit, ich wollte meine Ruhe. Wollte lieber heimlich und im Stillen um Hendrike weitertrauern. »Okay, okay, reg dich nicht auf, Annegret. Ich verbrenn alles!«, sagte ich und versteckte die Sachen unter der Couch.

Irgendwann saugte Annegret Staub: Hier und da und, weil sie

eine Ordentliche war, leider auch unter dem Sofa. Das Ende der Episode: So schnell, wie sie bei mir eingezogen war, entschwand sie auch wieder nach Oldenburg.

1974

Tellerwäscher & Toupetträger

Oder: Wie mach ich Karriere?

Nach Annegret kam Erika Sauerland. Genauer gesagt: Erika Wilma Emma Frieda Sauerland. Sauerland wie das Sauerland. Und Erika wie Jennifer Lopez. Will sagen: Auf beiden Popos könnte man ein Likör-Gläschen parken.

Erika lernte ich wie Annegret in einer Disko kennen, dem Club des Afro-Asiaten-Wohnheims in Göttingen, in Studentenkreisen nur zärtlich »Affenpuff« genannt. Im Gegensatz zu den Schicki-Micki-Läden der Stadt, wo ein Glas Mariacron mit Cola schon damals, 1974, acht Mark kostete, konnte man hier für kleines Geld richtig abfeiern. Hatten mir zumindest meine Kommilitonen erzählt. Eigentlich war ich ja in einer nahe gelegenen Kneipe mit einem Mädel verabredet. Aber da ich nicht zu früh auf der Matte stehen wollte, befand ich, dass das eine gute Gelegenheit war, den Affenpuff mal anzutesten.

Runter in den Club führten ein paar Stufen in die Dunkelheit. Aus der Tiefe wehten mir »Supersticious« von Stevie Wonder und »You're the First, You're the Last« von Barry White entgegen. Ich steuerte natürlich zuerst die Theke an. Von hier aus sondierte ich das anwesende Frauenmaterial. Hinten links in der Ecke ortete ich ein Mädchen mit langen schwarzen Haaren, Sektglas in der Hand: Erika.

»Willst du mit mir tanzen?«, grub ich los. Sie sagte ja. Ich drehte mich um, wollte schon zur Tanzfläche, total happy, dass ich so leicht hatte landen können, als sie plötzlich rumzickte: »Nö, doch nich!« Der Grund war Banane: Sie wusste nicht, wohin mit dem Glas.

»Hey, was soll denn der Käse?«, machte ich sie an. Prompt kabbelten wir uns das erste Mal, da kannten wir uns noch keine zehn Minuten. Auch eine Art, ins Gespräch zu kommen. So ging das zweieinhalb Stunden, in denen ich mir erst mal den Macho abschleifen musste, weil diese Frau mir so gar nicht nach dem Mund redete. Ich fand dies, sie fand das. Ich sagte so, sie sagte anders. Versuchte ich sie mit meinen Visionen von Kohleverdienen und Karrieremachen zu beeindrucken, befand Erika: »Nur Schlappschwänze brauchen dicke Autos!«

Wahrscheinlich war es mal wieder diese Anti-Haltung bei einer

Frau, die mich reizte. Da prallten zwei Welten aufeinander, die gegensätzlicher nicht hätten sein können. Mein Papa, der Starke, der Dominante, der Baulöwe. Ihr Papa, der tote Schäfer, der nach einem Motorradunfall schon lange auf dem Friedhof lag. Meine Eltern, die dafür gesorgt hatten, dass ich aufs Gymnasium ging und studierte. Erika, die Schaufenster-Dekorateurin von Karstadt, die nach der Volksschule hatte abgehen müssen – Geld verdienen für die jüngeren Schwestern. Meine Träume waren meine Flügel, ich sah in der Zukunft meine Chance. Sie hielt sich an das, was sie hatte. Ihre Sehnsüchte ließ sie nicht höher steigen als bis zu den Gardinenstangen, die sie dekorierte.

Aber gleichzeitig hatten wir auch etwas, das uns verband, einen großen gemeinsamen Nenner: unsere Anti-Haltung. Wir waren gegen alles, sogar gegen uns selbst.

Irgendwann an diesem Abend sagte sie völlig unvermittelt: »Ich will nach Hause.« Ihre Bude gefiel mir: klitzeklein, ausgesprochen kuschelig. Nur der Geruch irritierte mich: »Hier stinkt's nach Vogel!«, bemerkte ich. »Ja, stimmt!«, bestätigte sie das Offensichtliche.

Erika war unheimlich gut zu Vögeln, hatte mindestens zwanzig Zebrafinken, die in einer Zimmer-Voliere lustig und munter tschirpend von Stange zu Stange flatterten. Eine echte Tierfreundin. Aber der Hit war Erikas »Bravo«-Starschnitt-Poster von Mohammed Ali, das riesengroß über der Kloschlüssel hing, und eine winzige Klappcouch, auf der wir nach einiger Zeit untersuchten, wo der Mohammed seinen Ali hat.

Doch das hieß nicht, dass ich sie auf der sicheren Seite hatte. Das nächste Treffen fand aus planungstaktischen Gründen bei mir in meinem Revier, in meiner Wohnung in Rostorf, zehn Kilometer außerhalb von Göttingen statt. Erfahrung macht klug: Die Hendrike-Reliquien hatte ich vorher in den Keller verbannt – Plan A. Plan B: Erika was auf der Gitarre vorzupfen. Bewährte Dosenöffner waren Herz-Schmerz-Lieder à la »The House Of The Rising Sun«. Ich litt gerade in vollen Tönen bei

»... *only pleasure he gets out of life, is hoboin' from town to town* ...«

als ein dezenter Kontrollblick mir zeigte: Mein Publikum lag mit leicht geöffnetem Mund auf der Couch und war eingeschlafen. Ich war zutiefst schockiert, zog aber die falschen Konsequenzen. Statt die Finger von Erika zu lassen – eine Frau ohne Sense für meine Musik –, strich ich den Titel sofort aus meinen Frauen-Verführ-Charts.

Wir waren wirklich nicht gerade die Idealbesetzung eines Paares. Der Anlass konnte nicht klein genug sein, dass wir uns stritten. Immer eine recht einseitige Veranstaltung, denn Frauen auf Zoff-Kurs wittere ich drei Meilen gegen den Wind. Und so schnell kann gar keine gucken, wie ich mich verpiesel. Das machte Erika erst recht fuchsteufelswild, da konnte es passieren, dass ihr Temperament völlig mit ihr durchging: »Bleib stehen, du Drückeberger!«, schrie sie und verwechselte den Hocker von meiner Hammond-Orgel mit einem Lasso. Etwas sauste durch die Luft, das nächste, was ich mir genauer anguckte, war das Knüpfmuster vom Wohnzimmer-Teppich. Erstaunlich, was so ein Kopf alles aushalten kann – schon wieder war er angeditscht wie ein Frühstücksei. Erika packte mich auf den Beifahrersitz von meinem Senfei-Golf, ich presste mir ein Taschentuch auf den blutenden Scheitel, so ging's in die Klinik Alt-Maria-Hilf. Ich kriegte einen weißen Mull-Turban, bei jeder Bahn, die gewickelt wurde, stöhnte ich laut und demonstrativ »aaah!«. Bei Erika machte ihr schlechtes Gewissen klopfklopf und sie wusste: Eine Entschuldigung ist fällig. »Tut mir Leid!«, verteidigte sie sich. »Woher hätte ich ahnen können, dass der Hocker aus Stahl ist?« Auf so eine Antwort musste man erst mal kommen. Wir fuhren wieder nach Hause und mit leidendem Gesicht setzte ich mich auf die Couch. Ich beschloss, mich ein bisschen pflegen und verwöhnen zu lassen. Erika schob mir ein Kissen in den Nacken. Das war's. Als ich sanft darauf hinwies, dass meine Küche eine ordnende Hand gebrauchen könnte, reagierte sie nur mit: »Wieso? Ich habe auch eine Küche.«

Eine Schmusekatze war Erika nun wirklich nicht. Passte man nicht auf, kriegte man ihre Krallen zu spüren. Hätte ich sie zu Oldenburger Zeiten kennen gelernt, wäre unsere Affäre wohl ziemlich schnell beendet gewesen. Doch hier war Göttingen und Feindesland. Ich war auf eine Verbündete angewiesen, ich fühlte mich einsam, allein gelassen, ich wollte Nähe. Ich bin nicht der Mann, der ohne Beziehung und Frau sein kann – sehr im Gegensatz übrigens zu Erika: die braucht keinen Mann, die kann auch ganz prima fünf Tage nur mit ihren Zebrafinken reden. Dachte ich zumindest. Sie hatte diese innere Stärke, die ich suchte, die mich aber auch verunsicherte. Wobei ich ihr in dieser Zeit auch gar nicht die Aufmerksamkeit schenkte, die sie verdient hätte: Ja, ich wollte sie zwar, aber mein Herz war noch überhaupt nicht aufgeräumt. Eigentlich war da noch gar kein Platz für jemand Neues. Hier residierten der Schmerz um und die Sehnsucht nach Hendrike. Aber Erika forderte emotional auch nicht viel Raum. Ich sah in ihr die Chance, mir selbst zu entkommen. Mein Ticket nach vorn.

So trafen wir uns den ersten Monat, den zweiten, den dritten. Nach dem sechsten spürte ich endlich wieder so was wie Gefühle in mir. Kein loderndes Feuer, mehr Streichholz. Und mit jedem weiteren Tag, den ich mich in Erikas Psyche reinfummelte, mochte ich sie lieber: ihre Kantigkeit, ihre Ehrlichkeit, dieses Direkt-heraus-und-immer-frei-von-der-Leber-weg. Ich gab den Charming-Boy: Wenn ich klingelte, hatte ich mein Kopfkissen auf dem Kopf. Erika schaute durch den Türspion und sah nur die roten Mohnblüten des C&A-Bezugs. Und wenn sie depri drauf war, setzte ich mich in ihren großen roten Schaukelstuhl und fiel auf Stichwort hinten über. Oder zumindest glaubte sie, dass es so war. Die Wahrheit ist: Ich kipple auf jedem Stuhl und bin in meinem Leben bestimmt schon fünfhunderttausendmal unfreiwillig umgefallen. So kasperte ich mich in ihr Herz.

Wie gehabt fuhr ich an den Wochenenden mit meiner Band zu Hochzeiten und Todesfällen. Mittlerweile hatte ich die Preise um fünfzig Mark pro Gig auf zweihundertfünfzig angehoben. Dafür gab's »Sugar Baby Love« von den Rubettes, »Seasons In The Sun« und jede Menge frisches Abba. Gleichzeitig probierte ich auch meine eigenen Kompositionen aus. Erika begleitete mich als Taschenträgerin und Mädchen für alles zu meinen Auftritten. Verständnis für meine Musik und meine Karrierepläne hatte sie zwar immer noch nicht, aber nichtsdestotrotz unterstützte sie mich und war für mich da. Nur konnte es leider passieren, dass sie sich, während ich mich vorne auf der Bühne produzierte, backstage tödlich langweilte. Bei einem Konzert in der Göttinger Stadthalle schnappte sie sich deswegen den Feuerlöscher von der Wand und schäumte die Räumlichkeiten ein. Nach dem Motto: Nicht nur er, ich auch. Hallo, ich bin auch noch da. Der Spaß kostete mich einen Monatslohn, den ich gleich als Scheck dalassen durfte. Die Säure hatte Löcher in den Teppich gefressen.

Aber genau dafür schätzte ich sie. Sie überraschte mich immer wieder. Ich schenkte ihr einen Platinring mit einem Goldtropfen drauf, der mit zwei Wochenend-Gagen vergleichsweise preiswert war, und stapelte ein bisschen tief: »Der Ring, das bist du«, schrieb ich auf ein Kärtchen, »und der Tropfen, das bin ich.« Nach dem Motto: So bin ich in dein Leben reingetrudelt.

Ein Jahr später, mit einundzwanzig, zog ich mit ihr in das Erdgeschoss eines Mehrfamilienhäuschens in Geismar, einem uninahen Stadtteil von Göttingen. In der Wohnung roch es ständig nach Dudu, weil die Fäkalleitungen rott waren, dafür hatten wir schöne neue Tapeten. Selbst beim Tapezieren offenbarte sich unsere unterschiedliche Persönlichkeit: Ich klebte die Bahnen an, Erika arbeitete hinterher, kratzte sie wieder ab, weil ihr das alles viel zu krumm und schief und wellig war, und fing wieder von vorne an. Ich gebe ja zu: Was Dekorieren und Hübschmachen anbelangt, habe ich zwei linke Hände. Überhaupt, alles was Hausarbeit anbelangt, bin ich ein Verfechter des klassischen Rollenmodells. Ich gehe gern Holzhacken, stemme Selterskisten und erlege den Bären. Dafür mache ich einen großen Bogen um Staubsaugen und Abwaschen. Beim Staubsauger wüsste ich noch nicht mal, wo der Knopf zum Anmachen ist. Und Abwaschen finde ich schon mal ganz unmännlich. Ich würde eher ein neues Porzellan-Service kaufen, als Pril-Wasser einlassen und Gummi-Handschuhe anziehen. Außerdem habe ich eine Gummi-Allergie, bezogen auf alles und überall.

Erika und ich spielten Mann und Frau, sie kochte, ich studierte. Uni, Komponieren, Bandauftritte – das schaffte mich. Das erste Mal seit meiner Pubertät saß ich brav und artig abends auf der Couch und knabberte Salzstangen mit nur einer Frau. Nach fünfeinhalb Jahren, ein Semester früher als üblich, trat ich mein Examen an. Der Frust hoch hundertzehn. Die mündlichen Prüfungen in jedem Hauptfach waren öffentlich, man musste dasitzen im schwarzen Anzug mit Krawatte und die Kommilitonen lachten sich einen. Meine erste Prüfung war in »Organisation und Leitung«, mein absolutes Lieblingsfach mit meinem absoluten Lieblings-Prof: Ich ging rein in den Raum, war super vorbereitet, völlig von mir überzeugt und wusste null. Irgendeine idiotische Fußnote aus einem Scheiß-Buch, das er geschrieben hatte. Aber wer liest um Himmels willen das Kleingedruckte? Bei der zweiten Frage patzte ich wieder. Schließlich war die Prüfung vorbei und ich hatte eine Vier minus eingesackt. Fast durchgefallen, na Klasse. »Das schaff ich doch nie mehr!«, dachte ich. Ich kam fast um vor Angst und glaubte mal wieder, die Welt ginge unter. Am nächsten Tag trat ich in dem Fach an, das ich am meisten hasste, in dem ich am schlechtesten vorbereitet war, und ging mit einer Eins aus dem Zimmer. Bis heute habe ich zwar nicht verstanden, wie das ging, aber wenn ich jetzt, fünfundzwanzig Jahre später, einen Standard-Albtraum habe, bei dem ich schweißgebadet aufwache, dann den: dass ich durchs Examen rassle, weil ich die Fußnoten nicht gelesen habe.

Im Frühjahr 1978, Vadder Abraham hatte gerade mit seinem »Lied der Schlümpfe« die Nation heimgesucht, war ich auf einmal examinierter, diplomierter, gestempelter, attestierter Diplom-Kaufmann und hatte keinen Schimmer, wie es weitergehen sollte. Noch immer träumte ich meinen Traum von der großen Musikerkarriere, aber alle meine Demokassetten waren negativ zurückgekommen. Auf der anderen Seite meine Eltern, die sich mich heim in den familiären Schoß in die Firma nach Oldenburg wünschten. Dafür hatten sie mich ja studieren lassen. Und dann war da auch noch mein Bedürfnis nach finanzieller Unabhängigkeit, nach etwas Solidem. Ich schrieb zwei Bewerbungen, eine nach Emden, eine nach Hamburg, kriegte zwei Zusagen und setzte zwei Unterschriften unter zwei Verträge. Sicher ist sicher. Ich versuchte erst mal auf Zeit zu spielen, obwohl ich mir das damals selbst nicht so recht eingestand. Die Firmen nahmen mich mit Kusshand, meine Rechnung war aufgegangen: Im Studium hatte ich mir nämlich nur die unbeliebtesten Fächer ausgesucht, die, auf die meine Kommilitonen alle keinen Bock hatten: Finanzierung, Steuern, Organisation, Leitung, Revision, Treuhand, VWL. Steuermäßig war ich topfit, auf dem letzten Stand. Das war das, was gebraucht wurde. Das qualifizierte mich vor allen anderen.

Ich war auf dem Rückweg von Hamburg nach Göttingen, als ich per Zufall – daran glaubt meine Mama heute noch – durch die Hallerstraße in Hamburg fuhr. Auf einem Bronzeschild prangte der Name:

Musikverlag

Der Laden also, an den ich die ganze Zeit blind meine Demo-Kassetten geschickt hatte. Von dem ich immer alles postwendend zurückbekommen hatte. Dem ich lästig gefallen war wie ein Furunkel am Hintern.

Ich ging die vier Stufen hoch zum Portal, drückte links auf das ebenfalls bronzene Knöpfchen, und als der Pförtner aus seinem Kabuff kam, um sich zu erkundigen, was ich wollte, fragte ich: »Kann ich mal Peter Schmidt sprechen?« Das war der Name, der fünf Jahre lang unter meinen Absagen gestanden hatte.

Der Pförtner klingelte oben durch: »Ja, hier ist ein Herr Bohlen, der sagt, er sei der Typ, der Sie ständig mit Demos zugeschüttet hätte … was? … ja … okay … ja, ich schicke ihn nach oben«, dann hatte ich eine Audienz im zweiten Stock. Dieser Peter Schmidt war ein untersetzter Typ mit Haaren ohne Ende und zu meiner Überraschung behandelte er mich überhaupt nicht mies: »Komm, setz dich!«, meinte er gut gelaunt. »Was machst du denn hier? Willste was trinken?« Das imponierte mir unheimlich, dass der zu mir als kleinem Würstchen so freundlich war. Wenn ich heutzutage zu Newcomern in der Branche ausgesprochen höflich bin, dann habe ich mir das bei diesem Peter Schmidt abgeguckt. Alle anderen treten nach unten und buckeln nach oben, ich trete nur die Chefs. Zu denen und zu Gleichgestellten bin ich manchmal ganz schön pampig.

Wir quatschten ein bisschen und schließlich rückte ich raus mit der Sprache: »Ich hör jetzt auf mit dem Musikmachen. Ich übernehme die Firma meiner Eltern und vorher mache ich noch 'n Jahr lang so 'ne Art Praktikum in 'ner anderen Firma, Erfahrung sammeln.«

Als ich das gesagt hatte, stand Peter Schmidt plötzlich auf und verließ das Büro mit den Worten: »... Moment mal, komm gleich wieder!«, und ich dachte: Was macht der denn jetzt? Zehn Minuten später war er wieder da: Er hatte mit seinem Chef gesprochen. »Warum fängst du nicht bei uns an?«, fragte er. »Praktikum kannste auch hier machen!« Ich freute mich total. Und er hakte nach: »Was verdienst du denn bei deinem neuen Job so pro Monat?« Ich antwortete: »Fünftausend.« Und er: »Okay, ich geb dir dreitausend. Plus tausend Mark Gema-Vorschuss pro Monat – für den Fall der Fälle, dass du jemals was verdienst, wird der wieder verrechnet.«

Mit Willi-Wichtig-Schrift, das »B« von Bohlen war bestimmt so groß wie mein kleiner Finger, unterschrieb ich den Vertrag. Wer das heute sieht, könnte denken, der Typ, der das geschrieben hat, konnte nur bis drei zählen, voll peinlich. Aber ich habe die Feststellung gemacht: Je unwichtiger eine Person, desto aufwändiger die Unterschrift. Damals war mein Monster-B nicht das Papier wert, auf dem es stand. Heute krickle ich nur noch und kann damit zehn Ferraris kaufen.

Unter Punkt vier hieß es im Vertrag in einem Deutsch, wie wenn die Grundschul-Lehrerin einen Brief an Mama und Papa schreibt:

»Dieter Bohlen wird bemüht sein, während der Dauer dieses Vertrages Titel, Interpreten und Gruppen dem Verlag zuzuführen bzw. den Verlag auch über alle interessanten Vorgänge zu unterrichten, die ihm auf dem Musikmarkt bekannt werden.«

Hätte als Ergänzung nur noch gefehlt:

»Wehe, wenn nicht! Dann sind wir alle böse und es gibt eine Woche keinen Nachtisch.«

Grillierte Zebrafinken

Völlig euphorisch fuhr ich zurück zu Erika nach Göttingen, von der ich wusste, dass sie bei Karstadt gerade die Schaufenster dekorierte, klopfte an die Scheibe und schrie: »Erika, ich hab einen Job in Hamburg.« Sie erschrak fürchterlich, denn wenn Schaufenster frisch dekoriert werden – das ist bekannt –, stellen sich auch gerne mal die Exhibitionisten mit ihrem Mantel davor, machen huhu und kommen auf ihre Kosten, wenn die Dekorateurin sich erschrocken umdreht.

Typisch Erika: Sie interessierte an meinem neuen Job eigentlich nur ein Aspekt: »Du hast mir damals versprochen, wenn du mal aus Göttingen abhaust, nimmst du mich mit. Also nimmst du mich jetzt mit oder nimmst du mich nicht mit?«

Ich wollte loyal sein, sah mich als den Fels in der Brandung, auf den man sich verlassen konnte. Deshalb bezogen wir gemeinsam eine winzige Zweieinhalb-Zimmer-Wohnung in einem dreigeschossigen Wohnblock in Hamburg-Hummelsbüttel. Grün, idyllisch, Klein-Oldenburg. In dem halben Zimmer richtete ich mir ein kleines Studio ein, Erika legte ein Schlauchboot unters Bett im Schlafzimmer. Jeder nach seiner Fasson. Ich fragte sie: »Was soll das bitte mit dem Schlauchboot?« Und Erika: »Ja, wir sind doch hier in Hamburg. Und ich hab Angst, dass das Wasser kommt und wir alle überflutet werden.« Sie hatte mal gelesen, dass 1962 alle Deiche gebrochen waren.

Das Rudel Zebrafinken zog natürlich mit uns um. Erika hängte den Käfig in der Küche direkt neben den Herd. Irgendwann ließ irgendwer die Kochplatte an und die Viecher rieselten wie Konfetti in den Sand. Ein infamer Anschlag zweifelsohne, für den mich aber niemand verantwortlich machen konnte, denn eins ist sicher: Wie ich an keinen Staubsauger gehe, so hat mich auch noch niemand in der Nähe von einem Herd gesehen.

Blindenhausen

An einem Dienstag im Januar 1979 trat ich meinen neuen Job als Haus- und Hof-Produzent in der Hallerstraße an. Draußen herrschte klassisches Hamburger Sauwetter mit Schneeregen und Temperaturen um die null Grad. Peter Schmidt zeigte auf eine Tür: »Hier steht dein Stuhl, hier ist dein Schreibtisch, nu' mach mal!«, waren seine Worte. Wenn er wenigstens gesagt hätte: »Mensch, reinige mal die Klos und check, ob alle Duftsteine okidoki sind.« Das wäre zumindest eine Aufgabe gewesen. Aber so fühlte ich mich wie auf einer Party, auf der ich keinen kannte. In meinem Büro stand noch ein zweiter Schreibtisch, an dem ein weiterer Produzent saß, den ich insgeheim »Seierkasten« taufte. Seierkasten hatte nonstop den Hörer am Ohr und machte mit Tony Marshall und Konsorten auf wichtig: »Hey Tony, altes Haus ...! ... ach nee? ... ach ja? ... ach wirklich? ... na, dann grüß mal deine reizende Frau Gemahlin von mir!«

Ich hatte zwar auch ein Telefon, aber ich wusste gar nicht, wen ich hätte anrufen sollen. So ging das Dienstag, so ging das Mittwoch, so ging das auch Donnerstag. Und spätestens Freitagnachmittag um sechzehn Uhr, als im Verlag alle Sekretärinnen ihre Triumph-Schreibmaschinen zuklappten und »tschüssi – bis Montag!« riefen, war ich restlos frustriert.

Für viertausend Mark Gehalt, so hatte ich das auf der Uni gelernt, musste man seiner Firma mindestens fünfzehntausend einbringen, so war die Kosten-Nutzen-Rechnung. Stattdessen saß ich tatenlos rum und stierte von morgens bis abends auf eine grün bespannte Filzplatte über meinem Schreibtisch, an die ich mit Stecknadeln die »Top Fifty« gepinnt hatte. Und beim Blick auf »Y.M.C.A.« von Village People und Boney M. mit »Mary's Boy Child« auf Platz eins dachte ich immerfort: Bohlen, da musst du hin! Da musst du hin! Da musst du hin!

Besonders irritierte mich, dass meiner Ansicht nach um mich rum nur irgendwelche Luschen und Nieten saßen, die keine Ahnung von nix hatten. Dieser Seierkasten zum Beispiel konnte noch nicht mal ein Instrument spielen. Und ich dachte nur: »Was macht dieser Blinde hier? Wofür kriegt der bitte sein Geld?«

Um den etablierten Sängern auf dem Markt klar zu machen, dass da jetzt ein Dieter Bohlen saß, der neue, rasend geile Songideen für sie hatte, die sie noch berühmter und noch reicher machen würden, mussten Vorführkassetten her, die ich verschicken konnte. Während Kollege Seierkasten zu diesem Zwecke immer mit viel Tamtam ein Studio mietete, für viertausend Mark eine Kassette bespielte, die dann doch niemand kaufte, und so im Jahr bestimmt dreihunderttausend Mark verballerte, hockte ich mich zu Hause in mein halbes Zimmer und schmiss meine alte Freundin, die Revox-Maschine an. Das Prinzip einer solchen Revox-Maschine war, dass sie vier separate Spuren besaß, auf die man getrennt aufnehmen konnte. Auf die eine Spur kam die Gitarre, auf die nächste das Klavier, auf die dritte mein Gesang und für die vierte haute ich wie gehabt mit der Faust aufs Telefonbuch. Anschließend – und das war der Clou – konnte man zwei Spuren zu einer zusammenlegen, sodass wieder eine neue frei wurde, auf die ich dann den Chor aufnahm. Zu diesem Zwecke sang ich mehrere Male hintereinander – erste, zweite, dritte Stimme, abschließend irgendwelche »Hummings« wie »hu-hu-hu« und »mmh-mmh-mmh« – und nach jedem Mal Singen legte ich wieder zwei Spuren zusammen, bis ich einen schönen fetten Background hatte. Auf diese Weise produzierte ich schon damals Demo-Bänder mit neunundneunzig bis hundert Spuren. Nur leider wurde mit jeder dieser Spuren die Qualität schlechter, denn irgendwann kam es natürlich zu Überlagerungen und alles klang wie dumpfe Soße. Dafür war alles zum Nulltarif.

Klar, dass ich nicht zufrieden sein konnte mit diesem Ergebnis – ich bin ja nicht doof und taub. Deswegen war ein Auftritt von Phil Collins im Fernsehen für mich die Offenbarung: Bis dato gab es für den Hausgebrauch nur Monster-Synthesizer mit hundert Stöpseln und tausend Kabeln, unerschwingliche, unhandliche Dinosaurier. Und plötzlich saß da Phil, spielte »In The Air Tonight« und war trotz seiner nur ein Meter sechsundsechzig größer als der Synthesizer. Das Ding musste ich haben! Code-Name Profit V. Völlig aufgeregt lief ich am nächsten Morgen zu meinem Chef und ließ ihm keine Ruhe mehr, bis er mir einen Scheck über elftausend Mark in die Hand drückte. Nicht aus reiner Menschenliebe versteht sich, das hatte seinen Preis. Der Deal war: Ich bekam das Geld quasi als Kredit, für den sie Teile meines Gehalts einbehielten. Aber das war mir egal. Heute besitze ich zwei Profit Vs, die ich pflege und hege, denn es sind schon alte Ladies, die mittlerweile nicht mehr hergestellt werden. Jeden Hit meines Lebens habe ich seither auf ihnen produziert.

Hein Daddel mit Mütze

Inzwischen hatte ich mir selbst Aufgaben im Verlag gesucht und auch gefunden. Wann immer ich hörte, dass Katja Ebstein, Rex Gildo, Elmar Gunsch oder Hein Daddel ein Album machen wollten, besorgte ich mir die Adresse des betreffenden Managers, steckte eines meiner Demobänder in den Umschlag und schickte es unaufgefordert zu.

Nichts passierte, außer dass mir ein gewisser Herr Meynen von der BMG, der das Parade-Pferdchen Roland Kaiser mit dem Nummer-eins-Hit »Santa Maria« im Stall hatte, wütend zurückschrieb:

»Bitte sehen Sie davon ab, uns weiter Ihre Demos zuzusenden, diese Stimme auf dem Band, die kann ja kein Mensch ertragen.«

Ich sammelte Feinde wie andere Leute Briefmarken. Ganz oben auf der Liste seiner Hasskandidaten hatte mich Metronom-Chef und Toupetträger Klaus Ebert, in Branchenkreisen nur »die Mütze« genannt. Bei einem Meeting in seinem Büro wollte ich ihm ein paar Neukompositionen von mir präsentieren. Stattdessen stellte mir Mütze eigene Neuerwerbungen vor. »Sagen Sie mal ehrlich, Herr Bohlen«, meinte er, »wie finden Sie diese Musik?« Ich antwortete: »Meinen Sie das ehrlich mit dem ehrlich, Herr Ebert?« Und er: »Ja, ja, nur zu, sagen Sie schon!« Da hatte er in mir den Richtigen gefunden, auf die Chance hatte ich nur gewartet: »Also wenn Sie mich so fragen – das ist alles ganz großer Mist, das schafft's nie und nimmer in die Charts!«

Ich konnte gar nicht so schnell gucken, wie er mich an die frische Luft setzte. Bei der Metronom hatte ich fortan Hausverbot. Mein Musikverlag fand das gar nicht witzig. Ich wurde zum POG (problemorientiertes Gespräch) ins Chefzimmer zitiert. Man legte mir nahe, in Zukunft gefälligst die Klappe zu halten, wenn Mütze von der »Metronom« mich das nächste Mal zur Ehrlichkeit aufforderte. Ob Scheiß-Geschmack oder nicht, er war schließlich ein wichtiger Kunde.

Ebert und ich trafen uns per Zufall sieben Jahre später auf der Platinverleihung zur postumen Ehrung von Roy Black wieder: Ich stand da als der große Produzent, der gerade 900 000 Alben verkauft hatte. Und Mütze war nur noch ein kleiner Fuzzi bei der Plattenfirma »Teldec«. Er war so unterwürfig, dass ich mich fast übergeben musste. Das Letzte, was ich hörte, war: Zwischenzeitlich hat man ihn auch bei der »Teldec« gefeuert. Er soll jetzt mit einer Dame in Rumänien leben und Hühner züchten. Schöne Grüße an die Hennen.

Peter Orloff

Einer der größten Komponisten, Sänger und Produzenten Deutschlands war damals Peter Orloff. Alle wollten mit ihm arbeiten, sein Name roch nach Geld, seine Person stand für Erfolg. Er trug hautenge schwarze Lederklamotten, kam aus der geistigen Region Kölle-Alaaf und war die deutsche Recycling-Maschine für Nummereins-Welthits der englischen Band Smokie. Den Song »Needles and Pins« drehte er durch den Sprachwolf und raus kam »Bettler und Prinz«. »Lay Back In The Arms Of Someone« hieß fortan »Die Nacht, als Christina fortlief«. Nebenbei produzierte er auch noch Eigenes. Für Peter Maffay komponierte er den Superknaller »So bist Du« und für Bernd Clüver den »Jungen mit der Mundharmonika«.

Peterchen war *der* Big Macker mit Multi-Multi-Millionen auf dem Konto. Er nannte so viel Schotter sein Eigen, dass er gar nicht wusste, wohin damit. Aber er wusste sich zu helfen. Den Briefkopf seiner Schallplatten-Firma »Aladin« zierte ein Schneewittchen-und-die-sieben-Zwerge-Zucker-Schlösschen mit ganz vielen Rund-

Erkern. Diesen Traum ließ er sich in der rheinischen Provinz aus Backstein nachbauen.

An diesen Peter Orloff musste ich ran, mit dem wollte ich arbeiten. Der sollte einen richtigen Kracher von mir zu hören kriegen. Der große Tag war da, erwartungsfroh spielte ich ihm eine Neukomposition von mir vor: »Sandy«. Peter flippte total aus: »Ey geilomei! Echt super! Die Nummer nehm ich garantiert! Die mach ich zur nächsten A-Seite.« Und ich dachte: Juhu, du hast's endlich geschafft. Endlich hast du einen Hit in den Charts.

Vier Wochen hörte ich gar nichts, dann konnte ich die Ungewissheit nicht mehr ertragen. Ich rief Jürgen Homann an, Peters Manager. »Ja weißt du, Dieter«, erklärte er mir, »der Peter steht jetzt doch nicht mehr auf die Nummer.«

Ich war völlig geknickt. Total frustriert und deprimiert lief ich durch den Musikverlag. Wieder mal brach eine Welt für mich zusammen. Der Gott des Musikbusiness, der Mann mit dem todsicheren Riecher für Hits hatte meinen Song abgelehnt. Ausgerechnet Seierkasten vom Nachbarschreibtisch tröstete mich. Durch seine zwölf Dioptrien hindurch blickte er mich teilnahmsvoll an: »Lass den Kopf doch nicht hängen, Dieter, ich bin mir sicher, du packst das schon!« Danke. Dessen Trost hatte ich gerade noch gebraucht.

Ein Sklave für Bernhard

Einen Tag und eine Nacht war ich furchtbar traurig. Aber ich bin wie eine Wühlmaus: Wenn ich nicht oben über den Zaun komme, grabe ich mich halt drunter durch. Ich war überzeugt davon, dass viele Manager und Agenten meine Demos überhaupt nicht anhörten. So verlegte ich mich darauf, die Privatadressen der Stars rauszukriegen und ihnen die Demos direkt zukommen zu lassen. Auf diese Weise musste Bernhard Brink dran glauben, den ich so lange belaberte, bis er sich mit mir traf. Und während ich den Sklaven spielte und ihn zu seinen Konzerten und Auftritten chauffierte – »Wo darf's hingehen, Bernhard?« –, schwärmte ich ihm von meinen Titeln vor: »Ein tolles Stück, so was hast du noch nicht gehört!«

Schließlich kaufte er einen Song mit dem Namen »Steig aus, wenn du kannst« und ich fragte mich: Meint er das jetzt persönlich oder was? Immerhin brachte er ihn auf die B-Seite seiner nächsten Single.

Weil die A-Seite »Frei und abgebrannt« hieß und sich hunderttausendmal verkaufte, und weil's die A-Seite nicht ohne die B-Seite gibt, wurde mein Song auch hunderttausendmal verkauft. Wie praktisch. Pro Scheibe kassierte ich fünf Pfennig, sodass ich am Ende meine allerersten fünftausend Mark mit einem Chart-Erfolg verdient hatte. Dann komponierte ich für ihn noch Stücke wie »Glaubst du, du findest den Weg?« und »Ich habe den Koffer in der Hand«, mit denen er ohne Probleme bei der TUI hätte anfangen können.

Simone Rethel

Dreißig Jahre alt, süß, sensationelle Glocken und Augen wie Klopfer, das Kaninchen. So saß sie vor mir: Simone Rethel. Und mit einem Mal fand ich mein Leben als Musikproduzent doch gar nicht mehr so beschwerlich.

Simone hatte die Idee, statt Theater zu spielen durch Singen Geld zu verdienen. Dabei wollte ich ihr gern behilflich sein. Einen ganzen Nachmittag lang dokterten wir im Keller des Musikverlags an einer deutschen Version von Blondies Hit »Heart Of Glas« rum. Simone irrte durch die Tonleitern. Ich spulte zum fünfundvierzigsten Mal meine Revox-Maschine zurück, um von vorne anzufangen. Teufelchen auf meiner linken Schulter flüsterte: »Schluss mit singen, lass jetzt endlich die Glocken bimmeln!« Und selbst Engelchen auf der anderen Schulter feuerte mich an: »Ja! Los, los!«

Doch dann war irgendwie die Zeit um und Simone musste los. Im Nachhinein bin ich sehr froh darüber. Ich hätte es mir nie verziehen, wenn Jopie Heesters und ich an derselben Dame rumgemacht hätten. Ich verehre ihn sehr.

Andy

Als Künstler brauchst du einen Mitstreiter, einen Buddy, einen Weggefährten, der dich versteht. Jemand, der dir Echo und Feedback gibt. Der dich zügelt, wenn die Pferde mit dir durchgehen. Und der dich aufbaut, pusht und dir Mut zuspricht, wenn du am Boden bist und nicht mehr weiterweißt. Das alles war und ist Andy Selleneit für mich. Gäbe es einen Lifetime-Award für Freundschaft – Andy, der alte Pappenheimer, würde davon gleich fünf kriegen.

Wir liefen uns das erste Mal über den Weg auf dem Flur von BMG, damals noch »Hansa Record«, der mit abgelatschtem Nadelfilz ausgelegt war und über den schon so viele Komponisten hoch erhobenen Kopfes rein- und wie geprügelte Hunde wieder rausgetapert waren. Wir hatten zwei Dinge gemeinsam: Wir wollten beide Karriere machen und wir hatten beide keine Ahnung, wie das geht. Andy war zu der Zeit Assi in der Promotion-Abteilung, was so viel heißt, wie dem Künstler bei Auftritten das Bier zu reichen. Und ich war Hausclown im Musikverlag, den niemand in seinen Bemühungen richtig ernst nahm und der sich seit einem Jahr sein Büro mit einem Schwafelheini teilen musste.

Müsste ich Andy beschreiben, würde ich sagen: Kreisliga-blond, Kreisliga-groß, aber Goldmedaillen-Halter in der Disziplin der Schleimbacken: Wenn Roland Kaiser bei ihm ins Büro kam, dann pfiff Selleneit spontan die Melodie von »Santa Maria«. Wolfgang Petry begrüßte er immer mit »Ganz oder gar nicht«.

Das perfektionierte er im Laufe der Jahre noch zur Vollkommenheit. Als er mich mal später zum Blue-System-Videodreh von »Love Is Such A Lonely Sward« nach Ibiza begleitete, wollte ich unbedingt mit ihm baden gehen: »Komm, lass uns doch mal ins Wasser gehen!«, bettelte ich. »Ach nö«, meinte Andy, »das ist mir zu kalt, das ist mir zu dreckig, das ist mir zu irgendwas.« Er hatte fünfundzwanzig Gründe, warum er da nicht reinwollte.

Dann tauchte am Horizont auf einmal das Schnellboot von Frank Farian auf, der gerade mit Milli Vanilli einen Super-Act produziert hatte, und lief in die Bucht ein. »Hey, Selleneit, komm doch mal rüber!«, winkte Farian. Ich dachte, ich sehe nicht richtig: Da kletterte mein Andy, den ich zuvor eine halbe Stunde lang erfolglos belatschert hatte, schwimmen zu gehen, noch in derselben Sekunde auf einen Felsen und sprang ins Wasser. So richtig mit Schmackes, Anlauf und Köpper. So ist er halt: Würde auch durch fünf Kilometer Klärgrube kraulen, wenn ihn das nur einen Millimeter näher an sein Ziel bringen würde – todesmutig und allzeit bereit, alles für einen Hit, die Firma BMG und Deutschland zu tun.

Andy ist eine der drei Konstanten meines Lebens: Mit ihm, dem Musikverlag und meiner Schallplattenfirma BMG bin ich seit über zwanzig Jahren verbunden, ohne sie alle wäre ich jetzt nicht da, wo ich bin – sondern vielleicht viel weiter. Kleiner Scherz.

Bis Andy in mein Leben trat, hatte ich mich umzingelt gefühlt von irgendwelchen alten Chefs, die mir weder Aufmerksamkeit schenkten noch das Gefühl gaben: »Denen kannst du deine Ideen anvertrauen, Dieter.« Das waren alles greise Kacker für mich, die meine Musik nicht verstanden. Denn Kompositionen sind immer auch Geschmackssache, da kann man nicht sagen: »Zwei und zwei sind vier.« Ich als Kreativer kam auf drei, die Kacker vielleicht auf fünf.

Andy und ich wurden ein »Winning Team«. Mein späterer Erfolg spülte auch ihn hoch, er ist heute der Chef von BMG-Ariola in Berlin, ich bin Deutschlands erfolgreichster Pop-Komponist aller Zeiten. Als erste gemeinsame Idee entwickelten wir für mich das Sänger-Pseudonym Steve Benson. Herausragendes Kennzeichen dieses Projekts war seine gigantische Erfolglosigkeit.

Ricky King

Eines Morgens 1981 – nach zwei Jahren Buddeln, Wühlen und Graben wie ein Beknackter – endlich der ersehnte Erfolg: Über meinem Schreibtisch im Musikverlag flatterte eine Kette mit siebenundzwanzig bunten Papierbuchstaben dran:

H-E-R-Z-L-I-C-H-E-N-**G**-L-Ü-C-K-W-U-N-S-C-H-**D**-I-E-T-E-R

Das hatte Elli, die Sekretärin gebastelt, weil Ricky King mit »Halé, Hey Louise« über Nacht auf Platz 14 in die Charts gegangen war. Ricky interessierte nicht, das war ein abgehalfterter Gitarrero. Aber der Song, den er sang, der war von mir. Ein Hammer-Erfolg für den Musikverlag. Ich war der Held der Etage. Gekostet hatte die Produktion vielleicht tausend Mark, einbringen tat sie eine halbe Million. Fünf Monate blieb der Titel in den Top Fifty.

Das Besondere, der Gag an diesem »Halé, Hey Louise« war, dass es sich eigentlich um einen rein instrumentalen Song handelte, in den ich eine winzig kleine Textpassage geschmuggelt hatte. Das hatte den Vorteil, dass man nicht in den Laden gehen und dem Verkäufer »Mmh-mh-mh und döhh-döhh-döhh … na, Sie wissen schon …!« die ganze Melodie vorsummen musste. Anhand der gesungenen Passage wusste jeder: »Aha, der Song heißt so!« Das dazugehörige Album »Happy Guitar Dancing« mit Songs wie »Fly With Me To Malibu« und »Ahoi, Ay, Ay Capt'n« verkaufte sich zweihundertfünfzigtausendmal. Das war Gold.

Mit meiner ersten goldenen Schallplatte kam auch die erste Gold-Verleihung. Ich war so aufgeregt, dass ich auf dem Flug von Hamburg nach Frankfurt feuchte Handabdrücke auf den Armlehnen der Touristen-Klasse hinterließ. In meiner Fantasie sah ich mich auf einer tollen Party mit Ansprache, Bahlsen Crackern und feschen Hostessen. Ich traf mit Ricky und seinen zwei anderen Produzenten – zwei Sardellen in Anzügen – unten im Foyer der CBS, dem heutigen Sony-Wolkenkratzer in der Frankfurter Innenstadt zusammen. Gemeinsam stiegen wir in den Fahrstuhl und fuhren gen Himmel. Im Büro von Larsen, dem Chef der CBS, warteten wir darauf, dass was passierte. Die Tür öffnete sich, wir hörten ein »Guten Tag«, bekamen einen feuchten Händedruck und wurden weitergereicht mit den Worten: »Lasst euch von der Sekretärin da eure Goldene geben.« Außerdem kriegten wir noch ein belegtes Brötchen und eine Tasse Kaffee. Jemand knipste ein Foto, das war's. Hätte ein Rock-Act 250 000 Schallplatten verkauft: Sie hätten uns den Arsch geküsst. So aber, weil es Schlager war, was wir da gemacht hatten, war alles ein bisschen »ihhh!«. Das Geld nahmen sie aber trotzdem gerne. Da waren sie lockerer.

Natürlich war den beiden Sardellen die Situation total peinlich: Wie wir da im Büro standen und behandelt wurden, als ob wir die Krätze hätten. »Lasst uns doch noch wo hingehen und Champagner trinken«, schlugen sie vor. Toller Einfall. Wir hockten uns in irgendeine Kneipe, tranken eine Flasche warmes Blubberwasser und beide entschuldigten sich wortreich: »Das muss ein big Missunderstanding sein. Wir können uns das auch nicht erklären. So was ist uns in unserer ganzen Laufbahn noch nicht passiert.« Als es dann ans Bezahlen ging, hatten sie ihr Geld vergessen. Ich durfte löhnen. Der Klassiker: Da wollen ein paar Fuzzis auf große Welt machen und nachher hockt man in irgendeinem fiesen Buletten-Grill und zahlt selbst.

Trotz allem war ich auf dem Euphorie-Trip und unendlich happy, drückte die goldene Schallplatte an mein Herz. Der Beweis, dass ich es geschafft hatte. Zurück am Flughafen konnte ich mich nicht von ihr trennen, Babys gibt man ja auch nicht mit dem Gepäck auf. Im Flugzeug hielt ich sie die ganze Zeit auf dem Schoß. Am liebsten wäre ich aufgestanden und hätte sie überall rumgezeigt. Zu Hause griff ich zum ersten Mal seit meinem Werken-Unterricht in der Schule wieder zu Hammer und Nagel und hängte sie mir stolz über die Profit V.

Sechs Jahre später musste meine Plattenfirma eine ganze Halle mieten, um Thomas Anders und mir all die Trophäen und Auszeichnungen zu überreichen, die wir in nur zwei Jahren mit Modern Talking errungen hatten. In der Dortmunder Westfalenhalle kriegten wir an einem einzigen Abend fünfundsiebzigmal Gold und Platin überreicht, das war so viel, dass sie das ganze Zeugs mit einem Gabelstapler reinfahren mussten.

Es fährt ein Zug ins Irrenhaus

Eine Schwalbe macht noch keinen Sommer. Weitere Hoffnungsträger wie Ricky King mussten auf ihre Tauglichkeit getestet werden. Ich nahm Christian Anders ins Visier, der schon damals, vor über zwanzig Jahren, ein bisschen gaga war. Mit »Geh nicht vorbei« und

»Es fährt ein Zug nach Nirgendwo« hatte er vor über zehn Jahren zwei Nummer einsen gehabt, seither zehrte er wie viele andere vom Ruhm vergangener Tage. Zusammen mit seinem Produzenten Peter Wagner lud ich ihn in das feinste Restaurant von Berlin ein, um ihm einen Titel zu verkaufen. Hätte ich vielleicht nicht tun sollen. Denn während wir noch so redeten, begann sich Christian gelangweilt übers Kinn zu streichen und meinte dann plötzlich zum Kellner: »Hey, mach da mal den Spiegel von der Wand!« Da er immerhin mal der große Anders gewesen war, hängten sie wie gewünscht den Spiegel ab und pflanzten ihn direkt vor seine Nase. Daraufhin nahm Christian beide Zeigefinger und drückte sich mit einem lauten Plopp einen fetten Pickel aus, der mit anschließendem Flatsch auf dem Spiegel landete, während die Leute um ihn rum saßen und aßen. Ich hätte in meine Spaghetti Pesto kotzen können.

Dann erbte ich von Peter Orloff seinen »Jungen mit der Mundharmonika« alias Bernd Clüver, der mittlerweile eher ein netter Herr mit leichtem Bauchansatz war und für den ich »Mit 17« komponierte. Bernd stand vorne, ich machte einen von vier Background-Sängern und trug – weil die Plattenfirma alles möglichst billig-billig halten wollte – einen weißen Trainingsanzug für fünfzig Mark. So nahmen wir gemeinsam im März 1983 am Grand-Prix-Vorentscheid live aus den Fernsehstudios in München-Unterföhring teil.

Der unkaputtbare Ralph Siegel war natürlich auch schon da, und weil er genau ein Jahr zuvor mit seiner Nicole und ihrem »Ein bisschen Frieden« im englischen Kurbad Harrogate groß abgeräumt hatte, lief er mit aufgeplusterter Brust und angezogenen Schultern durch die Gänge, als ob er einen Kochlöffel im Hintern hätte. Ich weiß genau: Schon damals fand ich ihn mega ätzend.

Schließlich machten wir den dritten Platz, das Duo Hoffmann & Hoffmann gewann mit »Rücksicht«. Ralph setzte sich uns vor die Nase auf Platz zwei mit »Viva la Mama«. Kleiner Trost am Rande: Sein zweiter Starter, das singende Skifahrer-Ehepaar Rosi Mittermaier und Christian Neureuther kam mit seinem Titel »Enorm in Form« nicht so richtig in die Gänge und schied schon in der Vor-Vor-Runde aus.

Jeder hat so seine Schlüsselmomente im Leben, bei mir war es die Begegnung mit Drafi Deutscher. Er sang damals »Guardian Angel«, einen Hammer-Hit, der so gut funktionierte, dass er ihn mit Nino de Angelo und »Jenseits von Eden« auch gleich noch mal auf Deutsch produzierte, der damit ebenfalls sieben Wochen auf Platz eins in den Charts war.

Dieser Titel brachte dem Musikverlag Millionen ein, deshalb kam Drafi in der Hierarchie bei uns gleich hinter dem lieben Gott. Hätte man ihn selbst gefragt, hätte er sicherlich geantwortet: »Ich *bin* der liebe Gott.« Wenn er auf zehn Minuten mit laufendem Taxameter in der Hallerstraße vorbeischaute, um Geld fürs Spielcasino abzuholen, dann war das, als ob ein Hurrikan durchs Büro fegte: »Gebt mir Schotter, ich hab grad 'ne Glückssträhne!«

Wer schlau war, legte schnell seine Arbeit nieder, rief: »Großer Drafi! Großer Drafi!« Alle Sekretärinnen kniffen reflektorisch die Beine zusammen, bevor er ihnen mal wieder ungeniert unter den Rock fassen konnte. Wer nicht schlau war, so wie ich, telefonierte weiter: »... ja ... okay ... ich schick dann meine Demokass...« Weiter kam ich nicht, Drafi hatte mit einem Ruck alle Kabel aus der Wand gerissen. »Wenn ich hier reinkomme, wird nicht telefoniert! Kapiert?«, brüllte er. So war Drafi.

Hatte er beim Zocken gewonnen, kam er zwei Stunden später wieder, schmiss mit dem Geld nur so um sich und steckte wahllos einer Sekretärin mal eben fünftausend Mark in den Ausschnitt. Hatte er aber am nächsten Tag seinen Gewinn wieder komplett verzockt, stand das Taxi erneut vor dem Haus Hallerstraße 40 und Drafi ging die Sekretärin suchen, um die fünftausend wieder zwischen ihren Titten herauszufischen: »Gib mir mal mein Geld zurück, ich brauch das jetzt!«

Alle krochen vor ihm zu Kreuze und behandelten ihn mit einem Maximum an Respekt, selbst wenn er aufs Allerübelste rumpöbelte: »Ihr Wichser! Ihr Penner! Ihr Schlampen! Ihr Arschlöcher!« So ging das nur. Das ist leider die große Krankheit dieser Branche: Wenn du einen Hit hast, dann hast du Narrenfreiheit. Du darfst dem Chef einen großen Haufen auf den Schreibtisch setzen und kannst davon ausgehen, dass er dir sogar noch das Klopapier reicht.

Ich hatte in meinem Leben noch keinen so durchgeknallten Typen kennen gelernt wie ihn. Ein hochtalentierter Komponist, ohne Frage. Aber einer, der sein Gehirn versoffen und sein Talent durch die Nase geschnupft hatte. Ich fand das abstoßend. Wobei ich denke: Die Antipathie beruhte auf Gegenseitigkeit. Für ihn war ich ein studierter Spießer, ein Fremdkörper. Ich konnte sehen, wie er dachte: Was hat der Knallkopf hier zu suchen? Wahre Musiker zertrümmerten seiner Ansicht nach nach Auftritten das Hotelzimmer und krepierten mit fünfzig an Leberzirrhose. Und ich wiederum wusste nur das eine: Dieter, du willst alles werden, nur nicht wie dieser Drafi.

Noch ein anderer Künstler aus dieser Zeit ist der lebende Beweis dafür, dass diese Berufssparte mit ihrem Geld und Erfolg nicht umgehen kann. Karrieren vom Millionär zum Tellerwäscher sind an der Tagesordnung. Wie bei Gunter Gabriel. Mitte der Siebziger hatte er durch »Hey Boss, ich brauch mehr Geld«, »Komm unter meine Decke« und als Produzent von Juliane Werdings »Wenn du denkst, du denkst, dann denkst du nur, du denkst« einen irren Lauf. Er musste seine Kohle quasi mit der Mistgabel in den Tresor schaufeln. Doch von einer Million, die er verdiente, gab er auch gleich eineinhalb wieder aus. Heute sitzt Gunter auf einem Hausboot und könnte Postkarten schreiben an Drafi, der im Wohnwagen haust. Nach einem Konkursverfahren stottern jetzt beide in Raten ihre Schulden ab.

Diese frühen Einblicke in die Branche prägten mich unheimlich. Ich schwor mir etwa hunderttausendmal: Mensch, Dieter, wenn du mal zu Geld kommst, dann passt du auf, dann machst du nicht diese Fehler.

Schaubuden-Bagger

Zu Erika nach Hause zu kommen war immer wie die Reise auf einen anderen Planeten. Sie fand die ganze Branche sowieso pervers und meschugge. Damit wollte sie genauso wenig zu tun haben wie mit Achselschweiß und platt gefahrenen Tauben. Fast jeden Abend hatte ich Auswärts-Termine, sie blieb zu Hause und machte, was Frauen zu Hause so machen: rumwuscheln, kochen, dekorieren.

Ein Teil meiner Termine war die Akquise von Fernseh-Auftritten, in denen die Künstler des Musikverlags ihre Songs singen konnten. Das war die einzige Chance, einen Titel bekannt zu machen. Es gab kein MTV, kein VIVA, kein »Pop of the Tops«. Es gab nur ARD, ZDF und die Abteilung Regional-Gehacktes. Um hier reinzukommen, musste man jede Menge Strippen ziehen. Selbst einen relativ unbedeutenden Auftritt in der »Aktuellen Schaubude« mit Carlo von Tiedemann konnte man sich quasi nur ersaufen. Der Weg zum Erfolg hieß Aufnahmeleiter Buttstedt. Sein Büro war der »Bierbrunnen« in der Rothenbaumchaussee, hier wurden »Schaubuden-Bagger« gereicht – Fernet Branca mit irgendwas drin. Zwei davon und man verlor die Muttersprache, Buttstedt konnte zehn ab. Andy und ich gruselten uns immer vor diesen kollektiven Zwangsbesäufnissen. In unserer Not steckten wir Gandi, dem Kellner, immer heimlich zehn Mark zu, damit er den gemeinen Fernet gegen Cola austauschte. Wenn das nicht klappte, warteten wir darauf, dass Buttstedt nicht guckte, und kippten das Gesöff hinter uns in die Yucca-Palme. Unser Kollege Meyer hatte Pech und wurde dabei erwischt, wie er seine Gläser hinter einem Holzlöwen verschwinden lassen wollte. »Meeeeeyer!«, donnerte Buttstedt, der da keinen Spaß verstand, »Sie haben zwölf Wochen Schaubuden-Verbot!«

Wenn ich nicht Auftritte organisierte, widmete ich mich der Inspektion von Satelliten. Erika kriegte anonyme Briefe auf die Arbeit geschickt, ihr Kerl würde sie betrügen, sie solle sich ja in Acht nehmen. So ging das – blubbblubb und blabla – Zeile um Zeile weiter. Unterzeichnet war das Ganze dann sehr geheimnisvoll mit »ein Freund«.

Die Warnungen waren nicht ganz unbegründet. Beim Tennisspielen hatte ich unter anderem Carmen Lechtenbrink, Frau von Schlagersänger und Schauspiel-Fuzzi Volker Lechtenbrink, kennen gelernt. Volker mochte ich nicht besonders. Im Tennisverein machte er immer so auf dick und wichtig und Megastar. Also hatte ich auch keine Skrupel, Carmen darüber hinwegzutrösten, dass sie mit einer Pfeife verheiratet war. Das Problem war: Carmen nahm unsere Affäre ziemlich ernst. Sie setzte alles daran, überall ihre Duftmarken zu hinterlassen, damit Erika dahinter kam. Während eines nachmittäglichen Schäferstündchens bei mir zu Hause schnitt sie heimlich bei meinen Sockenbällchen im Schrank die Zehen ab – schnipp-schnapp und weg! Abends machte Erika wie gewohnt nach der Arbeit die Wäsche und wunderte sich: »Sag mal, Dieter, warum hast du denn deine Socken alle abgeschnitten?« Woraufhin ich aus allen Wolken fiel und spontan flunkerte: »Och, mir war so.« Und Erika: »Ah ja, dir war so …« Sie glaubte mir natürlich kein Wort.

Beim nächsten Schäferstündchen in Volkers Bett in Othmarschen gab ich Carmen was zum Knobeln. Ich griff mir heimlich vom Couchtisch die Fachzeitschrift »Musikmarkt« und verschwand mit ihr auf der Toilette. Alle Artikel, die mich betrafen, versah ich sorgfältig mit Herzchen und Pfeilen. Um ganz sicher zu gehen, dass Volker die Botschaft auch verstand, umkullerte ich auch noch alle Bilder, auf denen ich zu sehen war.

Volker fand das nicht wirklich witzig. Mit besoffener Birne und lallend rief er bei Erika an: »Ey, meine Alte f… mit deinem Alten … rülps … eigentlich können wir uns jetzt auch mal treffen!« Mein Glück war, dass Erika Herrn Lechtenbrink zu unterirdisch und zu besoffen fand. Aber ich beschloss, die Sache ganz schnell zu beenden. Dennoch war der Kakao am Dampfen.

Erika und ich waren nun fast sieben Jahre zusammen. Sie war fünfundzwanzig und wollte heiraten. Ich nicht. Beinahe täglich stritten wir. Ich liebte sie zwar, aber ich wollte weiterflattern, mich noch nicht festlegen. Jeden Abend gab es Heulerei und Unfriede. Wenn ich nach Hause kam, guckte ich in eine Flunsch. Das Dauer-Generve setzte mir tierisch zu. Ich musste unbedingt wieder einen klaren

Kopf kriegen, denn so konnte ich unmöglich Nummer-eins-Titel schreiben.

Ein Kumpel lieferte mir die Idee zu einer Ehe-Light-Version: »Dieter«, hatte er mir gestanden, »so richtig sicher bin ich mir auch nicht. Aber Heiraten hat viele steuerliche Vorteile. Für den Fall der Fälle machen wir halt 'nen Ehevertrag.« Das überzeugte mich. »Mensch, Erika«, flötete ich, »eigentlich hast du Recht. Ist 'ne super Idee, das mit dem Heiraten. Da können wir sogar Geld sparen. Wir müssen vorher nur kurz zum Notar.«

Am 11. November 1983 – der Himmel hing voller Wolken – rannten wir in meiner Mittagspause zum Anwalt schräg gegenüber vom Musikverlag und kritzelten unsere Unterschriften unter den Ehevertrag. Anschließend düsten wir so, wie wir waren – Jeans, Stiefel, Wollpulli –, zum Wandsbeker Standesamt. Keine Verwandten, keine Freunde, keine Kamera – unser Schritt in die amtliche Zweisamkeit dauerte zehn Minuten. Erika meinte danach trocken: »Der 11. 11! Na, hoffentlich hast du dir diesen Tag nicht ausgesucht, weil Karneval anfängt.«

Der Countdown

Mittlerweile war ich neunundzwanzig und langsam wurde es ziemlich eng für meinen großen Masterplan, bis dreißig Millionär und ganz berühmt zu sein. Dafür wusste ich, was man in meinen Grabstein gravieren würde:

»Das ist der Mann,
der vier Millionen No-Names produzierte.
Er schreckte vor nichts zurück,
selbst Elmar Gunsch musste für ihn singen.«

Dabei verdiente ich nicht schlecht. Nach zehntausend Mark Bonus im ersten Jahr Musikverlag kassierte ich im dritten schon vierzigtausend und jetzt, im fünften, bereits zweihundertfünfzigtausend. Und wann immer irgendein Radiosender zwischen Husum und

Hintertupfingen einen Song von mir auf den Plattenteller legte, waren das schnelle zehn Mark dazu. »Aufführungsgebühr« nannte sich das. Ich hätte also eigentlich zufrieden sein können. Ich war es nicht.

Um mich herum traten alle nur auf die Bremse. Erika war wie immer aus der Abteilung »Praktisch denken, Särge schenken«: »Mensch, Dieter! Dann geh doch endlich zurück zu deinem Vater in die Baufirma! Da hast du ein gemachtes Nest, da bist du doch schon Millionär. Da brauchst du in Zukunft nur noch die Füße hochlegen.«

Auch mein Chef machte mir einen aus seiner Sicht verlockenden und attraktiven Vorschlag: »Dieter, solange du hier keine goldenen Löffel klaust, kannste bis zur Rente bleiben.« Ich sah nur Hosenträger, Bauch und die Dritten in einem Glas mit Corega-Tabs neben mir.

Immer noch hatte ich diesen Traum, mittlerweile eine fixe Idee, englischsprachige Songs zu produzieren und damit den internationalen Durchbruch zu schaffen. Bei den Betonköpfen von der Plattenfirma stand zwar Tod durch Erhängen auf alles, was nicht in Deutsch getextet war. Aber ich war felsenfest davon überzeugt, dass der große Wurf nur mit Klängen à la »I Want Your Heart, Come Let Us Start« gelingen konnte. Die waren der Schlüssel zu einer Traumvilla mit Flamingo-Teich in Beverly Hills. Während die deutsche Variante »Ich will dein Herz, komm lass uns starten« nur die Tür zu einer Doppelhaushälfte in Wuppertal öffnete.

Was ich zu diesem Zeitpunkt nicht wusste und nicht ahnte: Die Zeit der Ernte war gekommen. Was ich für eine Sackgasse hielt, war im Prinzip eine Warteschleife. Verschiedene Projekte, die ich 1983 angeleiert hatte, sollten im nächsten Jahr pralle Früchte tragen.

1983

Modern Talking

Oder: We are the Champignons!

Einem dieser Projekte war ich eines Morgens, Anfang 1983, bei uns in der Kaffeeküche vom Studio begegnet. Da saß es, wippelte auf einem Hocker und sah aus wie der Bruder von Winnetou. Das heißt, ich war mir ganz sicher, dass es der Bruder von Winnetou war, aber er tarnte sich hinter dem deutschen Pseudonym Thomas Anders. Er hatte hübsche rabenschwarze Haare bis zur Schulter, ein Gesicht wie ein Fohlen-Popo und war mir von der BMG geschickt worden. Um an dieser Stelle ganz korrekt zu sein: Winnetou hieß laut Pass auch nicht Thomas Anders, sondern Weidung – Bernd Weidung. Geboren war Bernd-Winnetou Weidung in Münstermaifeld in der Nähe vom Koblenz. Highlight seiner Karriere bis dato: Ein Auftritt in der Michael-Schanze-Show »Hätten Sie heut' Zeit für uns?« Ähnlich wie ich hatte Thomas schon seit seiner Kindheit Musiker werden wollen. Jetzt war er zwanzig und konnte auf urdeutsche Früh-Werke wie »Du weinst um ihn«, »Es war die Nacht der ersten Liebe« und »Ich will nicht dein Leben« zurückblicken.

»Hör dir den einfach mal an«, hatte Andys Chef Hans Blume gesagt.

»Hi, ich bin der Thomas.«

»Ja, und ich bin der Dieter! Na dann lass mal was hören!«

Er ging rüber zum schwarzen 100 000-Mark-Steinway-Flügel. Klappte den Deckel auf. Spreizte dramatisch alle zehn Finger in die Luft. Setzte an. Und was massierte er in die Tasten? Was Englisches: »Three Times A Lady«.

Man merkte: Das war sein Kürprogramm, sein musikalischer Doppel-Lutz, sein Aushänge-Titel. Der Song, den er in seinem Leben wahrscheinlich schon öfter gesungen hatte als Lionel Richie selbst und der bei ihm jetzt besser klang als im Original. Er intonierte dieses Lied mit so viel Feeling und tropfendem Honig in der Stimme, dass man ihm am liebsten eine Scheibe Buttertoast druntergehalten hätte. Ich kriegte Gänsehaut. Es war wahrscheinlich das erste Mal in meinem Leben, dass ich es nach all den Bernhard Brinksen und Drafi Deutschers mit einem Interpreten zu tun hatte, der wirklich eine gute Stimme hatte. Es war nicht so sehr das Volumen, die Größe, es war der Schmelz in ihr.

Mein Cocker-Spanier

Und auf einmal fügte sich alles zusammen. Schon Monate vorher hatte der liebe Gott aus seinem Harfen-und-Glöckchen-Chor im Himmel ein spanisches Engelchen rausgeschmissen, das ihm da wohl zu viel Radau gemacht hatte. Und es war mein Glück, dass dieses Engelchen plötzlich mit seinem alten verbeulten Mercedes in der Hallerstraße 40 vorfuhr: Señor Luis Rodriguez. Spezialist für Bassdrums und besonders schlechte Schlagzeugnummern, bei denen man nicht verstand, was gesungen wurde, weil alles nur »duff! duff! duff!« machte. Dafür hatte dieses »duff! duff! duff!« so viel Druck und Rhythmus, dass man unwillkürlich mit den Fingern mitschnippte. Dass Luis im Studio war und arbeitete, merkte man immer daran, dass die Wände vibrierten. Er hat große Ähnlichkeit mit Danny de Vito, nennt alle Frauen »Puschi« und ist in etwa so groß wie eineinhalb übereinander gestellte Persil-Trommeln – »mein Cocker-Spanier«.

Luis lud mich ein in sein Zuhause, das Studio 33: ein fensterloser Bunker aus dem Zweiten Weltkrieg im Hinterhof eines »Spar«-Ladens in Hamburg-Eimsbüttel. Höhlen- und Grottenromantik mit grauen Wänden und unverputzten Rohren. Dieses Vorzeige-Domizil à la »Schöner Wohnen« hatte ursprünglich Ralf Arnie gehört, einem Opi, der mit »Tulpen aus Amsterdam« einen Riesenhit gelandet hatte. Und dann den strategischen Fehler begangen hatte, an eine karrieresüchtige junge Frau zu geraten. Arnies finanziellen Engpass hatte Luis genutzt, den Laden zu übernehmen.

Luis ist ein Mann, der sich bis zur letzten Faser engagieren kann und will. Das gefiel mir. Versuchsweise verlegte ich Produktionen mit Penny McLean und »Tanze Samba mit mir«-Tony Holiday zu ihm. Es stellte sich raus, dass Luis und ich ein sensationelles Team waren: Er wollte das Beste, ich wollte das Beste. Darüber stritten wir und drohten uns gegenseitig Kloppe an. Aber es gilt der Spruch: Nur mit Leuten, die ihr Herz an etwas hängen, kann man sich auch richtig streiten. Wir rieben uns aneinander, dieses Aneinanderreiben ließ Funken sprühen und diese Funken landeten irgendwann auf dem Aufnahmegerät. Wenn es später bei Modern Talking einen unsichtbaren Dritten gab, dann war es dieser Luis »Cocker-Spanier« Rodriguez.

Ich bestellte Thomas ins Studio 33. Obwohl ich seine Stimme im englischen Sound einfach fantastisch und viel geiler fand, produzierten Luis und ich wie gehabt und wie gewünscht deutsches Liedgut mit ihm. »Heißkalter Engel« war unsere erste gemeinsame Zusammenarbeit, eine Cover-Version des englischen Erfolgssongs »Send Me An Angel«. Das funktionierte gar nicht. Weitere Herzschmerz-Drüsen-Songs wie »Was macht das schon?« und »Wovon träumst du denn in seinen Armen?« folgten. Alles So-lala-Erfolge. Ich war frustriert. Ich hatte das Gefühl, da war mehr drin und möglich. Ein Titel mit dem Namen »Endstation Sehnsucht« sollte das Ende unserer Bemühungen auf dem deutschsprachigen Sektor werden.

In meiner Schublade lag seit ein paar Monaten ein Song, der »My Love Is Gone« hieß. »Mmmmh«, hatte Andy gemeint, »klingt ja interessant, diese Nummer. Aber der Refrain ist noch nicht so der Bringer. An dem musst du noch mal arbeiten.«

Der Groschen fiel im Urlaub beim Abhotten in der Touri-Strand-Disse von Paguera. Aus den Boxen wummerte die englische Gruppe Fox The Fox, dass einem fast das Trommelfell wegflog. Dicht gedrängte Menschen, tierisch Stimmung, kaum Platz auf der Tanzfläche. Und plötzlich erklang der Freiheits-Chor der Ent-Eierten:

»... precious little diamonds ...!!!!«

Die Jungs von Fox The Fox kieksten den Refrain mit Kopfstimme, also ganz, ganz, ganz hoch, musikalische Abteilung »Hohes C«. Und da hatte ich die Erleuchtung, da kam die Erkenntnis. Meine Idee für einen neuen genialen Sound. Ich beschloss, den Refrain von »My Love Is Gone« auch kastratenmäßig hoch zu machen und als eine Art Echo zu wiederholen. Eine Bomben-Idee in doppelter Hinsicht. Zum einen ergab das ein ganz neues exotisches Hörerlebnis, weg vom Allerwelts-Erbsensuppen-Sound, wie ihn heute DJ Bobo produziert. Zum anderen hatte ich auf einmal einen Grund, mit auf der Bühne zu stehen und zu singen. Denn Gequietsche in Eunuchen-Tonlage war seit Studententagen und Marianne Rosenberg mein Spezialgebiet. Außerdem befand ich: Der Name »My Love Is Gone« war zu lahm, ging noch zu sehr am Krückstock. Das musste peppiger, das musste direkter sein: »You're My Heart, You're My Soul« zum Beispiel. Ich dachte drüber nach und wusste: Das passte, das machte Sinn, das fühlte sich gut an.

Und ich wusste auch schon, wer mein Partner sein und die Hauptstimme singen sollte.

Der Riemen auf der Orgel

Sofort nach meiner Rückkehr aus Mallorca traf ich mich mit Luis im Studio 33. Am späten Nachmittag klingelte es vorne am Bunker, ich öffnete die Tür. Ein Gestank wie zehn tote Katzen waberte in die Bude, dass man dachte, man braucht ein Sauerstoff-Gerät. Und mittendrin: Thomas. Der »Spar«-Markt vorne an der Straße pflegte nämlich die schöne Sitte, abends immer sein gammeliges Gemüse und Fleisch in einen offenen Sammel-Container auf dem Hof zu werfen. Da rottete es dann in der warmen Sonne friedlich und unbehelligt vor sich hin.

Luis, Thomas und ich waren allein im Studio. Einzig ein Klavierspieler, der von einer Produktion am Mittag übrig geblieben war, hing noch irgendwo in der Küche rum und kippte Kaffee in sich hinein. Ich schob die Demo-Kassette, die ich zu Hause vorbereitet hatte, in den Rekorder und sagte zu Thomas: »Pass auf, so stell ich mir das vor.«

Die Melodie von »You're My Heart, You're My Soul« erklang, dazu der Refrain mit meinem Gesang. Thomas hörte genau hin, dann sagte er: »Muss ich noch mal hören.« Schließlich ging er in den Aufnahmeraum hinter der Scheibe und setzte die Kopfhörer auf. »Hey, Alter, leg den Riemen auf die Orgel«, meinte ich zu Luis, der schmiss seine 24-Spur-Revox-Maschine an und los ging's.

»Deep in my heart
there's a fire
a burning heart
I'm dying in emotion
It's my world and fantasy …«

Ich gebe zu: Ich wusste nicht, dass wir einen Welthit haben würden, deswegen hatte ich den Text mal eben in einer halben Minute hingekliert. Popoabwischen dauert länger. Thomas als Sänger war ähnlich fix. Nach nur fünf Minuten hatte er seinen Kram runtergesungen. Die Aufnahme war im Kasten.

»Ey Thomas! Wenn das gut geworden ist«, versuchte ich ihn an meine Idee zu gewöhnen, »dann tun wir uns zusammen und treten als Duo auf!«

Thomas' Begeisterung hielt sich in deutlich messbaren Grenzen: »Nee, nee, lass mal!«, bremste er ab. »Ich hab einen Ruf zu verlieren! Ich werd ja total unglaubwürdig, wenn ich jetzt Englisch singe. Gib mir mal lieber fünfhundert Mark. Dann kannst du meine Stimme benutzen, aber mein Name taucht nicht auf.«

Wie immer setzte ich auf Wühlmaus-Strategie: »Komm, Thomas! Lass uns das jetzt durchziehen! Das wird was! Ich glaub daran! Sag jetzt nicht nein! Wir ziehen das durch! Komm schon!«

»Okay«, ließ er sich irgendwann herab, »aber ich will nicht, dass mein Gesicht auf dem Cover zu sehen ist. Und außerdem will ich weiter meine deutsche Musik machen. Davon verspreche ich mir mehr.«

Doch jetzt kam erst die eigentliche Arbeit, das Mischen des Songs. Luis und ich mussten ihn abschmecken wie die Chefköche eine gute Soße: hier noch ein bisschen Trommelwirbel, da noch ein bisschen Schalalalala. So, fertig! Mmmh! Lecker! Stolz drückten wir auf die Play-Taste, um uns unser fertiges Lied anzuhören. Wir hörten ein fröhliches

»You' … y heeeear … tt, kzzz … kzzz … yooohu … sssohol!«

Ein Tonkopf hatte sich verschoben, die Folgen waren Phasenauslöschungen, die sich als fehlende Frequenzen auf dem Band bemerkbar machten und den Sound verfremdeten. Das klang, wie wenn man ein Signal einmal um den Mond schießt und dann wieder auffängt: irgendwie spacig.

Luis und ich leiteten umgehend die Rettungsaktion ein und riefen die Techniker von BMG an, eine Art ADAC für liegen gebliebene Songs. »Tut uns Leid, Jungs!«, beschieden die uns am Telefon. »Da können wir nix machen. Lasst euch mal was einfallen!«

Nun könnte man ja denken: Was stellen sich der Bohlen und der Luis so an? Dann sollen die halt ins Studio gehen und die Aufnahme wiederholen. Aber das wäre, als würde man Leonardo da Vinci sagen: »Mal doch die Mona Lisa einfach noch mal!« Das geht auch nicht. Manche Sachen sind nicht reproduzierbar. Die neue Mona Lisa hätte wahrscheinlich geschielt und abstehende Ohren gehabt.

Also blieb uns nichts anderes übrig, als uns das 24-spurige Originalband erneut zur Brust zu nehmen. An dem hatten mittlerweile schon tausend Leute rumgeschraubt, wodurch die Stimmen immer schneller und piepsiger geworden waren. Aus diesem Entengeschnatter schneiderten wir den fertigen Song.

Das Kind musste einen Namen haben, Thomas und ich konnten ja nicht einfach als Anders-Bohlen auftreten. »Turbo-Diesel«, schlug mein Plattenchef Hans Blume vor, der mit Frank Farian schon das Erfolgsprodukt Boney M. entwickelt hatte. Aber ich hatte da nur die Assoziation von Bauer Piepenbrink auf dem Traktor. Und ich wollte nicht dahin, wo mein Vater herkam.

Wir diskutierten hin und her, schließlich kam Petra, die Sekretärin um die Ecke, guckte auf das Plakat mit den Top Fifty, wo eine Gruppe »Talk Talk« hieß und eine »Modern Romance«, und meinte ganz trocken: »Ich würde das Ding *Modern Talking* nennen.«

Auf dem Cover von »You're My Heart, You're My Soul« bildeten wir einen weißen Turnschuh und einen Lackschuh ab, die aneinander gelehnt waren. Aber selbst diese zugegeben bescheuerte Idee konnte den Welthit nicht mehr verhindern. Wenn heute ein Künstler zu mir kommt und tagelang über ein Plattencover diskutieren will, sage ich aus dieser Erfahrung heraus immer: Man kann einen Song auch in Klopapier einpacken, Hit ist Hit ist Hit.

Wenn's hoch kommt, kostete die Produktion von »You're My Heart, You're My Soul« 1400 Mark – nämlich die Studiomiete und ein Viertelpfund »Onko«-Kaffee für Luis, damit er Überstunden machte. Alles andere war für umsonst, denn wie immer hatte ich alle Instrumente selbst gespielt. Für 10 000 Mark verkaufte ich den fertigen Song zwei Tage später an die BMG.

Ich war happy ohne Ende, strahlte wie ein Honigkuchenpferd. Fuchs, mein Chef, toppte das Ganze noch, indem er mir die Hand schüttelte und sagte: »Ey, das hast du gut gemacht, Dieter!« Denn ich hatte dem Musikverlag 8 600 Mark eingebracht. Obendrauf legte er noch eine Gehaltserhöhung von 300 Mark. Hätte ich in dieser Sekunde geahnt, dass ich viel mehr verkauft hatte als nur einen Titel – das Strahlen wäre mir aus dem Gesicht gefallen und ich hätte gekotzt. Ich trat die Masterrechte an einem Welthit ab. In dieser Sekunde verlor ich vierzig Millionen Mark.

Den ganzen Herbst, Winter 1983 und auch noch im Frühjahr 1984 tat sich trotz aller Bemühungen nix. Das Einzige, was wir erreichten, war ein einsamer Auftritt im Regionalprogramm vom WDR. Dann passierte etwas, womit keiner gerechnet hatte und was man auch nicht beeinflussen kann: Mund-zu-Mund-Propaganda. Ein Flüstern, ein Rascheln, ein Hauch hinter den Kulissen der Musikwelt. Unsere Single wurde als ganz geheimer Geheimtipp von DJ zu DJ weitergereicht. Man wusste nicht, wer hinter diesem Projekt Modern Talking steckte.

»Irgendwelche Südländer! Zwei Eisverkäufer aus Rimini!«, wurde gemunkelt, weil wir so cremig klangen. Wir waren mega hipp und total angesagt. Eine Monster-Lawine, die die Tanzflächen von Deutschland platt machte. Radiosender wurden von ihren Hörern mit Anrufen bombardiert: »Hey, spielt mal den Song, wo die so hoch singen!«

Kommt ein Welthit geflogen

Irgendwann abends blieben mein Entdecker Schmidt, mein Chef Fuchs und Seierkasten, der alte Knabe, noch länger in der Firma. Elli, meine fünfundfünfzigjährige Mutti-Typ-Sekretärin, die mich als Einzige im ganzen Musikverlag aufrichtig liebte, hatte Sekt kalt gestellt. Ab halb sieben belauerten wir alle den Fernschreiber, der die aktuellen Charts durchtickern sollte. Auf einmal sprang das Gerät an, machte knatter! knatter! und oben auf der Seite erschien als Erstes die Ziffer

1

Dann kam ein

.

und dann ein großes

Y

Ich wusste sofort: Das war das Ypsilon von »You're My Heart, You're My Soul«. In der Sekunde fielen wir uns alle in die Arme, der totale Jubel brach los. Und der kleine Dieter aus Oldenburg hatte endlich seine erste Nummer eins. Wir köpften den Sekt und selbst Seierkasten kriegte ein Schlückchen ab. Nun war ich zwar schon 30 und auch bei weitem noch kein Millionär, aber Punkt drei meines Masterplans war erfüllt: Nach sechs Jahren Rumkrauchen im Musikverlag hatte ich endlich meinen Platz an die Spitze der Charts geschafft.

Von dieser Sekunde an fiel mein Leben in einen Galopp: »You're My Heart, You're My Soul« ging auch in Frankreich, Holland, Schweden, Taiwan, Hongkong, Russland und Grönland in die Charts. Nur Amerika und Legoland widersetzten sich. Damit hatte ich nicht nur meine erste Nummer eins, sondern auch den Welthit, von dem ich immer geträumt hatte. Thomas und ich fühlten uns wie die Champions. Champions? Eher wie die Champignons! Wir hatten grade so mal eben unsere Köpfe aus der Erde gesteckt. Wir hatten von nix eine Ahnung. Aber selbst das wussten wir nicht.

Ich war wie im Taumel vor Glück. Ich war nicht nur musikalisch der Größte, ich kriegte auch ein Kind – Erika war schwanger. Bahn frei! Juhu! Die Dinge kamen in Bewegung, ein neues Zuhause musste her. 260 000 Mark hatte ich schon gespart, über 240 000 nahm ich einen Kredit auf, so tauschten wir unsere Zweieinhalb-Zimmer-Wohnung in Hummelsbüttel gegen eine weiß geklinkerte Doppelhaushälfte mit Bootsanleger in Hamburg-Bergstedt. Hätte Erika nicht ausrangierte Regale und Vorhänge aus der Karstadt-Requisite mitgebracht und den ganzen Umzug allein organisiert, wir hätten dieses Haus gar nicht beziehen und möblieren können.

Bei dem Baby hatten wir uns für den Namen »Marc« entschieden, falls es ein Junge werden sollte. Marc Bohlen wie Marc Bolan, der Sänger von der Gruppe T-Rex. Der schreibt sich zwar anders, spricht sich aber gleich aus. Das hielt ich für ein lustiges Wortspiel.

Als bei Erika überraschend die Fruchtblase platzte, musste sie hopplahopp mit dem Rettungswagen ins Krankenhaus. Ich mit meinem neuen silberfarbenen Mercedes hinterher. Ich war so aufgeregt, ich wäre am liebsten bis in den Kreissaal gefahren. Hatte ich eben noch gedacht, ui-jui-jui!, das Baby kommt spätestens auf den Eingangsstufen vom Krankenhaus zur Welt, ließ uns der Knirps jetzt richtig warten. Es war eine schwere Geburt. Stunde um Stunde verging. Endlich kam die Hebamme mit einem Bündel Handtücher und drückte mir den Haufen mit den Worten: »Hier, Herr Bohlen, ein Stammhalter!« in den Arm.

Ich stand nur da, überwältigt, die Fortsetzung meiner selbst in Händen zu halten. Wie jeder Papi machte ich mich sogleich daran, Ähnlichkeiten zwischen mir und meinem Sohn zu entdecken. Das war relativ schwer. Marci hatte den aparten Turmschädel von Nofretete, weil sie ihn mit der Zange geholt hatten. Dazu büschelweise schwarze Haare. Außerdem war er unheimlich braun. Ich fragte mich, ob es da im Bauch seiner Mama ein Solarium gegeben hatte.

Ein völlig unbekanntes Gefühl von Wärme, »das ist mein«, Beschützenwollen und bedingungsloser Liebe durchströmte mich. Ich wusste: Hier hältst du was in Armen, was dein Leben verändern wird. Die Frage: Warum lebe ich, warum tue ich mir das alles an?, war ein für alle Mal beantwortet. Mein Stolz kannte keine Grenzen.

Ich war davon überzeugt, dass ich der erste Mann auf diesem Planeten war, der so was Tolles hingekriegt hatte. Dieses Jahr war einfach mein Jahr.

Erika wurde in Schuhgröße 41 aus der Klinik entlassen, denn in meiner Verwirrtheit und Aufregung hatte ich zu Hause die falschen Schlappen gegriffen und meine Schuhe mit in die Klinik gebracht. Ich parkte den Wagen so millimeterdicht vor dem Ausgang, dass andere Leute das Krankenhaus praktisch nur durch das Fahrzeuginnere verlassen konnten.

Ein Baby lieben und täglich dafür sorgen, musste ich aber bald feststellen, sind zweierlei Dinge. Kaum dass Marci zu Hause in Bergstedt war und in seiner Wiege die Bude zusammenbrüllte, war ich völlig überfordert. Ich konnte nicht reden mit diesem Mini-Menschen, verstand nicht, was ihm fehlte, was er mir sagen wollte. Gleichzeitig klingelte im Fünf-Minuten-Takt die Schallplattenfirma BMG durch, um zu fragen: »Wann kannst du in Tokio auftreten? Wir brauchen dich und Thomas für ein Interview! Wo bleiben die Demos für neue Songs?«

Nebenbei versuchte ich Marci zu wickeln, was er ganz toll fand. Vor Freude piescherte er mir in hohem Bogen ins Gesicht. Ich musste wieder von vorne anfangen und hatte das Gefühl, dass mir die Sache entglitt. Ein zappelndes Baby, nicht klebende Klettverschlüsse und alles feucht. Ich wurde nervös, wie ich bei allen Dingen nervös werde, die ich nicht gleich kann. Ich hatte auch nicht die Zeit und die Geduld zu üben. Wegen Modern Talking stand ich unter kolossalem Druck. Dieter, kreiste es in meinen Gedanken, der liebe Gott gibt dir nur einmal im Leben so eine riesen Chance! Sei kein Idiot. Mach jetzt nichts falsch.

Es war eine existenzielle Entscheidung für mich. Schon vor Jahren war mir klar geworden, dass man Erfolg nur ganz oder gar nicht und nicht nur ein bisschen haben konnte. Ich drückte das Baby Erika in die Hand und stürzte mich wieder in mein Studio.

Mein Modern-Talking-Terminkalender war so voll, ich hätte unten noch Papier drankleben können. Einen großen internationalen Hit zu haben, bedeutet, dass auch mal Papua-Neuguinea zum Hörer greift und verlangt: »Los, wir wollen die zwei Hübschen jetzt hier haben! Die sollen mal singen kommen!«

Acht Tage die Woche saßen Thomas und ich im Flugzeug, heute Kappeln, morgen Kapstadt. Erika blieb mit Marci zu Hause. Eben mal schnell zu Hause anrufen, war nicht. Handys gab's noch nicht. Wollte ich meiner kleinen Familie abends erzählen, was ich alles Unglaubliches und Tolles erlebt hatte, waren auf der anderen Seite des Erdballs schon die Lichter aus.

Zurück in Deutschland drängten mir die Neun- und Zehnmalschlauen unaufgefordert ihre Meinung auf: »Wir sind uns sicher«, verkündeten sie wichtigtuerisch, »Modern Talking – das ist doch nur so 'ne Eintagsfliege! So eine Disko-Schmonzette wie ›You're My Heart, You're My Soul‹ – da stehen doch nur die Teenies drauf! Aber wer soll bitte ein ganzes Album davon kaufen? Nee, Herr Bohlen, nee, nee ...!«

Die Angst trieb mich um, sie könnten Recht haben, es könnte wirklich nur ein Zufallstreffer gewesen sein. Wie viel von diesem Erfolg ging auf mein Konto? Wie viel war zurückzuführen auf den technischen Unfall beim Überspielen? Konnte ich das überhaupt noch einmal schaffen? Würde ich es wieder bringen?

Seit ich zwölf war und Gitarre spielte, hatte ich auf diesen Moment hingearbeitet, hatte davon geträumt, es allen zu beweisen. Und jetzt, wo ich's geschafft hatte, war ich unglücklicher als vorher, weil mir die Panik im Nacken saß, alles wieder zu verlieren. Zu meinem Stress kam hinzu, dass ich ja nicht nur Sänger von Modern Talking war, sondern auch noch Komponist, Texter und Produzent. Also eigentlich den Job von vier Leuten machte. Ich musste entscheiden, in welcher Show Modern Talking auftreten sollte. Und – noch viel schwieriger – in welcher nicht. Thomas war zwanzig, hatte eben Abi gemacht und trug, was das Musikbusiness anbelangte, noch die rosarote Brille. Für ihn war unser Erfolg ganz normal. Es konnte sein, dass er in aller Unschuld fragte: »Dieter, wann singen wir denn unsere nächste Nummer eins?«, während ich illusionslos die Charts anstarrte und wusste: Die Wahrscheinlichkeit, eine zweite Nummer eins in Folge zu haben, war 1:10 000.

Zertrampelte Geranien

Nach sechs Wochen schubste uns »Life Is Life« vom Chart-Thron. Das war's, wovor ich so viel Angst gehabt hatte: »You're My Heart, You're My Soul« plötzlich nur noch Platz 3! Zwei Monate weiter und Modern Talking wäre ganz abgemeldet. Keiner würde sich an uns erinnern, das war meine Befürchtung, meine Sorge.

Da saß ich nun Tag und Nacht in meinem neuen Kellerstudio mit Blick auf den Bootsanleger. Und sah Erika und mich und Marci schon die Koffer packen und wieder in unsere Zweieinhalb-Zimmer-Wohnung ziehen. Mir ging die Muffe, ich könnte den Kredit nicht zurückzahlen. Ich war ganz und gar der kleine Dieter in seinem Loch, das ihm eigentlich noch gar nicht gehörte, und hatte das Gefühl, dass ich blöd aus dem Fenster starrte, ohne was Gescheites zustande zu bringen. Kurz gesagt: Ich fühlte mich einsam und verlassen und schob ordentlich Frust.

Schon sechs Wochen später war da nix mehr mit Einsamkeit und aus dem Fenster gucken. Wir mussten die Markisen runterlassen und die Vorhänge zuziehen, weil von morgens bis abends Fans unser Haus belagerten und fragten: »Wohnt hier *der* Dieter Bohlen?« Dazu Kamerateams, die ins Schlafzimmer und ins Studio zu filmen versuchten. Einige Orientierungslose erwischten dabei das Wohnzimmer unseres Doppelhaushälften-Nachbarn, woraufhin er Sichtblenden und Zäune installieren ließ. Mir präsentierte er eine Rechnung über dreißigtausend Mark. Gar nicht beruhigen konnte er sich über das Geranien-Massaker in seinem Garten. Um die trampelnden Fanmassen zukünftig von seinen Blümchen fern zu halten, verbarrikadierte er sich wie in Fort Knox.

Ich ackerte und ackerte, doch von hundert Nummern waren hunderteine nicht gut genug. Und wenn da gerade eine viel versprechende neue Melodie durch meinen Kopf huschte und ich in mich hineinlauschte, um sie zu erhaschen, klingelte das Telefon. Meine Plattenfirma, die mir erklärte: »Thomas und du, ihr müsst nach Torfmoor-Sodenfehn-Süd, ein ganz wichtiger Promotion-Termin!« Der Hörer war noch nicht kalt, dann rief auch schon meine Mutter an, um zu fragen: »Hey, Junge, wie geht's dir? Isst du auch genug?«

Die eineinhalb Minuten, die dieses Gespräch vielleicht dauerte, zitterte ich wie Espenlaub, weil es meinen Zeitplan total durcheinander warf. Endlich, nach einer Million Unterbrechungen, achttausend Tassen Kaffee und fünf Nervenzusammenbrüchen, hatte ich die zündende Idee: »You Can Win«:

»You can win, if you want
If you want it, you will win
Oh come on take your chance ...«

Das stimmte, das war mein Schlachtruf. Ich war überzeugt, man konnte gewinnen, wenn man nur wollte und einer einem die Chance gab. Und weiter unten baute ich noch ein:

»You dont't fit in a small town world ...«

Das war voll gelogen, denn eigentlich steh ich ja tierisch auf klein und grün und ländlich. Viva la Oldenburg!

Die Scheibe kam raus, und ich hatte das Gefühl, für einen Augenblick hielt die Welt den Atem an, denn das Unglaubliche war passiert: »You Can Win« war über Nacht auf eins gegangen. Modern Talking war wieder da, wo wir meiner Meinung nach auch hingehörten: nämlich ganz oben auf dem Erfolgstreppchen.

Die Kritiker kotzten und zerknüllten ihre fertigen Artikel mit der Überschrift: »Modern Talking leider nur eine Eintagsfliege«. Wir hatten geschafft, was keiner für möglich gehalten hatte: Kein One-

Single-Wonder, sondern eine zweite Nummer eins in Folge, das Album ebenfalls auf eins. Hört. Hört. Hört.

Nosferatus Witwe

Plötzlich hatten wir ganz viele neue Freunde. Alle hatten es sowieso und schon immer gewusst. Ein Aufjuchzen der Speichellecker. »The First Album« von Modern Talking kassierte europaweit neunmal Gold, war in Deutschland, Österreich und der Schweiz sogar Platin und mit dreiundvierzig Wochen genauso lange in den Charts wie das Album »Sgt. Pepper's Lonely Hearts Club Band« von den Beatles. Die dazugehörige Party fand diesmal nicht wie bei Ricky King in einem Büro, sondern in einer riesigen Halle mit Büfett und vielen Umsonst-Fressern in Berlin statt. Ich stand da so rum und unterhielt mich, da hatte ich plötzlich eine Erscheinung: Nosferatus Witwe. Weiß gepudertes Gesicht, stechende, schwarz umrandete Knopfaugen, dunkle Walhalla-Klamotten, auftoupierte Mähne, quadratische ein Meter vierzig groß – Marianne Rosenberg.

Ich glaube, in meinem ganzen Leben war ich noch nie so enttäuscht. In meiner Studentenzeit in Göttingen war sie meine Göttin gewesen, meine unbefleckte Madonna. Wenn ich bei meinen Auftritten mit Inbrunst »Ich bin wie du« gesungen hatte, dann hatte ich das auch geglaubt und fühlte mich ihr ganz nah. Ich besaß alle Platten von ihr, beguckte stundenlang ihr Gesicht auf dem Cover, während sich die LP auf dem Plattenteller drehte:

»Marleeeeeen …!«

Diese Stimme, so flehend, so sehnsüchtig.

»… eine von uns beiden muss jetzt geeeeeeehn! Marleeeen …!«

Das hörte ich bestimmt siebentausend Mal in Folge, hätte es ohne Schwierigkeiten rückwärts singen können. Wenn das Lied kam »Liebe kann so weh tun«, dachte ich nur: Ja! Ja! Ja! Ich hatte Gänsehaut dabei, mein Herz pochte wild. Ich stellte mir Marianne vor als kleines, zartes, zerbrechliches, devotes Frauchen, wie sie in mein Zimmer kam und ich ihr vom Fleck weg einen Heiratsantrag machte.

Nun guckte ich in dieses Gesicht mit den kalten, harten Augen und begriff: Diese Frau, die all die Jahre durch meine Träume gespukt war, gab es gar nicht. Ich musste erst mal schlucken. Wir kamen ins Gespräch und alles wurde noch viel schlimmer.

Von zart und klein und schmusig nicht die Spur. Sie war voll extrem und kommunistisch und biesterig drauf. »Wenn ich was zu sagen hätte«, meinte sie, »ich würde sowieso alles zwangs-sozialisieren lassen!« So was in der Art gab sie von sich. Ich war noch nie in meinem Leben so desillusioniert wie nach zehn Minuten mit Marianne. Trotzdem: Meiner Begeisterung für ihre Stimme tat das keinen Abbruch. Als ich vier Jahre später den Soundtrack für »Rivalen der Rennbahn« besetzte, dachte ich auch an sie. Mit »I Need Your Love Tonight« hatte sie nach fünf Jahren Abwesenheit eine siebenwöchige Wiederauferstehung in den Charts.

Marlene

Ich feierte meine Erfolge, ich lernte neue Leute kennen und damit eine neue Art zu leben und zu denken. Erika blieb zu Hause. Ich wollte weiter. Sie, hatte ich das Gefühl, wollte diesen Weg nicht mit mir gehen. Für sie lag kein Sinn und kein Segen darin, Kontakt mit einer Welt aufzunehmen, von deren Beknacktheit sie schon lange überzeugt war. Ich merkte, wie sie anfing, meine Art zu reden, mich anzuziehen, zu wohnen, infrage zu stellen, und immer unzufriedener wurde. Der Graben zwischen Erika und mir wurde immer tiefer.

An diesem Punkt meines Lebens lernte ich Marlene kennen, zuständig für Musik-TV-Marketing. Marlene stellte all das dar, wo ich glaubte, noch hinzumüssen. Sie war Chanel-Kostümchen, teure Gold-Rolex am Handgelenk, französisch essen gehen und ein »Well, you know«-Englisch-reden-Können. Marlene war Lady, Studium und große weite Welt. Ich trug eine 30-Mark-Swatch und Sakkos von Karstadt. Cartier? Gucci? Ich glaube, ich wusste gar nicht, was das ist. Und von fließend Englisch reden können hatte ich zwar gehört, aber nach »Hallo, I am Dieter!« war auch schon ziemlich schnell Schluss.

»Sag mal, bist du krank?«, fragte mich Marlene vorsichtig. »Du bist so erfolgreich, warum läufst du so verschrabbelt rum?« Sie legte so richtig den Finger in die Wunde. Außerdem konnte sie nicht verstehen, dass man mit den Texten, die ich für Modern Talking schrieb, Erfolge auf der ganzen Welt feiern konnte.

»Okay, Marlene«, sagte ich, »mit Texten über Nuclear Cheese Peaces kann man vielleicht in der Müsligruppe punkten, aber nicht in der Popbranche. Komplizierte Inhalte und leichte Popmusik, das passt einfach nicht zusammen.«

Marlene faszinierte mich. So eine interessante, kultivierte, gebildete, anspruchsvolle Frau, die zeigte, dass sie mich toll fand – das gab mir Selbstbewusstsein. »Schaut her!«, wollte ich zeigen, »diese Frau hat Dieter Bohlen gekriegt.« Ich wollte mit ihr zusammen sein.

Marlene war eigentlich mit dem Produzenten von »Polonäse Blankenese« zusammen, ich musste mit Erika klar Schiff machen. Ich stellte sie vor vollendete Tatsachen, wollte, dass sie auszog: »Du, Erika, mach dir keine Sorgen. Ich zahl dir auch 'ne neue Wohnung.«

Erika traf das wie aus heiterem Himmel, sie hatte nichts geahnt, nichts kommen sehen. Sie war tief verletzt, schrie wütend: »Wirst schon sehen, was du davon hast!« Aber sie war zu stolz zu sagen: »Bitte bleib bei mir!« Sie nahm Marci und ging. Marlene zog ein.

Das Merkwürdige war: In der Sekunde, als Marlene bei mir in der Küche stand und an unserer kupferfarbenen Abzugshaube rumschrubbte mit den Worten: »Die ist nicht sauber genug«, wusste ich: »Ey, Bohlen, du bist bescheuert!« Ich fuhr zu Erika nach Hamburg-Poppenbüttel, schlich zweimal um ihren Wohnblock, nahm all meinen Mut zusammen und klingelte. Ich weiß es noch wie heute: Die Tür ging auf und Marci krebste da über den Linoleumfußboden in der Küche. Es zerriss mir das Herz, ich hatte das Gefühl: Dieter, hier gehört deine Familie nicht hin! Ich kam mir vor wie das größte Schwein auf diesem Planeten. Spontan fiel ich vor Erika auf die

Knie: »Erika, bitte, bitte verzeih mir! Ein Ausrutscher. Es wird nie wieder vorkommen.« Erika ließ mich bestimmt eine Stunde vor ihr rumrutschen. Ich fuhr zurück zu Marlene und versuchte ihr zu erklären, was man nicht erklären konnte: »Ich hab mich leider geirrt, du musst raus hier, meine Familie kommt in zehn Minuten zurück.« Auch in der Niederlage war Marlene ganz Dame. »Gut, wenn du das so siehst!«, sagte sie, packte ihre Sachen und ging.

Tatsächlich, Erika kam zu mir zurück. Ich wollte meine Fehler ungeschehen machen, ich brachte Blumen mit, wir gingen spazieren, fuhren Rad. Ich war der liebe Ehemann. Aber um ehrlich zu sein, war es nichts anderes, als Fassadenfarbe über einen Riss zu pinseln. Ich wollte nichts unversucht lassen, deswegen schlug ich vor: »Du, Erika, wie wär's, wenn du und Marci mit auf Tournee kommt? Dann haben wir in Zukunft mehr Zeit füreinander.«

Die ersten zwei Tage ließen sich ausgesprochen gut an. Marci brabbelte seine ersten Worte: »Pap-Pap-Pap!« und »Audo-Audo-Audo!« Und ich direkt daneben und live dabei bei diesem wichtigen Schritt. Ich war richtig stolz auf mich. Wenn er in der First Class der Lufthansa seine Nuckelflasche durch die Kabine ballerte, dann tupfte ich nur allzu bereitwillig den mitreisenden Herrn das Sakko trocken: »Entschuldigen Sie! Sie haben da Fencheltee!«

Am dritten Tag holte uns die Realität ein. Fryderyk Gabowicz, ein Fotograf von der »Bravo«, kam zu mir und stupste mich entsetzt an: »Du, Dieter, deine Frau kann man ja nirgendwo mit hinnehmen. Die sagt ja immer die Wahrheit!« Da hatte Erika gerade laut vom Stapel gelassen: »Mann, das sind ja alles schleimende Arschlöcher hier!«

Das hätte man ja vielleicht noch verknusen können, doch dann kamen wir nach Madrid. Eben lief Marci noch an einer Mauer längs, da gluckerte er auch schon im Hotel-Pool unter. Ich schrie: »Marci!« und sprang hinterher. Nie werde ich die Augen meines Sohnes vergessen, der da auf dem Poolgrund lag, die Luft anhielt und mich groß anguckte. Erika war fix und fertig.

Köln machte den Kohl fett. Marci stolperte über eine Metallschiene an einem Teppichrand. Als Erika unseren schreienden Sohn hochnehmen wollte, klaffte über der rechten Augenbraue ein tiefer Schnitt wie von einem Hackebeil. »Mein Kind, mein Kind! Blut! Blut!« Erika kollabierte fast. Marci wurde vom Arzt zusammengeflickt, dann klemmte Erika ihn sich unter den Arm und flüchtete in unser Zuhause nach Hamburg-Bergstedt.

Das war's mit gemeinsam reisen. Als ich das nächste Mal von einer längeren Modern-Talking-Tour aus Moskau zurückkam, wo man mich wie einen König behandelt hatte und die Fans »Dieter! Dieter!« gerufen hatten, begrüßte mich zu Hause der alte Ehe-Mief: »Mach die Klotür hinter dir zu«, sagte Erika, »du weißt doch, dass das Kind an die Katzentoilette geht.«

Bald war die Fassadenfarbe wieder ganz abgeblättert, Ehe-Business as usual, allerdings mit verschärften Spielregeln. Ich war gerade von meiner letzten Nizza-Reise nach Hause gekommen, da merkte ich schon an der Art, wie Erika die Treppe zu meinem Kellerstudio runterrauschte: Dicke Luft war angesagt.

»Hallo, Eri...!«, so weit kam ich noch. Dann – tosch! – landete mal wieder etwas auf meinem Kopf. Diesmal war es eine 1200-Mark-Gitarre. In meinem Koffer hatte Erika den Slip einer Dame namens Jeanne gefunden. Jeanne sah aus wie die kleine Schwester von Whitney Houston und war meine erste Erfahrung mit Schokoflockie-Genen. Eigentlich war sie die Freundin vom Sohn von Udo Jürgens, doch Jürgens Junior wusste nicht, dass wir sozusagen Billardpartner waren und ich Jeanne heimlich mit nach Nizza genommen hatte.

Mit Marlene hatte ich auch meine Ambitionen begraben, meinen Kleidungsstil zu ändern. Ich ignorierte ihn einfach. Von da an trat Familie Bohlen geschlossen in rosanen und gelben Schlumpfanzügen auf. Wir waren vom Sportartikel-Hersteller »adidas« adoptiert worden. Die Werbestrategen hatten nämlich rausgefunden, dass die Kiddies auf uns standen. Wobei da eigentlich nicht viel rauszufinden war, man musste nur in die Charts gucken. »Hey Dieter! Super! Du bist schwer angesagt! Du bist ein Trendsetter. Dieser Turnschuh da auf dem Cover! Da müssen wir was machen!« Fortan klingelte alle zwei Wochen der Postbote und brachte einen Karton voll mit Trainingsanzügen aus bonbonfarbener Fallschirmseide und Turnschuhen. Die ganze Familie Bohlen lief rum wie die »Flodders«. Als ob 365 Tage im Jahr Camping-Saison wäre.

Heute finde ich das natürlich unterirdisch, aber damals machte ich mir darüber nicht weiter Gedanken. Mit dem Thema Lifestyle hatte ich abgeschlossen. Ich fand, das war eine einfache, bequeme und vor allem preiswerte Methode, das Bekleidungsproblem zu lösen.

1983

Nora

Oder: Mein letzter Sargnagel

Öfter mal kam Thomas mich zu Hause in Bergstedt besuchen und brachte seine Freundin mit: neunzehn Jahre alt, blonde Haare, ein selbstbewusster Koblenzer Klopper von einem Meter achtzig. Name: Nora Balling. Mit der übernachtete er bei uns unterm Dach. Sie störte nicht weiter, außer dass sie nur ein Thema hatte: die verschiedenen Sorten von Wimperntusche. Während Erika schwitzend dasaß, Marci stillte und die Augen verdrehte. Und wenn Thomas und ich abends mal schnell zehn Minuten bei uns durch den Wald zur »Alten Mühle« laufen wollten, um was zu essen, musste Nora sich vorher mindestens eine Stunde lang umziehen.

Doch mit dem zweiten Hit von Modern Talking fing sie an, dazwischenzuquaken. Sie war wie eine verschluckte Gräte, die im Hals kratzt und sich nicht vor und nicht zurück bewegt, sondern immer nur quer.

»Lass uns mal treffen, wir müssen dringend was miteinander besprechen!«, meldete sich Thomas überraschend bei mir. Wir verabredeten uns zu acht Uhr abends im Hamburger Hotel »Interconti«. Plötzlich schienen Bergstedt und die »Alte Mühle« im Wald nicht mehr gut genug zu sein. Ich kam rein durch die Drehtür des »Interconti« und sah Nora und ihn dasitzen. Beide Händchen haltend, beide hübsch angezogen, beide neue goldene Uhren am Handgelenk.

Wir tranken was, und es dauerte keine zehn Minuten, da fing Nora an, ihre ersten Ansagen zu machen: »So und so läuft das nicht mehr! Ich will vorher die Titel hören! Und Texte werden ab sofort auch nur noch mit mir abgesprochen!« Ich dachte, mich tritt ein Pferd. Ich erkannte meine Wimperntuschen-Expertin nicht wieder.

Thomas sagte keinen Mucks. Mir wurde blitzartig klar: Die hatte ihn voll unter ihrer Knute.

»Das ist ja lustig«, erwiderte ich, »mit wem wird hier was abgesprochen?«

Und sie: »Ja mit mir!«

Ich konnte das gar nicht ernst nehmen. Wir fingen an zu zanken, schließlich schrie ich sie an: »Du glaubst doch nicht im Ernst, dass ich mir von einer neunzehnjährigen Blinden erklären lasse, was ich zu tun habe?«

Woraufhin Nora hochsprang, aus dem Hotel rannte und Thomas wie ein geprügelter Hund hinter ihr her. Ich saß da wie Hein Doof, und als Thomas nach zehn Minuten zurückkam, merkte ich schon: Er war gefühlsmäßig total durch den Wind. Es musste da draußen tierisch gekracht haben.

»Äh, ich muss jetzt weg … tschüss … lass uns telefonieren!«, stammelte er, dann war er auch schon aus der Tür.

You Can Win

Juni 1985. Obwohl sich die Single »You're My Heart, You're My Soul« allein in Deutschland knapp eine Million Mal verkauft hatte, war nie ein professionelles Video produziert worden. Alles, was es gab, waren ein paar zusammengebastelte Einstellungen aus irgendeinem Keller. Die hatten wir schnell runtergekurbelt, da war der Titel schon auf Platz eins.

Für unsere zweite Single »You Can Win« wollte die Plattenfirma jetzt richtig in die Vollen gehen. 30 000 Mark legten sie für einen Hochglanz-Dreh auf den Tisch – damals ein kleines Vermögen, aber lachhaft gegen heute. Da verballert eine Modern-Talking-Video-Produktion schon mal das Zwanzigfache.

Für den Dreh fuhren wir in die Bavaria-Filmstudios nach München. In einer Szene sollten Thomas und ich in einer Corvette auf dem Filmgelände rumfahren. Aber Nora schaltete sich sofort ein und sagte: »In so einer Nuttenschüssel fährt mein Thomas nicht.«

Das Auto wurde ausgetauscht und ein schwarzes Jaguar-Cabrio rangeschafft. Wir wollten einsteigen, doch jetzt kam Nörchen erst so richtig in Schwung.

»Die fahren nicht zusammen in einem Auto«, meinte sie.

Der Regisseur hielt das für einen Scherz. »Wie, die fahren nicht zusammen im Auto? Wie soll denn das gehen?«

Und Nora antwortete: »Der Thomas und der Dieter, die fahren ja in Wirklichkeit auch nicht zusammen im Auto. Wenn Thomas zu Hause ist, fahr ich mit ihm und der Dieter hat da nichts zu suchen.«

Das traf mich mit doppelter Wucht: Ich fühlte mich zurückgestoßen und verletzt, weil ich Thomas als *meinen* betrachtete. Den hatte *ich* entdeckt, das war *mein* kleiner Prinz. Und da kam so eine Nora und beanspruchte ihn plötzlich als *ihren*. Auf der anderen Seite war ich ärgerlich, dass sich Thomas von einer Frau zum Sklaven machen ließ und bei alledem so passiv blieb.

»Du bist doch nicht ihr Hansel! Lass dich doch nicht von der zum Popanz machen!«, machte ich ihn an. Aber Thomas war für Kritik an Nörchen einfach nicht zugänglich. Er lehnte es ab, sich überhaupt irgendetwas anzuhören. Eine Devise meiner Eltern lautete: »Man kann über alles reden!« Quatsch, kann ich nur sagen! Tatsächlich gilt der Spruch von Blume, dem Plattenchef: »Mach mal einem Bekloppten klar, dass er bekloppt ist.«

Die Sache nahm groteske Züge an: »Du hör mal«, redete der Regisseur auf Nörchen ein, »wir können doch hier nicht ein Video drehen, wo du mit im Auto sitzt. Dann müssen wir den Videodreh abbrechen.«

»Das ist mir egal!«, meinte Nörchen bockig.

Das Ende vom Lied war, dass ein drittes Auto rangeschafft werden musste, diesmal ein metallicblaues Porsche-Cabrio. Vorne setzte sich Thomas alleine ans Steuer, hinten kroch Nörchen auf die Rückbank und versteckte sich unter einer alten Decke. Die allgemeine Harmonie am Set war zwar gestört, dafür durfte Herr Anders endlich losfahren, und es konnte weitergedreht werden.

Aber wenn wir jetzt dachten, das wär's gewesen, das Schlimmste läge hinter uns, dann hatten wir uns schwer geschnitten. Fräulein Balling war mit ihrem Stör- und Querelen-Latein nämlich bei weitem noch nicht am Ende. Als Nächstes spielte sie ein Stück, das »Oh, ich falle in Ohnmacht und sterbe!« hieß. Wir fuhren in die Tiefgarage vom »Holiday Inn«-Hotel in der Leopoldstraße, natürlich in getrennten Autos. Nörchen mit Thomas vorneweg, ich mit gleich zwei Bossen der Schallplattenfirma und Andy hinterher. Alles so eine Art Sicherheits-Eskorte, damit Thomas, Nora und ich uns nicht noch mal fetzten. Unten in der Tiefgarage angekommen, ging's dann los. Nörchen rief: »Huuh, huuh! Mir wird schwarz vor Augen!«, und fiel um.

Ich ging zum Schallplattenchef: »Knall der jetzt endlich eine und sag ihr, sie soll wieder aufstehen!« Keiner rührte sich, ich geriet richtig in Rage: »Hey, lasst euch doch nicht so verarschen von der Frau! Das ist doch voll gespielt!«

In einer kleinen Louis-Vuitton-Tasche hatte Nora immer einen winzigen, hektischen, neurotischen Yorkshire-Terrier mit Namen »Cherry« dabei. (Vielleicht hieß er auch anders, sie hatte fünf Stück von diesen Kläffmaschinen. Wer nicht weiß, wie so ein Teil aussieht: das ist die Sorte, die auch Rudolph Moshammer immer durch die Gegend schleppt.) Und während Nörchen da so auf dem Boden in der Tiefgarage lag – Thomas über sie gebeugt und heulend: »Nörchen stirbt! Nörchen stirbt!« –, machte sie immer so ein Auge leicht auf, um zu gucken, ob das Ganze auch wirkte. In dem Moment sprang der Terrier aus seinem Louis-Vuitton-Täschchen, lief aufgeregt fiepend um Nörchen rum und schiss ihr schließlich neben den Kopf.

Und ich: »Mensch, sagt mal, seid ihr jetzt alle krank, dass ihr euch von der Alten hier verschaukeln lasst? Die soll aufhören mit dem Theater! Was soll denn das?«

Schließlich trug mein Freund Andy die Dame nach oben auf ihr Zimmer, dabei musste er sich helfen lassen, denn dazu war Nörchen ein zu riesiges Tier.

Noch am gleichen Abend war im selben Hotel eine große Vertriebstagung der Plattenfirma geplant. Fünfhundert Außendienstler, Kreative und ausländische Geschäftspartner sollten kommen. Es war ein goldenes Podest aufgebaut, und man hatte sich ausgedacht, uns für den sensationellen Erfolg von »You're My Heart, You're My Soul« feierlich einen Lack- und einen Turnschuh zu überreichen. Thomas hockte noch immer oben im Zimmer bei Nora am Bett, hielt ihre Hand und weigerte sich, da wieder wegzugehen. Ich trat also allein vor die fünfhundert Leute und sagte: »Ähm, ja, also … wundert euch nicht, dass der Thomas nicht da ist. Der Kleine ist ein bisschen kaputt vom Videodreh, dem geht's ganz schlecht … und wir müssen morgen auch nach Frankreich … und ja … tut mir Leid … Aber so einen dicken Ostfriesen wie mich, den haut nix um, deswegen bin ich hier.«

Das sollte für die Zukunft meine normale Ansprache werden: »Thomas ist krank.« Und wenn die Presse nachfragte, weil sie von unseren Zwistigkeiten Wind bekommen hatte, selbst dann sagte ich: »Nein, wir verstehen uns super – Thomas ist krank.«

In Paris, wo sich von »You're My Heart, You're My Soul« auch an die achthunderttausend Singles verkauft hatten und wir die Heroes waren, war ein großer Live-Auftritt in der TV-Sendung »Champs-Élysées« geplant, mit Désirée Nosbusch als Moderatorin. Samstagabend Prime-Time, draußen ließen die Übertragungswagen ihre Parabol-Schüsseln rotieren. Drei Minuten vor 20 Uhr 15 fand Nörchen es gar nicht mehr lustig, dass uns ein weibliches Wesen anmoderieren sollte. Kurzerhand zog sie ihren Kerl aus dem Verkehr.

»Où est votre Kollege?«, schrie mich der Produzent an. Und wie bei Sportlern, die siebenhundert Kilometer gelaufen sind, hatte er so weißen Schaum im Mundwinkel. Sein Zäpfchen sprang hin und her und der Adamsapfel hüpfte auf und ab. Ich sagte »Excusez-moi, was kann ich denn dafür? Ich bin doch hier, mein Partner ist der, der nicht da ist.« Schließlich mischte sich noch der Typ von der Schallplattenfirma ein und irgendwann schrien alle durcheinander. Ich sagte nur noch: »Leckt mich doch am Arsch!« und ging auch.

Ein paar Wochen später hatten wir einen weiteren Auftritt in Frankreich bei Michelle Drucker, einer Art Thomas Gottschalk der Franzosen. Thomas sagte wieder ab, so gesehen war auf ihn Verlass, da muss ich ihn auch mal loben. Doch diesmal besorgte ich ein Double, irgendeinen Kerl, der auch lange schwarze Haare hatte und der zum Playback ein bisschen die Lippen bewegen konnte. Für die Franzmänner war ein Thomas wie der andere.

Aber irgendwas schien sich schon rumgesprochen zu haben. Denn sobald die TV-Promoter unserer Schallplatten-Firma in Zukunft einen Auftritt von Modern Talking in Frankreich anboten, winkten die Fernseh-Bosse dort ganz schnell ab: »Non! Non! Merci beaucoup! Nee danke, nie wieder!«

Fünfzigtausend Mark und Himbeereis

Würde man mich heute fragen, warum Nora war, wie sie war, würde ich sagen: Sie war ein kleines Mädchen, das eben noch im Kindergarten mit seinen Puppen gespielt hatte, um über Nacht die Barbies gegen Dieter Bohlen und die Leute von der Schallplattenfirma auszutauschen. Eine verzogene Göre, die es gewohnt war, dass alle nach ihrer Pfeife tanzten. Die einfach ihre Grenzen ausprobierte und guckte, was passierte, wenn sie zu Schallplattenchef Blume ging und sagte: »Entweder wir kriegen jetzt einen weißen Rolls-Royce mit grünen Sitzen, fünfzigtausend Mark und Himbeereis oder wir kommen nicht.« Und natürlich gab der Typ in seiner Not klein bei und meinte: »Okay, okay, Schätzchen, reg dich nicht auf! Du kriegst alles, was du willst.« Wie sollte er auch anders reagieren? Die Platte brachte ihm unzählige Millionen, was waren da Rolls-Royce und Himbeereis? Ein geflügelter Spruch in der Branche lautet: »Make the artist happy!« Und Blume stand auf dem Standpunkt: »Solange mit Thomas Anders Multi-Millionen in den Konzern reinkommen, werde ich ihm notfalls auch sein Klo vergolden lassen.«

Wir hatten einen Open-Air-Auftritt vor fünfundzwanzigtausend Zuschauern in Belgien. Und wieder sagte Thomas in letzter Sekunde ab. Mein Glück war, dass man Modern Talking im Ausland bislang nur als die beiden Schuhe vom »You're My Heart«-Single-Cover kannte. Kein Mensch wusste, dass wir ein Duo waren. Ich stellte mich allein auf die Bühne, improvisierte eine Begrüßung: »Öhm, bonjour Brüssel! Goedendag Belgien! Ick verheugen, dass ihr alle hier seid. Let's fetz!« Dann spielte ich los, indem ich auch zu den Playback-Parts von Thomas die Lippen bewegte.

Schließlich gab's noch einen Modern-Talking-Auftritt in Stockholm, der ebenfalls von einer Frau moderiert wurde. Bei Nora flogen an diesem Tag die Kühe wieder mal besonders tief und sie bestimmte: »Meinen Mann sagt keine Frau an! Entweder diese Moderatorin wird ausgetauscht gegen einen männlichen Moderator oder wir fliegen ab.« Worauf die Schweden abwinkten: »Na dann tschüss, ihr Loser!«

So langsam sah ich meine Felle wegschwimmen. Mein Glück schien mir bedroht, ich hatte Existenzangst. Ich sah Nora und ich hörte förmlich das Ritsche-Ratsche, mit dem sie an meinem Lebenswerk sägte.

Cheri Cheri Lady

Oktober 1985. Nur sieben Monate nach »You're My Heart, You're My Soul« tropfte unseren Kritikern vor Ärger endgültig die grüne Galle aus den Mundwinkeln: »Cheri Cheri Lady« war die dritte Nummer eins in Folge von Modern Talking. War der Erfolg der ersten beiden Titel schon eine riesige Sensation gewesen, stand spätestens jetzt die Musikwelt Kopf, und das hatte ich ausnahmsweise Thomas zu verdanken. Ich hatte den Titel nämlich nach dem Komponieren gleich in den Müll geschmissen, weil er mir zu simpel war. Aber dort hatte Thomas ihn wieder rausgezogen und gemeint: »Der ist geil, lass uns den doch aufnehmen!« Dafür müsste ich ihm noch heute die Lackschühchen küssen.

Mittlerweile konnte Nörchen schon nicht mehr laufen vor lauter Gold-Armreifen und Cartier-Kettchen. Wenn sie ankam, hörte man es schon aus Kilometern Entfernung – kling! klang! klong! – scheppern. Sie sah aus wie eine Massai-Frau aus dem kenianischen Busch, zeitweise baumelten da ein, zwei Millionen Mark Schmuck an ihr rum.

Wir flogen zum Musik-Festival nach San Remo. Kaum dass wir angekommen waren, schlossen sich Thomas und Nörchen in ihr Hotelzimmer ein, Türen zu, Telefon aus, die Fenster wurden zusätzlich zu den Vorhängen noch mit Bettlaken verhängt. Keiner durfte stören. Sie waren für niemanden zu sprechen. Dann machten sie Brettspielchen, wohlgemerkt mit »r«: Halma, Mensch-ärgere-Dich-nicht, Mühle. Irgendwann kriegten die beiden über das Spielen Hunger, und weil Nora angeblich die italienische Speisekarte nicht lesen konnte, bestellte sie einfach alles, was draufstand. Es kamen vier Kellner und rollerten einen Riesenwagen über den Flur, auf dem alle Gerichte aufgebaut waren. Thomas und Nora guckten unter die silbernen Warmhalteglocken, hackten überall mal mit der Gabel rein: »Ja, das ist gut … das ist auch gut … ja, das auch hier … und der Rest, das alles wieder weg!« Dann machten die Kellner die Abdeckungen wieder drüber, zwei Essen blieben da, die restlichen achtundneunzig Gerichte wurde zurück in die Küche gerollert. Die Schallplattenfirma durfte zahlen.

Bei einigen unserer Auslands-Auftritte hatten wir Hille Hillekamp dabei, einen Typ, den wirklich gar nichts aus der Ruhe bringen konnte. Ein Kerl mit Nerven wie Drahtseilen, der richtige Mann für Nörchen. Hilles vornehmlicher Job war es, ihre Psycho-Betreuung und Ruhigstellung zu übernehmen, was er auch brav tat. Irgendwann wollte Nora shoppen gehen und Hille war der Einzige, der Italienisch sprach. Sie gurrte wie ein Täubchen, war auf einmal streichzart wie Butter. Hille telefonierte, recherchierte, tat und machte und kutschierte sie schließlich mit Thomas zu einem Brautmodeladen im Zentrum von San Remo. Hier suchte sie ihr Brautkleid aus, das damals schon dreißigtausend Mark kostete, dann ging's zurück ins Hotel. Kein Danke, Tür dicht, Telefon aus, Jalousien runter. Von Sekund an kannte Nora Hille nicht mehr und war wieder die alte Trockenpflaume.

Top of the Pops

März 1986. Wir fuhren nach England, wo über Nacht »Brother Louie« in die Charts gegangen war – mittlerweile unsere vierte Nummer eins in Folge und gleichzeitig auch das dritte Album. In London stiegen wir im Hotel »Dorchester« ab, einem hochfeinen Schuppen direkt am Hyde-Park. Wenn man da morgens runterging zum Frühstück, um ein Ei zu essen, sagte einem einer der Livree tragenden Kellner: »No, no, no, no, Sir!« Wenn ich dann fragte: »Wieso no?«, kam die Antwort: »Sie brauchen eine Krawatte.«

Als junger Künstler war es natürlich *der* Traum, in England in den Charts zu sein. Die Sendung, in der wir auftreten sollten, war »Top of the Pops«. Auf der Insel schon seit zehn Jahren eine Art heilige Kuh der Musik, in Deutschland aber bis dato völlig unbekannt.

Wir kamen an und die Halle, wo die Aufzeichnung stattfinden sollte, war gehalten wie eine Disko: so mit Lichteffekten und sexy gestylten Freaks. Wir sollten oben auf der Bühne stehen, unten sollten alle tanzen. Aber dann kam Nörchen an und meinte: »Ey, hier tanzen ja Mädchen!«

Der Typ von der Aufnahmeleitung erwiderte: »Ja, logisch tanzen hier Mädchen. Mädchen und Jungs. Was denn sonst? Kamele?«

Und Nora: »Alle müssen raus. Hier tanzt überhaupt niemand, wenn Modern Talking auftritt. Wenn Modern Talking auftritt, muss das Studio leer sein.« Gründe musste es nicht geben, Hauptsache Rumstören und Wichtigmachen. Im Prinzip wie Verona Feldbusch: Die fährt auch nach hinten, wenn auf der Cart-Bahn alle nach vorne fahren.

Dazu muss man nun wissen: Wenn in England jemand aus Deutschland kommt, das ist, wie wenn in Deutschland eine Gruppe aus Polen auftritt. Dann fragt man vielleicht: »Hey, habt ihr den Song geklaut?«, aber nix von wegen Ehrfurcht und »Hey, doll, ihr seid ja auf Platz eins.« Über Nora und ihre Forderung »alle Leute raus hier!«, lachten sich die Engländer erst tot, dann glühten die Telefondrähte zur BMG nach Deutschland. Man wollte uns aus der Sendung schmeißen. Ich weiß nicht, was die BMG den Machern von »Top of the Pops« versprechen musste, jedenfalls kam ein fauler Kompromiss zu Stande: Die Hälfte der Mädels flog raus und Thomas erklärte sich bereit aufzutreten.

Fucking Krauts!

Wir hatten einen weiteren Promotion-Auftritt im »Hippodrome«, der angesagtesten Disko von London. Ich nur: wow! Und noch mal wow! wow! wow! In dem Laden hatte wirklich alles gespielt, was in den 80ern einen großen Namen hatte: Bananarama, George Michael, Kim Wilde. Was wir nicht wussten: Man hatte uns als Gay-Band angekündigt, als zwei Schwuletten, die sich lieb haben und außerdem noch Musik machen. So was war ja seit Pet Shop Boys und Bronski Beat tierisch angesagt. Aber wie gesagt: Wir hatten das nicht mitgekriegt. Schwitzend und nervös stand ich hinter der Bühne und wartete darauf, dass wir anmoderiert wurden. Thomas und ich nahmen Aufstellung, von draußen hörten wir über Lautsprecher die Stimme des Moderators, der sagte: »... ra-ra-ra ... Modern Talking ... ra-ra-ra ...! Give them a big hand ...« Unser Stichwort!

Wir gingen raus, doch noch beim Rausgehen guckte ich so hinter mich und kriegte auf einmal mit: Thomas hatte sich verpisst. Ich stand ganz allein auf der Bühne und blickte in dreitausend Gesichter. Die Musik ging los, Thomas weg und ich dachte: Alter Schwede, was ist denn jetzt los? Es stellte sich raus: Wir nicht, aber Nörchen hatte gecheckt, dass diese Veranstaltung ein Homo-Happening war. Im Prinzip eine linke Nummer, dass uns die Schallplattenfirma das nicht gesagt hatte, aber nun nicht mehr zu ändern. Ich stand noch so etwa dreißig Sekunden etwas ratlos auf der Bühne rum, dann fingen die Leute an zu pfeifen, und ich verdünnisierte mich ebenfalls.

Thomas war sofort zum Auto gelaufen, aber mich wollte man nicht mehr aus der Disko lassen. Man beschimpfte mich, allerdings war mein Englisch damals noch nicht sonderlich gut, sodass ich nur drei Worte verstand: »Asshole« und »Fucking Krauts«. Mir standen die Tränen in den Augen. England, hatte ich geglaubt, wäre unser Sprungbrett zur Welt. Ich hatte schon einen ganzen Film im Kopf: grandioser Auftritt im »Hippodrome«, Platz eins in den englischen Charts und in vier Wochen würd's dann auch in Amerika tierisch abgehen. Stattdessen spuckten mich die Leute jetzt an und zerrten an mir rum. Ich lernte noch drei weitere Worte Englisch: »Nazi, piss off!«

Ich ging in mein Hotelzimmer. In dieser Nacht war ich der einsamste Mensch der Welt. Ich hatte wahnsinnige Bauchschmerzen. Wie ein verkrümmtes Würstchen saß ich da und dachte in einem fort: »Meine ganze Karriere! Wofür ich gearbeitet habe! Es ist alles zerstört!« In so einer Nacht, in so einer Situation, wenn du allein auf deinem Hotelbett sitzt, nur der Fernseher läuft, wird alles riesengroß. Dein Kummer. Deine Angst. Deine Verzweiflung. Ich dachte: Stürzt du dich jetzt aus dem Fenster? Bringst du dich um? Aber

Gott sei Dank: Genauso, wie Angst und Verzweiflung und Kummer wachsen, wird auch die feige Ratte in einem zum Riesentier. Also blieb ich auf dem Bett sitzen und machte nichts.

So ging es immer weiter. Wir traten in einer Sendung auf, die »Ein Tag für die Umwelt« hieß. Thomas sollte an einem weißen Flügel sitzen und spielen. Auf diesem weißen Flügel lag eine rote Rose. Fünf Minuten vor unserem Auftritt lief Nora in die Kulisse, riss die Rose vom Flügel und trampelte und stampfte auf dem Ding rum wie Obelix, der immer so lange auf einem Römer rumhüpfte, bis der in der Erde verschwunden war. »Mein Mann lässt sich nicht von irgendwem rote Rosen schenken.«

Maloxan

1987. Um ehrlich zu sein und mit einem tiefen Blick in mich rein: Nicht nur Thomas benahm sich wie ein Baby, auch ich. Das war unser eigentliches Problem. Ich wollte von ihm immer »danke, danke, großer Buana!« hören. In meinem Kopf und von meinem Gefühl her war Modern Talking nur ich. Ich, der alle Texte schrieb. Ich, der die ganze Musik produzierte. Ich, der für den Erfolg verantwortlich war. Thomas war mein Kleiner, der neben mir auf der Bühne stand und sich glücklich schätzen konnte, dass er ein bisschen mitsingen durfte. Mein Appendix sozusagen, der von mir zwangs-millionärisiert worden war. Meine innere Erwartungshaltung an ihn war: Wenn ich »Mach Platz!« rief wie bei einem Hund, sollte er Platz machen. Das war natürlich idiotisch.

Thomas wiederum war von Nora aufgehetzt und stand auf dem Standpunkt: »Ich bin die Stimme hier bei Modern Talking, ohne mich bist du gar nichts!« Nörchen liebte es, Öl auf unseren Zwist zu gießen. Sie war wie Nero: »Brenne, Rom, brenne!« Und erst wenn alles in Schutt und Asche lag, glaube ich, konnte diese Frau Ruhe finden.

Thomas und ich hatten aufgegeben, miteinander zu sprechen. Wir hatten gerade mit »Atlantis Is Calling« die fünfte Nummer eins in Folge in den Charts und Nörchen meinte mittlerweile, der Chef von Modern Talking zu sein. Sie bestimmte, ob eine Sache gemacht wurde oder nicht. Wenn Nörchen Amerika Scheiße fand, dann war Amerika eben Scheiße. Da konnte ich reden, wie ich wollte, und in bunten Farben unsere Zukunft beschwören, Thomas bewegte sich ohne Noras Erlaubnis keinen Zentimeter. Es war, wie mit einer Kuh zum Vollblüter-Galopp-Derby antreten zu wollen. Ein Pfadfinderspruch lautet: Eine Gruppe ist immer nur so stark wie ihr schwächstes Glied,und das war bei uns Nora.

Schon lange konnten wir nicht mehr auf normale Art Videos drehen. Man muss sich das so vorstellen, dass praktisch immer Regieassistenten übers Set liefen, mit Walkie-Talkies am Mund, und warnten: »Dieter kommt, bitte Thomas entfernen.« Oder umgedreht: »Thomas kommt, Dieter muss weg.«

Dabei hatten wir uns nie richtig gestritten. Es herrschte totale Sprachlosigkeit zwischen uns, wir zelebrierten die absolute Non-Kommunikation. Wenn wir auftraten, kam Thomas von links auf die Bühne und ich von rechts, wir sangen drei Minuten und gingen in unterschiedliche Richtungen wieder ab. Stand die Produktion einer neuen Platte an, kam er eskortiert von Nörchen auf einen Sprung ins Studio. Er sang sein Ding runter, stand beim sechzehnten Titel schon im Mantel und legte sich mit den letzten Tönen der letzten Strophe den Schal um. Und nach einer halben Stunde war er wieder weg.

Jetzt, mit dem Abstand von sechzehn Jahren betrachtet, erscheint mir das natürlich lächerlich. Aber damals waren das für mich die größten Probleme der Welt. Ich litt, ich hatte Magengeschwüre und saures Aufstoßen und schüttete jeden Tag eine ganze Packung Maloxan in mich rein. Ich konsultierte Heilpraktiker, die mir sagten, was ich ohnehin wusste: »Herr Bohlen, Sie müssen kürzer treten. Sie haben zu viel Stress.« Aber dann wieder bequasselte mich mein Freund Andy, der alte Teppichhändler. »Mensch, zieh das durch, Dieter! Das packst du! Lass dich nicht unterkriegen!«, lauteten seine Durchhalteparolen.

Es gibt ja diesen Journalisten-Trick, mit dem sie einen immer an den Eiern kriegen. Man musste mir nur sagen: »Du, der Thomas hat das und das über dich gesagt«, und Thomas musste man nur sagen: »Du, der Dieter das und das« – schon gingen wir wie Kampfhähne aufeinander los. Einmal teilte man mir unter dem Siegel der Verschwiegenheit mit, dass Thomas mich eigentlich für ein Arschloch halte, schon antwortete ich bereitwillig: »Dann soll er sich 'ne Feder in den Arsch stecken und kikeriki schreien.« Das konnte ich dann am nächsten Tag in der Zeitung lesen. Ich sagte dies, er sagte das. Beziehungsweise: Wir nahmen ja immer nur an, dass der andere irgendwas gesagt hatte, denn stets waren nur die Journalisten die Überbringer irgendwelcher Zitate. Außer Nörchen und der Plattenfirma hingen da plötzlich auch noch tausend Anwälte zwischen uns. Thomas und ich waren zu Todfeinden geworden, ohne dass wir uns je ein böses Wort an den Kopf geworfen hätten.

Mittlerweile war auch unser äußeres Erscheinungsbild immer extremer geworden: Weil Nora das so wollte, trat Thomas nur noch geschminkt und mit pinkfarbenem Lipgloss auf, seine Haare hingen ihm bis zum Hintern. Wie ein Mädchen. Keine Maskenbildnerin durfte ihn berühren, das war das OP-Feld von Nora. Ich ließ meine Adidas-Trainingsanzüge aus Fallschirmseide bis zum Nabel offen, trug Goldkettchen, schoppte die Ärmel an und hatte eine Frisur wie ein Bobtail. Beide zusammen wurden wir immer brauner und immer schwuchteliger.

Dazu kam noch die goldene »Nora«-Kette. Fräulein Balling hatte sie für Thomas anfertigen lassen wie ein Hundehalsband und ich dachte: Jetzt sind die beiden vollkommen plemplem. Doch Nörchen marschierte unerschrocken zum Aufnahmeleiter von »Wetten dass ..?«: »Also Sie da, hören Sie mal zu«, meinte sie, »die Kette muss immer mit im Bild sein!« Das Ganze hatte einen Punkt erreicht, an dem es keinen mehr gewundert hätte, wenn irgendwann ein paar Männer im weißen Kittel vorgefahren wären, um uns in eine Klinik zu bringen. Doch alle tolerierten, was wir da trieben, und duckten sich weg. Wir hatten zwar den Ruf: »Da kommen die Geisteskranken!«, aber wir waren eben auch die erfolgreichste deutsche Popgruppe aller Zeiten.

Schlampen in Strapsen

1988. Wieder mal gingen wir zusammen auf Tournee. Diesmal die große Formel-eins-Star-Tour mit Peter Illmann. In München war ein Auftritt im »Circus Krone« geplant. Ich wartete mit Thomas in der Garderobe. Während wir so dasaßen, sah ich, wie Nora sich fein machte, um mit auf die Bühne zu gehen. Nach dem Motto: Ab jetzt ist Modern Talking ein Trio – oder besser gesagt: ein Quartett. Denn Nörchens Busen-Freundin Jutta stand ebenfalls in den Startlöchern. Ich tippte mir an den Kopf und sagte zu Thomas: »Du, pass mal auf, wenn Nora heute mit auf die Bühne geht, dann trete ich mit zwei Schlampen auf, die Strapse anhaben und sich da oben ausziehen.« Und ich wusste natürlich, dass Thomas dachte: Der alte Dieter kann ja viel erzählen, macht der sowieso nicht.

Als wir zwei Stunden später zur Bühne gingen, warteten dort wirklich zwei Damen in Netzstrümpfen. Die hatte mir mein Freund, der Fotograf Fryderyk Gabowicz besorgt. Zu diesen Mädels, die aussahen wie Nutten aus der Herbertstraße, sagte ich: »Passt auf, Mädels, wenn diese Nora auf die Bühne geht, geht ihr auch! Ich geb euch ein Zeichen.« Und Thomas kündigte an: »Wenn du das machst, gehe ich von der Bühne!«

Umwabert von Trockeneis-Nebel begannen wir unser Konzert. Unser erster Song hieß »Diamonds Never Made A Lady« und Nörchen war natürlich mit von der Partie. Ich machte Gebärden und Faxen Richtung Bühnenausgang: »Los, Mädels, auf die Bühne!«, aber nichts passierte. Des Rätsels Lösung: Ein Freund von Thomas hielt die beiden Straps-Mäuse an ihren Haaren fest, damit sie nicht zu mir konnten. Schließlich rissen sie sich los und stolperten doch noch auf die Bühne. Thomas sah das, und in der Sekunde, wo er es sah, nahm er das Mikro vom Mund und schmiss es auf den Boden. Dann rannte er weg. Dreitausend Leute fingen an zu pfeifen.

Bierflaschen und Tomaten

Die Situation spitzte sich immer mehr zu. Wir kamen nach Kiel, wo uns fünfhundert mies gelaunte Fans erwarteten und Nora mit Eiern und Tomaten bewarfen. Was ursprünglich nur gegen Nora gerichtet war, schwappte jetzt auf Modern Talking insgesamt über. Innerhalb von drei Jahren war es uns gelungen, zu einer Art Witzfigur des Pop zu mutieren. Wir waren etwas, das keiner mehr so richtig ernst nehmen konnte.

Dann kam der traurige Höhepunkt. Wir standen in der Dortmunder Westfalenhalle vor zwanzigtausend Fans und statt Jubel und Teddys kriegten wir gnadenlos Pfiffe. Bierflaschen sausten durch die Luft, Leute reckten uns den Stinkefinger entgegen. Kein Mensch, höchstens vielleicht ein Fußballspieler beim Auswärtsspiel, kann sich vorstellen, wie das ist, wenn eine Halle voller Menschen kocht und trampelt und schreit und »Haut doch ab, ihr Tunten!« ruft.

Mir wackelten die Knie, ich hatte Panik. Die Leute waren so drauf, hätten sie Thomas an seinem Nora-Kettchen und mich an meinem ballonseidenen Trainingsanzug zu fassen gekriegt, sie hätten uns in der Luft zerrissen. Ich wollte weglaufen, was nicht ging, denn es war eine Live-Sendung und die Kameras waren auf uns gerichtet. Fünfzehn brutale Minuten lang hieß es lächeln!, lächeln!, weiterspielen! Unter Buhrufen und Dauer-Tröten verließen wir schließlich die Bühne.

Hinten angekommen, stand keiner mehr von all denen, die uns über die letzten drei Jahre belobhudelt und uns Puderzucker in den Hintern geblasen hatten. Kein Schallplattenboss Hans Blume, auch kein Andy. Eben noch waren wir Weltstars mit fünf Nummer einsen in Folge, hatten sechzig Millionen Schallplatten verkauft, eine halbe Milliarde Umsatz gemacht. Und mit einmal waren wir denen keinen Pfifferling mehr wert. Das war brutal, das tat unglaublich weh.

»Geronimo's Cadillac« war die sechste Modern-Talking-Single und auch die erste, die es in den Charts nicht mehr auf eins schaffte. Ich glaubte zu spüren, dass unsere Siegessträhne endgültig vorbei war.

Time to say good-bye. Die Schallplattenfirma war anderer Meinung. »Hey, macht noch ein Album! Ihr seid ja verrückt, wenn ihr euch durch so was aus dem Rennen werfen lasst!«, drängte Blume, dem verständlicherweise daran lag, die Goldkuh Modern Talking abzumelken, solange da noch ein paar Tropfen im Euter waren. Obwohl wir ausgepfiffen worden waren. Obwohl Thomas und ich schon seit Monaten kein Wort mehr miteinander wechselten. Obwohl ich jeden Morgen Blut spuckte. Ich war körperlich im Eimer, konnte nachts nicht mehr schlafen und fraß Magensäurehemmer-Dragees wie andere Leute Tic-Tac. Die Schmerzen wurden nicht weniger. Ich hatte das Gefühl, es zerriss mich. Ich dachte: Wenn du noch einen Monat so weitermachst, wirst du irre und landest in der Klapse.

Irgendwann in einer Nacht entschloss ich mich, zum Hörer zu greifen und die »Bild«-Zeitung anzurufen. Ich gebe zu: Das war ein bisschen link und ein bisschen feige, aber ich wollte, dass die Quälerei endlich ein Ende hatte. Ich glaube, ich wollte mich selbst vor vollendete Tatsachen stellen. Ich hatte Angst, würde ich jetzt zu meiner Schallplattenfirma hinfahren, dann würden die sagen: »Hier, Dieter, haste 'nen Scheck, hier kriegst 'ne Million und jetzt mach mal hübsch drei Jahre weiter.« Und ich wäre wahrscheinlich weich geworden und hätte mich überreden lassen, wie sie Thomas und mich drei Jahre lang täglich überredet hatten. Diesen Ausweg wollte ich mir verbauen. Ich wollte, dass es kein Zurück gab. Ich wollte, dass morgen jeder in Deutschland wusste, dass es mit Modern Talking vorbei war.

»Du, pass auf«, meinte ich zu Hans-Hermann Tiedje, dem Bild-Chef, »ich steig aus.«

Lieber ein Ende mit Schrecken als ein Schrecken ohne Ende. Durch das plötzliche Aus wollte ich Modern Talking den Abstieg in die Mittelmäßigkeit ersparen. Wir traten ab mit Wänden voll goldener Schallplatten und einer Legende.

Das Aus

11.11.1987. Am nächsten Morgen, meinem vierten Hochzeitstag mit Erika, stand in der Zeitung:

»Dieter Bohlen (Modern Talking):
Ich habe mich geschämt.«

Doch Schämen war gestern. Für die Zukunft galt: Uuund Action! Ich nahm Kontakt auf zu meiner Schallplattenfirma, voller Selbstbewusstsein, dass ich der große Dieter von Modern Talking war. Ich dachte, dass man »Hosianna Bohlen!« schreien, dass man mir die Hände küssen, die Tür aufhalten, den roten Teppich ausrollen würde. Doch stattdessen: ein herber Tiefschlag. Alle geierten darauf, sich Thomas zu angeln und eine neue Platte mit ihm zu produzieren. Er als das ehemalige Gesicht von Modern Talking konnte sich aussuchen, welchen neuen Vertrag er unterschreiben wollte. Mich, den eigentlichen Macher, wollte keiner. Ich war geschockt. Thomas unterschrieb einen Zweieinhalb-Millionen-Deal bei East-West-Record, mich rief die BMG an, bei der ich drei Jahre Hit auf Hit abgeliefert hatte, und beschied mir: »Produzier mal lieber, aber sing bloß nicht mehr!« Das war wie ein Tritt. Es fühlte sich an, wie in die Zeitmaschine zu steigen und in der Turnhalle der Kindheit zu landen, wo die Fußballmannschaften gewählt wurden und man als Letzter übrig blieb. Musiker werden zwar nicht fürs Sensibelsein bezahlt, sondern fürs Singen, trotzdem: Die Illoyalität dieser Branche ist immer wieder unglaublich. Ein Euro morgen ist wichtiger als eine Milliarde gestern. Man ist kein Mensch, man ist eine Aktie.

1985

C.C. Catch

Oder: Epileptische Pudel

Natürlich wollte ich Thomas, mir und allen anderen beweisen, dass ich nicht nur für Modern Talking Welthits schreiben konnte, sondern auch für andere Künstler. Denn die ganze Zeit über waren da diese Zweifel in mir: Lag das jetzt an dieser Institution Modern Talking, dass wir so einen gigantischen Erfolg hatten? Oder lag es an meinen Kompositionen?

Denn es ist doch so: Würde Robbie Williams »Alle meine Entchen« auf einen kaputten Walkman singen und anschließend als Platte rausbringen, die Nummer wäre ein Hit kraft seiner Popularität und Personality. Wenn aber ein No-Name-Künstler exakt dasselbe singt, würden alle »äh!« und »bäh!« machen und sagen: »Was soll das denn? Total uncool.«

Genau das war meine Herausforderung: zu sehen, was passierte, wenn ich einem absoluten Nobody eine unserer Modern-Talking-Kompositionen gab. Und wer hätte sich dafür besser geeignet als eine bis dato völlig unbekannte Caroline Müller aus Rödinghausen, die außer einer abgebrochenen Lehre zur Schneiderin und einem eher mittelmäßigen Stimmchen nur noch einen voll gruseligen Namen mitbrachte.

Unser allererstes Zusammentreffen war 1985 in einer Dorfdisse in der Nähe von Bremen, in die man mich gelockt hatte, weil angeblich ein großes gesangliches Talent dort auf mich wartete. Kaum dass ich in der Tür stand, begrüßte mich ein Mann mit Bauchansatz, Typ Aale-Verkäufer auf dem Hamburger Fischmarkt. Stattdessen wollte er mir seine Tochter andrehen, was ich aber nicht wusste.

»Tach! Müller!«, stellte er sich vor. Ich hätte gewarnt sein müssen. Die nächsten zwei Stunden verbrachte er damit, mich vollzuquatschen und mir dabei ständig nachzuschenken. Nun wäre ich schon lange ein Fall für die Anonymen Alkoholiker, würde ich auf Geschäftsterminen immer alle Gläser ausbechern, die man mir füllt. Meist nippe ich nur, zumeist auch schon deswegen, weil mir außer Champagner nichts wirklich schmeckt.

So musste ich auch bei vollem Bewusstsein ertragen, was dann kam: Eine vierköpfige Frauenband trat auf und zappelte los. Die

Songs waren voll grausam, die Bühnenperformance total asynchron. Wie vier epileptische Pudel, denen man beim Hundecoiffeur ein bisschen das Hirn versengelt hatte. Die anderen Gäste sahen das anscheinend genauso und schrien: »Ausziehen, ausziehen! Zieht euch endlich aus, ihr Luder!« Lustig ist auch, was Herr Müller später mal in einem Interview sagte: »Caro hat drei tolle Voraussetzungen: Sie kann singen, sie kann sich bewegen, sie sieht gut aus.« Na, dann gute Nacht! Aus der Sicht eines Aale-Verkäufers mochte das ja stimmen, aber für die deutsche Popszene lag er mit seiner Einschätzung etwas daneben.

Eigentlich wäre ich in dem Moment gerne aufgestanden und gegangen. Aber Müller Senior war mehr als penetrant und deutete unermüdlich auf die Ladies, die sich da auf der Bühne abarbeiteten: »Hör dir die doch mal im Studio an! Kostet doch nix! Soll ich die nicht mal vorbeischicken?«

Mir war alles egal, ich wollte nur noch raus und meine Ruhe haben. Eine der Frauen trug einen Mini à la Nena, der knapp unterm Steiß endete, also sagte ich: »Ja, ja, okay! Schon gut! Der Lederrock soll mal vorbeikommen.« Dieser Lederrock war zufällig seine Tochter Caroline. Ich weiß nicht, wie ich gerade auf sie kam. Vielleicht hatte dieser Müller ja angeordnet, dass sich die anderen Hühner extra hässlich anziehen sollten.

Kaum stand Caroline tatsächlich bei mir in Hamburg vor der Tür, bereute ich, dass das Studio 33 keine Zugbrücke besaß, die ich hätte hochkurbeln können und keinen Graben voller Krokodile, durch den sie hätte schwimmen müssen.

Sie trug einen roten Lackledermantel und stellte sich mit »Tach! Müller!« vor. Ich sagte nur: »Pass auf, Lady! Sag nie mehr, dass du Müller heißt!« Mit Müller kan man vielleicht Sauermilch und Ado-Gardinen verkaufen, aber auf keinen Fall Popstar werden: viel zu apfelbäckig, viel zu unflott.

Es stellte sich raus, dass Caroline zwar keine Maria Callas war, aber das »h« besonders schön trillern konnte. Wenn sie »I love you« sang, klang das eher wie »Eihei lahav juhu«, sie baute da immer so eine Art gekieksten Mini-Jodler ein. Das hatte etwas Unverwechselbares und Unverwechselbarkeit ist in unserer Branche fast noch wichtiger als eine schöne Stimme. Ich beschloss, ihr eine Chance zu geben. Aus Caroline und Catherina, ihrem zweiten Vornamen, machte ich »C.C.«, Zusatz »Catch«, das klang runder, so nach Disko-Queen. Ihr Stück sollte heißen »I Can Lose My Heart Tonight«. Ein Song, den ich auf einem Demotape fertig rumliegen hatte, der mir aber für Modern Talking indiskutabel schien, weil ich ihm höchstens eine Chance als Top-20-Nummer einräumte. Eine perfekte Symbiose: Modern Talking, die Nummer-eins-Hit-Truppe, hatte in »C.C. Quetsch« quasi ihre Songpresse und Resteverwertung gefunden, die von unserem neuen Erfolgs-Sound profitierte. »Mensch, Dieter«, jubelte Caro, »ich bin dir ja sooooo dankbar.«

Doch noch waren wir nicht am Ziel. »Vergiss es, die fotografier ich nicht!«, weigerte sich Fryderyk Gabowicz. »Die sieht ja aus, als wenn sie sich mit dem Pürierstab frisiert hätte.« Wo er Recht hatte, hatte er Recht. Dazu muss man wissen, dass es heutzutage kein offizielles Verona- oder Gina-Wild-Foto mehr gibt, wo nicht an Pickeln und Falten und Knollennasen am Computer rumretuschiert worden wäre, aber damals war man technisch eben noch nicht so weit. Wer schon vorher nicht gut aussah, der hatte auch keine Chance, danach besser auszusehen.

»Weg mit der verbrannten Dauerwelle«, entschied ich, »und besorg dir mal vernünftige Klamotten!« Ich könnte nicht sagen, wie Caroline das alles fand. Sie war unheimlich jung, sie kam aus einfachsten Verhältnissen, ihr war das alles wurscht. Hauptsache, sie durfte singen.

Viel schwarzes Leder, Nieten, kurzes Top, 1A-gestylt à la Suzie Quatro – vier Wochen nachdem wir uns bei der Pudel-Performance kennen gelernt hatten, jumpte Caro mit »I Can Lose My Heart Tonight« auf Platz 13 der Charts. Über Nacht war der Erfolg da. »Mensch, Dieter«, jubilierte Caroline überschwänglich, »ohne dich hätte ich das niiiiiie geschafft! Das werde ich dir niiiiiie vergessen!«

»Niiiiiiiie« dauerte exakt vier Jahre. Dann musste ich Caro leider aus dem Studio schmeißen. Bis dahin hatte sie wunderbar von Modern Talking gelebt. Als eine Art Putzerfisch, der sich unter den Hai hängt und für den immer wieder ein fetter Brocken abfällt.

Doch jetzt: Nach drei Top-Ten-Hits in Folge – »Heartbreak Hotel«, »Strangers By Night«, »'Cause You Are Young« – und zwölf weiteren Titeln in den Top Twenty kriegte Caroline akute Alzheimer, gepaart mit Größenwahn. Plötzlich hatte sie keine Erinnerungen mehr an Pudel-Ballett und Pürierstab-Frisur, sondern machte auf Cher und wichtig. Sie färbte mal eben die Haare weißblond, obwohl wir gerade erst ein Video in Brünett gedreht hatten und die ganze Marketing-Strategie auf diesen Look abzielte. Außerdem hielt sie es nicht mehr für nötig, sich vorzubereiten. Das sechste Album stand an. Sie erschien völlig unbeleckt und jungfräulich, was die Texte anging, dafür aber mit viel Töfftöff zu den Plattenaufnahmen im Studio: »Nix hier Weltstar!«, meinte ich. »Fahr mal hübsch nach Hause, färb dich um und lerne deine Texte. Dann kannst du wieder kommen.«

Sie kam nicht wieder, stattdessen ein Brief, in dem sie schrieb, ich sei ein Tyrann, ein Diktator und sie hätte die Schnauze voll von mir. Jawohl! Dann wechselte sie zur Konkurrenzfirma »Metronom«. Den Namen C.C.Catch nahm sie gleich mit. Sie machte noch drei erfolglose Singles und ein Album, dann verschwand sie in der Versenkung.

PS: Letztes Jahr las ich mal wieder was von Fräulein Müller in der Lost & Found-Rubrik vom »stern«. Unter »Was macht eigentlich?« stand da, dass sie jetzt, zwölf Jahre später, in Krasnojarsk, Sibirien, singt. Übrigens lauter alte Bohlen-Songs.

PPS: Müller Senior wird, wie man hört, mittlerweile von der Interpol gesucht.

1986

Chris Norman

Oder: Was ist Crap?

Musik ist Strategie und Balladen sind ihre Königsdisziplin. Nachdem ich bis dahin immer nur mit schnellen Dance-Floor-Stücken Erfolge gefeiert hatte, machte ich mich jetzt daran, endlich mal ein langsames Stück auf der Poleposition der Charts zu platzieren. Balladen sind so ein bisschen wie Plantschkühe: Man muss sie erst lange anfüttern, bis sie schwimmfähig und fett sind, aber dann verdrängen sie alle anderen aus dem Bassin. Von hundert Stücken scheitern neunundneunzig. Der Grund: Du kommst mit Balladen nicht in die Diskos. Und Radiosender spielen auch lieber was Flottes, Positives. Ohne Disko, ohne Radio schaffst du's aber nicht in die Charts. Und ohne Charts kein Fernsehauftritt. Das ist die eherne Regel. Balladen funktionieren fast nur mit großen Künstlern, Elton John, Whitney Houston. Für einen Newcomer sind sie Harakiri. Auf der anderen Seite: Wer es mit einer Ballade auf Platz eins schafft, der hat die größte Herausforderung des Musikgeschäfts gemeistert, der ist bei den Leuten durch – im positiven Sinne. Bei einer Ballade trennt sich die Spreu vom Weizen: Schnelle Nummern haben kurze Töne, da kann man sich als Sänger so durchmauscheln. Balladen haben lange Töne, da zeigt sich, ob man wirklich singen kann.

Die einzige Ballade, die ich mit Modern Talking je probiert hatte – »Give Me Peace On Earth« –, schaffte es nur auf Platz 29. Wenn wir damit auftraten, guckten wir auf ein Meer von Mandeln und Zäpfchen – das kam, weil die Leute ihre Münder so weit aufrissen, um zu gähnen. Meine Fans fühlten sich bei den schnellen Stücken besser aufgehoben. Sie wollten kein gefühlstriefiges Gesinge, sie wollten Rhythmus, sie wollten Party: »Hau 'n bidden rein, Dietääääär! Dat muss peppen!« Trotzdem lauerte ich weiter auf eine Gelegenheit, wieder Balladen-technisch zuzuschlagen …

Immer wieder sonntags, wenn »Tatort« war, hatte ich eine todsichere Verabredung zum Aufregen. Da saß ich auf meinem weißen Ledersofa in Bergstedt und kriegte mich gar nicht mehr ein, was für schrottoide Musik die da drin hatten. Und Erika fragte jedes Mal verständnislos: »Dieter, warum tust du dir das an, wenn du dich sowieso nur aufregst?«

Man muss sich vorstellen: Ein Schimanski lockte locker zwölf, dreizehn Millionen Leute vor den Fernseher und die wurden mit simpelsten Ton-Arrangements abgespeist. Wenn da mal einer auf dem Kamm blies, war das schon fast großes Orchester. »Mensch Dieter!«, sagte ich mir. »Jetzt musst du mal für den ›Tatort‹ schreiben! Du bist doch hier der größte Komponist von Deutschland. Die trauen sich nur nicht, dich zu fragen.«

Also griff ich zum Hörer und rief bei den Kulturgutwächtern vom WDR an. Ich sagte nur »Bohlen« und »Modern Talking« und merkte förmlich durch die Leitung, wie sich bei denen die Fußnägel hochrollten. Bohlen und sein »Cheri Cheri Lady« im »Tatort«, das war für die, als ob man im heiligen Petersdom in Rom die Schlümpfe auflegte.

Ich ließ nicht locker. Ilse Hoffmann reiste an, so eine Hochintellektuelle mit Brille. Und ich beglückwünschte mich: »Na Klasse, Bohlen! Genau der Typ Frau, der auf dich steht.« Aber was so eine vergnazte Lady ist: Irgendwann kommt man doch an das ran, was sie ihr Herz nennt. Ich schleimte wie ein Weltmeister. Zum Abschied sammelte sie all ihre Autorität zusammen und mahnte: »Bevor ich zustimme, muss ich's aber erst mal hören, Herr Bohlen!«

Erika fuhr für eineinhalb Stunden ins Alstertal-Einkaufszentrum, einer dieser Konsumtempel, wo sie arglosen Hausfrauen Gurkenhobel und den fünfundzwanzigsten Bikini andrehen. Als sie wiederkam, hatte ich »Midnight Lady« fertig. Ich spielte es ihr vor. Erika sagte: »Bäh! Voll dröge!« Die langen Töne nervten sie. Ich beschloss, nie wieder einer Frau ein Stück von mir vorzuspielen. Das tut echt weh, wenn man gerade so ein frisches kleines Lied geboren hat und einer beugt sich drüber und sagt: »Hässlich!« »Midnight Lady« war mein kleines Baby. Blieb die Frage: Wer sollte es singen?

Chris Norman, der Sänger von Smokie, Held meiner Jugendtage, hing ohne Plattenvertrag auf der Isle of Man rum, einer Insel südöstlich von Belfast. Bei ihm lief sozusagen gar nichts mehr außer der Nase. Nachdem ich früher immer *seine* Songs nachgesungen hatte, empfand ich es als eine meiner persönlichen Sternstunden, ihn jetzt anzurufen und zu fragen, ob er nicht *mein* Stück singen wollte.

Chris kam nach Hamburg und nahm »Midnight Lady« auf. Ein fantastischer Sänger mit einer fantastischen Fähigkeit, Gefühl in die Stimme zu legen. Einer, der in einer ganz anderen Liga spielte als all die Künstler, mit denen ich es bislang zu tun gehabt hatte. Nachdem Chris abgemolken war, brezelten Luis und ich das Stück noch auf, was die Technik hergab: große Streicharrangements via Synthesizer, Echoeffekte – wenn schon, denn schon.

Als alles komplett arrangiert war, reiste Ilse Hoffmann ein zweites Mal nach Hamburg. Sie hörte sich mein Werk aufmerksam an und stellte trocken fest: »Viel zu bombastisch! Ich will's intimer!« Es schüttelte sie quasi angesichts von so viel Kommerz. Sie war eine, die auf Jazz, Chris Rea und den versoffenen Tom Waits stand. Ich guckte ihr immerfort in die Augen und wusste: Bohlen, wenn du jetzt die Geigen nicht runterziehst, wenn du jetzt nicht all das machst, was diese von der Filmhochschule abgegangene, studierte Regisseurin dir sagt, dann dreht die auf dem Absatz um und haut ab. Und niemals in deinem Leben hast du 'ne Nummer eins im »Tatort«. Also gab ich im Stillen die Devise aus: Ohren zu und durch! Zog alle Regler runter und vernichtete die Arbeit von zehn Tagen. Letztlich blieb ein bisschen Schlagzeug über, ein kleines Klavier und die tolle Stimme von Chris Norman, der »Midnight Lady« schrie. Aber das Stück war in sich so stark, diese Änderungen konnten ihm nichts anhaben. Erst wenn Frau Hoffmann beschlossen hätte, mitzusingen, wär's eng geworden.

Mit dem fertigen Band fuhr ich zur BMG und sagte: »Hier, das soll die neue ›Tatort‹-Melodie werden.« Da saß wieder die übliche Rotte: mein alter Förderer, Schallplattenchef Blume. Mein Ex-Gegner Meynen, der mir noch vor sechs Jahren das Singen verbieten wollte. Und mein Lieblings-Wasserträger Andy, der mittlerweile in der Hierarchie fünf Etagen nach oben gekrabbelt war und sich jetzt »Marketing Chef« nannte. Nach Präsentationen von neuen Modern-Talking-Titeln hauten sie normalerweise auf den Tisch und riefen: »Jawoll! Gut gemacht! Klasse!« Bei »Midnight Lady« saß da plötzlich ein Heer von Bedenkenträgern, die wackeldackelmäßig den Kopf schüttelten, auf den Teppich guckten und mit den Füßen scharrten. Dann ging es los: »Eijeijei! Meinst du, du kannst Balladen? Kannst du nicht was Flotteres machen?« Dazu muss man wissen: Andy hat noch nie in seinem Leben eine Ballade als gut erkannt. Hierfür muss man einen extra Klacks Sahne im Herzen haben. »Passt mal auf, Jungs!«, antwortete ich. »Diese Regisseurin da – auf ›Cheri Cheri Lady‹ steht die nicht! Wenn wir so was machen, können wir das Projekt echt vergessen.«

Ungemütliches April-Nieselwetter – der Abend der Ausstrahlung vom neuen Schimanski-»Tatort« »Der Tausch« war gekommen. Wieder saß ich auf meiner weißen Ledercouch, wieder war ich unzufrieden. Ich hörte zwar meinen Song, aber diesmal vermisste ich mein Meckern. Dieses wunderbare Sich-Aufregen-Können über andere Musiker. Am nächsten Morgen hielt ich es nicht lange im Studio 33 aus, sondern wetzte rüber zu Karstadt im Heußweg. Jetzt wollte ich mein Baby in den Regalen der Musikabteilung bestaunen und checken, ob schon jemand den Song gekauft hatte. Wir hatten vorher auf Krampf dreißigtausend Singles in die Läden gedrückt. Aber nirgendwo ein Cover mit Chris Norman drauf. »Mensch Mädels, ihr habt hier ja gar keine ›Midnight Lady‹ liegen!«, maulte ich erst mal die Verkäuferin an. »Nee, das stimmt nicht!«, verteidigte sie sich. »Wir hatten heute Morgen fünfzehn Stück. Aber nach zehn Minuten waren die alle weg.«

Der größte Erfolg nach der Single »Rivers of Babylon« von Boney M. und Frank Farian! Fortan herrschte bei der BMG der Ausnahmezustand. Tag und Nacht pressten sie Platten. Ich war mir sicher: Die Gralshüter vom WDR waren beeindruckt. Sie würden mich mit Lob überhäufen und mir zum Gedenken eine Ehrentafel in ihre Eingangshalle nageln. Tatsächlich war es ihnen peinlich. Sie hatten mit mir Geld verdient: ein kommerzieller Unfall. So was durfte nicht noch mal geschehen. Bei ihnen musste alles intellektuell und vergeistigt sein. Erst wenn's keine Kohle und keine Quote brachte, war's richtig gut. Es gab Anrufe von wichtigen Leuten im Sender bei anderen wichtigen Leuten im Sender, die ihre Befürchtung darüber zum Ausdruck brachten: »Oje, oje, jetzt schreibt dieser Bohlen wohl für jeden ›Tatort‹. Quo vadis? Kollegen! Quo vadis?« Und der Tenor war: »Alle dürfen ran, bloß *der* nicht mehr.«

Zwei Jahre hielten sie mich von ihren Trögen fern, ließen mich nicht an den Eutern ihrer heiligen Kuh fummeln. Das gibt's nämlich nicht nur in Liebesbeziehungen, sondern auch im Business, dass zwei im Krach auseinander gehen und dann wieder zueinander finden. Dann durfte ich den nächsten Schimanski-Titel schreiben.

Das Stück hieß diesmal »Broken Heroes«. Wieder sollte Chris Norman singen. Wieder buddelte ich ihn auf seiner Isle of Man aus, wo er seinen Glauben pflegte, als Allereinzigster zu wissen, was wahrer Musikgeschmack ist.

Chris kam nach Hamburg geflogen, warf einen Blick auf die Noten und meinte nur kurz: »Such a crap!« – »Oh, Mensch!«, meinte ich ahnungslos zu Plattenchef Blume. »Crap? Was ist Crap? Findet er's toll?« – »Schund«, erklärte mir Blume. »Er hält es für Schund.«

Das Stück ging von null auf 3. Mit Chris war ich danach durch. Er brauchte mich nicht, wie's schien. Ich brauchte ihn ganz sicher auch nicht für Englisch-Nachhilfe der besonderen Art. Sollte er sich doch den Finger in den Hintern stecken und weghüpfen. Danach brachte Chris noch ein Album raus, von dem er 7 000 Stück verkaufte. Die Single »Midnight Lady« alleine hatte schon 900 000 geschafft.

Wieder ein Jahr später schrieb ich meinen dritten und letzten »Tatort«-Titel: »Silent Water«. Den sang ich der Einfachheit halber gleich selbst und spielte auch noch eine kleine Rolle. Ich war der namenlose große blonde polnische Zuhälter mit dem kleinen schwarzen Golf. Außerdem wurde ich auch noch als potenzieller Mörder gehandelt.

Schimanski und Eberhard Feik, der den Thanner spielte, waren nicht wirklich von mir angetan. Sie guckten mich an wie eine Scheibe Mortadella, bei der sich schon die Ränder bräunlich hochkrempelten und man ihnen befahl: »Hier bitte reinbeißen!« Irgendwie verständlich: Götz George kriegte für seine neunzig Minuten schauspielerische Leistung im »Tatort« vielleicht 30 000 Mark. Ich hatte an einer drei Minuten langen »Midnight Lady« das Zehnfache verdient. Da drückt man den anderen ja nicht begeistert an sein Herz und sagt: »Bruder, ich freu mich so schrecklich für dich!« Außerdem hatten sie als erfahrene Profis schwer zu verdauen an meinen schauspielerischen Bemühungen.

Wir drehten eine Verfolgungsszene. Man wies mich an: »Mach Speed, Dieter!« Und wenn mir jemand sagt, mach Speed, dann mach ich auch Speed. Mit durchgetretenem Gaspedal raste ich mit meinem schwarzen Golf rechts um die Kurve und knallte mit der Hinterachse voll gegen den Bordstein. Der Wagen war platt, der Dreh musste abgebrochen werden. Und ich wusste, ich hatte viel dafür getan, dass Schimanski und Thanner mich noch ein bisschen weniger mochten.

Ich vergurkte es endgültig, als Thanner in einer Szene von mir verprügelt werden sollte. Kein Mensch hatte mir gesagt, dass man dabei nicht lachen darf. Von Modern Talking war ich gewohnt: Kamera an und den Grinsemann machen. Das kriegte ich schon gar nicht mehr mit, das war wie ein Reflex bei mir. Vielleicht wollte ich auch kompensieren, dass sie mir vorher das Gesicht pickelig geschminkt und Dreck in die Haare geschmiert hatten, obwohl ich ja eigentlich hübsch aussehen wollte. Also suchte ich Blickkontakt mit der Kamera, strahlte wie doof und drosch auf Thanner ein. Wir drehten die Szene zehnmal, bis mich einer der Regie-Assistenten ganz dezent beiseite nahm und sagte: »Mensch, du musst böse gucken!«

Nach diesem Dreh hatte sich das Thema »Tatort« erledigt.

Es scheint so eine goldene Regel von Fernsehsendern zu sein: Rufe auf keinen Fall die Leute wieder an, mit denen du Erfolg hattest! Im gleichen Jahr, 1989, schrieb ich für das ZDF den erfolgreichsten Soundtrack aller Zeiten: »Samurai«. Wir verkauften eine halbe Million Scheiben. Anschließend durfte ich zwar noch mit Hauptdarsteller Thomas Fritsch in einer goldenen Kutsche durch Berlin fahren. Danach war genauso Totenstille.

1986

Howard Carpendale

Oder: »Isch magg dän Song!«

Wieder einmal hatte ich in alter Tradition ein Demotape durch Deutschland geschickt. Name des Titels: »Sag ihm, dass du gehst«.

»Isch magg dän Song!«, meldete sich eine weiche Stimme am Telefon. Howard Carpendale, mein Howie.

»Howie! Howie! Howie kommt zu uns ins Studio!«, jubelte ich Luis einen vor. Howie war einer der ganz Großen für mich. Den hatte ich, seitdem ich sechzehn war und er

»Das schö-höne Mä-hädschen von Seite ains, die will isch 'aaben und sonst geins!«

sang, immer bewundert.

Er traf bei uns im Studio 33 ein, doch auf dem Weg dorthin war ihm irgendwie sein Akzent abhanden gekommen: »Hallo. Sehr angenehm! Carpendale.« Zu Luis meinte er: »Arbeiten Sie hier auch? Bringen Sie mir mal einen Kaffee!«

Nun kannst du dich ja nicht hinstellen und jemanden fragen: »Wo hast du denn deinen Akzent gelassen?« Also drückten Luis und ich Howie einfach ein Mikro in die Hand und los ging's. Und plötzlich waren da wieder überall diese kleinen niedlichen »Schs« und rollenden »Rs«. Wie die weißen Karnickel aus dem Hut. Hokuspokus.

In dem Song »Sag ihm, dass du gehst« ging es um Herzschmerz, Trennung, Traurigkeit. Ich wartete freudig darauf, wie der berühmte Howard Carpendale meinen Song zu etwas ähnlich Cremigem verrühren würde wie Thomas Anders seinerzeit »Three Times A Lady«. Ich malte mir aus, wie sich meine Komposition mit seinem berühmten Schmelz und Timbre vermischen würden. Ich wollte Tränen fühlen. Vor meinem inneren Auge sah ich den kleinen Nino de Angelo. Wenn der hinter dem Mikro stand und sang, dann gab der alles. Sein Leben, sein Herz, seine Seele. Howard sang den Text runter wie den Beipackzettel einer Hämorrhoiden-Salbe.

»Schmeiß ihn raus! Schmeiß ihn raus!«, drängelte Luis. »Der ist so was von schlecht!«

Der Fall Howard verlangte mir alles ab. Als Produzent brauchte ich unheimlich viel Kraft, um ihn überhaupt ein bisschen in Wallung zu kitzeln. Ich ziehe den Hut vor seinem Produzenten Horn Bernges, der das immer ganz toll hinkriegt.

Fünf Tage später schickte ich Howie das fertig abgemischte Tape. Prompt kam der Rückruf vom Golfplatz. »Mensch, Dieter«, rätselte Herr Carpendale, »das klingt ja alles so komisch, so muffig irgendwie.«

Ich fragte: »Wie, was klingt muffig?«

Und Howard: »Ja, so dumpf halt! Ich weiß auch nicht …«

»Wie, du weißt auch nicht?« Ich dachte kurz nach, sagte mir nee, das kann eigentlich nicht sein, und fragte dann trotzdem: »Sag mal, auf was für 'nem Kassettenrekorder hörst du das Ganze eigentlich?«

Und Howie stolz: »Den hab ich mir gestern gerade neu gekauft.«

Ich holte tief Luft. »Pass auf«, sagte ich, »da gibt's so 'nen Schalter, da steht Dolby drauf. Welchen Schalter hältst du denn gerade gedrückt?«

Und Howie: »Wie, wo? Was ist Dolba?«

»Okay! Okay!«, erklärte ich ihm das, wie ich das auch meinem zweijährigen Sohn Marci erklärt hätte. »Wir haben das ohne Dolby aufgenommen. Du musst es also auch ohne Dolby wieder abspielen. Nimm einfach den Finger vom Schalter und drück auf den daneben.«

Ich war schon etwas verblüfft. Da war jemand fünfundzwanzig Jahre Profi im Musikgeschäft und wusste noch nicht mal, was Dolby ist. Obwohl ich dem Text von »Deine Spuren im Sand, die ich gestern noch fand« bislang keine größere Bedeutung beigemessen hatte, kamen mir jetzt doch ernsthafte Bedenken. Würde dieser Mann in Zukunft am Strand einen Blindenhund brauchen?

1987

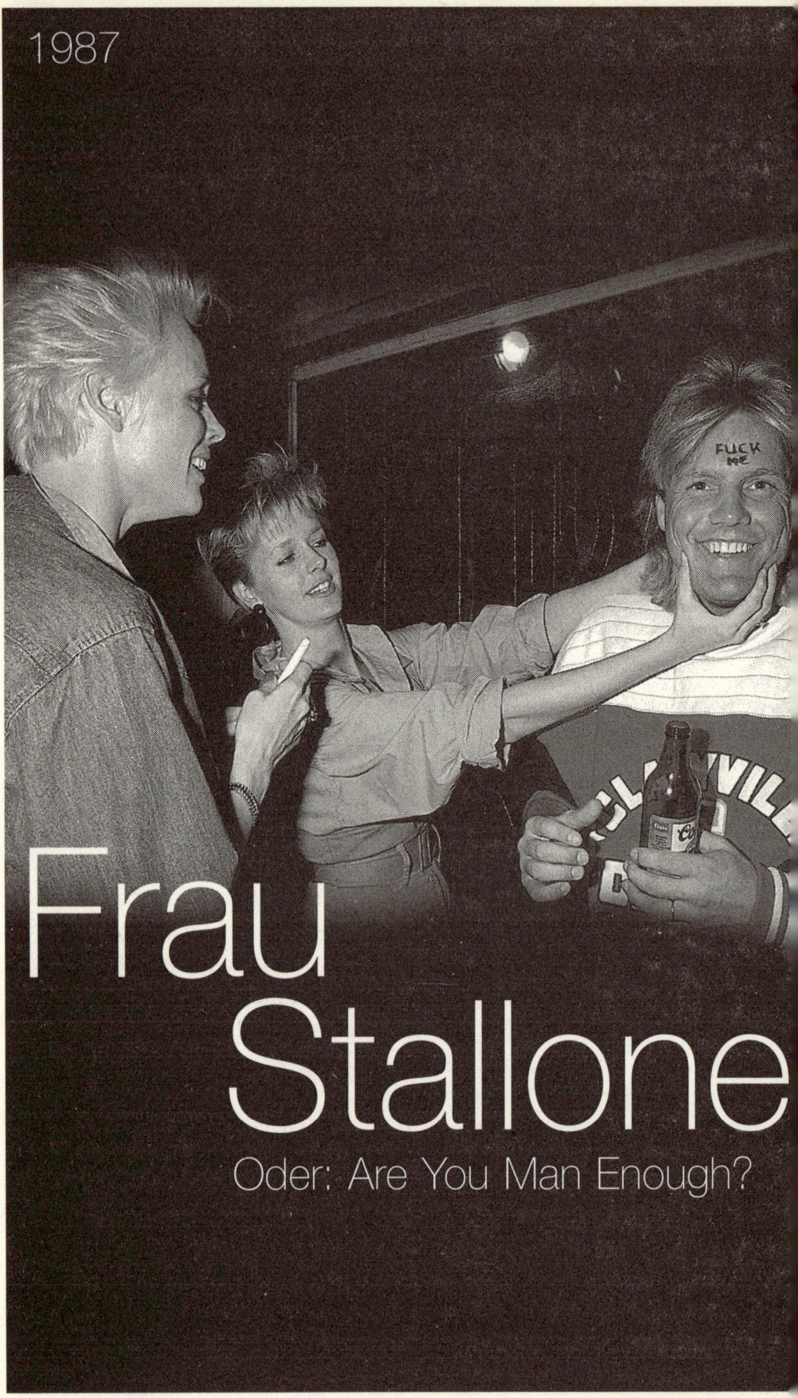

Frau Stallone

Oder: Are You Man Enough?

Und wieder mal kriegte ich einen Anruf von der BMG. Diesmal war es Brigitte Nielsen, die blonde dänische Ehefrau von »Rambo« alias Sylvester Stallone, die künstlerische Ambitionen hatte. Sie langweilte sich, sie fühlte sich nicht ausgefüllt – wie das so ist: Normale Frauen eröffnen in solchen Fällen Boutiquen, Brigitte wollte singen. Auf diese Weise war die Welt auch schon zu einer trällernden Prinzessin Stephanie gekommen.

Wir verabredeten uns in Los Angeles. Mit dem Song »Are You Man Enough?« im Koffer bestieg ich in Frankfurt die Boing. Brigitte holte mich und Fryderyk Gabowicz in Inglewood mit einer Mercedes-Stretch-Limo-Sonderanfertigung und den Bodyguards ihres Ehemanns am Flughafen ab. Sie war unheimlich lieb und hatte zwei riesen Dinger. Wir waren uns spontan sympathisch, die Chemie stimmte einfach. Nicht wegen der Dinger, sondern weil wir beide ein bisschen aus dem gleichen Holz sind: ziemlich viel Power, ziemlich viel Drive, ziemlich viel Tempo. Sie wusste gar nicht, wohin mit ihrer ganzen Energie. Alles war zack-zack! und hopp-hopp! Selbst für mich war das schon fast eine Nummer zu groß.

Ohne lange Vorrede nahm sie Fryderyk und mich einfach mit zum Set von »Beverly Hills Cop II«. Dort ging sie mal eben, wie vom Drehbuch gefordert, in einen Juwelier-Laden und schoss alles platt. Die Kameras surrten. Sie begann, die Schmuckauslage leer zu räumen. Währenddessen saß ich mit Fryderyk in Brigittes Wohnmobil und trank kalte Cola. Kelly, Brigittes Freundin und Assistentin, die exakt die gleichen Dinger hatte (derselbe Doktor nehme ich an), kümmerte sich aufopferungsvoll um uns. Besonders hatte es ihr meine mega-geile Flicken-Jacke aus fünfundzwanzig verschiedenen Jeans-Stoffen angetan. Zur Förderung der deutsch-amerikanischen Völkerverständigung und als kleine Investition in spätere nette Stunden schenkte ich sie ihr.

Als Brigitte nach einer Dreiviertelstunde fertig war mit Schießen und Plündern, kam sie zu uns ins Wohnmobil. Sie sah Kelly mit meiner Jeansjacke und zog eine Flunsch. Hätte ich das gewusst! Doch dann tröstete ich mich: An die kommste eh nicht ran! Die ist mit Rambo zusammen! Und wer mit Rambo zusammen ist, der kann ja nicht auf Bohlen stehen!

Doch Brigitte war Kumpel. Nicht lang, dann herrschte wieder dufte Stimmung. Mit viel Hallo und Gegacker ging's zu viert Richtung Plattenstudio, das ich in Downtown organisiert hatte. Auf der Fahrt wurde Brigitte nicht müde, schweinische Witze zu reißen: »Goes a suck to the doctor …« So viel Englisch beherrschte ich auch, um richtig mitlachen zu können.

Im Studio machte meine Stimmung dann einen etwas unsanften Bauchklatscher. Brigitte fing an, versuchsweise »Are You Man Enough?« ins Mikro zu fragen. Und ich kriegte – uhuhu! – das große Frösteln. Ihre Stimme war so hart und kalt wie ihre Haar-Coloration. Oje, oje!, dachte ich. Das kann ja noch nett werden. Wie Brigitte nun mal war: Nach Film drehen und Song singen ging's hoppeldihopp weiter zum nächsten Termin.

An diesem Nachmittag gab Sly Stallone eine riesige Pressekonferenz im »Beverly Hills«-Hotel. Er hatte die Rechte an seinen Filmen an einen großen Videoverleih verkauft und dafür Multi-Millionen Dollar eingeheimst. Brigitte, Kelly, Fryderyk und ich saßen um einen großen runden, festlich gedeckten Tisch mit Blick auf die noch leere Bühne. Um uns herum hundertfünfzig Journalisten. Die Tür ging auf und spuckte aus: ein paar Polizisten. Dann noch ein paar Polizisten. Dann eine Phalanx aus Lackschuhen und Smokings. Schließlich Rambo im schnieken Maßanzug mit Fliege, die Tolle zurückpomadisiert. Und hintendrein wieder ein paar Polizisten. Ein menschliches Sandwich sozusagen. So was hatte ich noch nie gesehen. Und ich, wenn ich an mir runterguckte? Adidas-Boxer-Schuhe und Trainingshose. Ich kam mir vor wie ein nachgemachter Mensch. Ich glaube: Wäre ich mir selbst begegnet, ich hätte mir nicht hallo gesagt. Ohne Brigitte an meiner Seite wäre ich wahrscheinlich noch nicht mal mit Einladung reingekommen.

Die anschließende Pressekonferenz langweilte Frau Stallone. Während Sly oben auf der Bühne sein Ego besonnen ließ, rückte sie ihren Stuhl ein bisschen dichter an meinen und fing an, mir kleine Ferkeleien ins Ohr zu flüstern: »Rate mal die Farbe von meinem

Slip!« Was sie mir bis dahin nicht erzählt hatte und was ich auch nicht wusste: Ihre Ehe lag in den letzten Zuckungen. So war ich dann doch ziemlich baff, wie frei und ehrlich sie von der Leber plauderte: »Sly betrügt mich ständig … ja … dann waren die da zugange … die Couch … erwischt! … diese Schlampe! … noch nicht mal was übergezogen …!« So ging es immer heiter weiter: »Sly und seine Privat-Boeing! … all seine Bums-Kumpels! … wildes Abfeiern … durch die Gegend fliegen … San Francisco!« Sie klang unheimlich enttäuscht und hatte sich aus lauter Frust schon eine Kollektion Verwöhn-Spielzeug zugelegt.

Ich saß einfach nur da und machte boh! und uhh! und auf einmal holte Brigitte ihren Lippenstift aus der Handtasche und malte mir damit was auf die Stirn. Fryderyk Gabowicz sah das und drückte eifrig auf den Auslöser seiner Kamera. Ich fragte: »Was steht denn da?« Und Fryderyk buchstabierte übertrieben umständlich: »F-u-c-k m-e«.

Brigitte fand das mit den Fotos keine so gute Idee, aber Fryderyk beruhigte sie: »Mach dir keine Gedanken, Brigitte, das Foto ist natürlich privat!« Worauf sie selbstverständlich in der nächsten Ausgabe der »Bravo« erschienen.

Nach der Gala – ich nehme an, Sly betankte gerade mal wieder seine Boeing – nahm ich Brigitte und Kelly mit in meine Suite, wo wir mit dem eigentlichen Abendprogramm durchstarteten. Und wo es zu Übergriffen auf mich kam. Erst schmuste Kelly mit Brigitte, dann Brigitte mit mir und schließlich wir alle drei miteinander. Nun ist mein Motto eigentlich: Fange nie was mit einer Künstlerin an! Doch nachdem ich Brigitte im Studio hatte singen hören, wusste ich: Die wird nie deine Künstlerin! Und außerdem heißt es ja auch ganz klar: »mit *einer* Künstlerin«. Da bin ich sehr genau.

Doch die beiden Mädels waren ziemlich krass drauf und zogen unter anderem die Gürtel aus den Hotel-Bademänteln und hatten vorsorglich auch noch sehr interessante Spielsachen mitgebracht. Ich kann nur sagen: Ich habe selten so gut ausgerüstete Frauen gesehen. Jetzt bekam ich's doch mit der Angst. Au weia, dachte ich, wenn jetzt der Rambo reinkommt, dann macht der aus dir Schuhleder!

Ich verdrückte mich schleunigst und wartete an der Hotel-Bar. Als die Luft wieder rein war, ging ich zurück in meine Suite und lag noch stundenlang wach. Ich hatte hochgradige Mulmeritis, weil ich mir vorstellte, was passiert wäre, wenn …

Mit dem nächsten Flugzeug verließ ich Los Angeles, ohne einen einzigen Song aufgenommen zu haben. Und den Titel »Are You Man Enough?« gab ich an unsere bewährte Resteverwerterin C.C. Quetsch.

1988
Blue
System
Oder: Rotkohl mit Rouladen

Modern Talking war tot. Nach den bonbonfarbenen Fallschirmseiden-Albträumen, dem Lipgloss und dem ganzen hoch, höher, am höchsten Gequieke wollte ich endlich wieder als richtiger Mann auf der Bühne stehen. Ein neues, rockigeres Image musste her. Ich wollte diabolisch klingen und Songs singen, die eine mystische und unheimliche Performance zuließen. Ich fing an, meine Stimme eine Oktave nach unten zu pressen und zu röcheln. So nahm ich »Sorry Little Sarah« auf, eine Samba-Nummer, die eigentlich noch für Modern Talking gedacht gewesen war und nun als Konkursmasse in der Schreibtisch-Schublade lag.

Mit diesem Demo-Tape und der Idee für eine neue Band fuhr ich zur BMG nach Berlin. Ich hatte ja schon zu spüren gekriegt, dass Thomas der Gefragtere von uns beiden war und nach mir kein Hahn krähte. Deswegen machte ich mir auch wenig Illusionen, was mich dort erwartete. Andy, Blume, Meynen – alle winkten ab. »Du«, empfahlen sie mir stattdessen, »lass doch diesen Katzenfutter-Menschen, diesen Leo Sayer mal ran. Der sucht nach ›When I need you‹ gerade einen neuen Song.« Tief gekränkt fuhr ich wieder nach Hamburg.

Luis, meine spanische Geheimwaffe, der nach hundert Jahren Deutschland immer noch so sprach, als ob er nur mal eben auf Besuch da sei, war der Einzige, der zu mir hielt:

»Lazs dich nicht unterdrrrucken, Dieterr! So, wie gegommen, ist gut gegommen. Ich weizs nicht, wazs ist pazsierrrt? Villeicht Thomazs weizs mehrrr die ganze Historrrie! Aber lazs uns machen neue Prrrojekt, zu bauen ein neue Kinstlerrr. Ja, machen wirr neue Grrroup! Is besonderrrs deine Singen, hat kein Mensch so wazs!«

Ich verstand nicht alles, aber es klang auf jeden Fall gut. Für mich war logisch: Wenn Thomas Anders zwei Millionen kriegte für neue Plattenprojekte, dann wollte ich auch eine.

Monti

Wütend, mit einem ordentlichen Grummeln im Bauch flog ich ins Head-Quarter von BMG nach München, um denen mal ordentlich Bescheid zu stoßen. Da hockten sie, lauter Wichtige und Anwälte, und bewachten mit ihrem Hintern den Geldtopf, der ihnen nicht gehörte.

»Ich will Geld! Ich will 'ne Million!«, forderte ich.

Und alle wackelten mit dem Kopf und machten: nein, nein, nein.

Nach zwei Stunden Rumgelaber, das null brachte, und sinnlosem Debattieren stand auf einmal BMG-Deutschland-Chef Monti Lüftner auf: Grandseigneur mit Einstecktuch und viel Wiener Schmäh, der alten Mütterchen über die Straße hilft und jungen Mütterchen auch gern mal ins Bett. »Mensch, jetzt gäbt's dem Buaben sei Geld. An den glaub i und Schluss.« Ich werde das Monti nie vergessen, wie er sich für mich in die Bresche warf, als keiner mehr einen Pfifferling auf mich gab: »Na, soag's amal! Nun schaut's euch doch an, woas der g'leistet hat. So a find's ihr koa zweites Mal, ihr werd's scho seh'n. Nun hoabt's euch net so!«

Nach diesem Machtwort musste der Rest der Firma zähneknirschend meinem neuen Plattenvertrag zustimmen. »Und wie soll das neue Glück jetzt heißen?« Mit dieser Frage hatte ich nicht gerechnet. Lieber Gott, gib mir eine Idee! Nach einer schnellen Eingebung suchend guckte ich um mich. Auf den Knöpfen meiner Jeans wurde ich fündig. »Blue System« stand da. So kam es, dass Blue System »Blue System« sponserte und ich den Sprung machte aus meinen fallschirmseidenen Adidas-Trainingshosen hinein in zerrissene Jeans.

Allen Widerständen, allen Bremsern, allen Verhinderern zum Trotz: »Sorry Little Sarah« in Röchel-Ausführung ging direkt auf Platz 13. Ich hatte es mal wieder allen bewiesen. Jetzt war das Staunen groß. Ich hatte meinen persönlichen Albtraum hinter mir gelassen, hatte meinen Ballast abgeworfen. Ich fühlte mich plötzlich total erleichtert und frei. Die Bauchschmerzen und Magengeschwüre von Modern Talking waren weg. Ich konnte mich wieder um das kümmern, was mich eigentlich interessierte: Erfolg haben. Die Hausaufgaben dafür hatte ich gemacht, mein Lehrgeld reichlich bezahlt. Ich musste keine Manager oder Berater fragen: »Ist es gut, wenn wir jetzt nach England fahren? Und wie funktioniert eigentlich eine Tournee?« Und ich hatte den besten Komponisten, Texter und Produzenten, den ich mir wünschen konnte: mich selbst.

My Bed Is Too Big

Für den Videodreh von »My Bed Is Too Big« flog ich mit meiner Band und Andy im Schlepptau nach Kalifornien ins Indianer-Reservat. Die erste Nacht übernachtete ich da, wo ich immer übernachtete, wenn ich in Los Angeles bin: im »Beverly Hills«-Hotel. Hier lief mir Frank Elstner über den Weg, den ich schon immer ganz sympathisch fand. Außerdem hatte er den nicht zu vernachlässigenden Vorteil, dass er der König von »Wetten dass ..?« war. Jetzt wollte ich meine Chancen ausloten, mit Blue System bei ihm aufzutreten.

»Könntest du dir uns bei dir in der Sendung vorstellen?«, wollte ich von Frank wissen. Dann versuchte ich ihn zu ködern, indem ich ihm in den schillerndsten Farben von unserem hammermäßig tollen neuen Videoprojekt vorschwärmte: »Du Frank! Glitzer, Glamour, Las Vegas! Tolle Leute. Mega-Budget, super Regisseur! Das wird der Mega-Hit! Besser geht nicht. Ach übrigens: Wir drehen auf der Route 66.«

»Ja, höm, vielleicht«, wich Frank auf seine freundlich eiernde Art aus. Und dann meinte er noch: »Route 66? Oha! Na, dann nehmt man bloß genügend Wasser mit! Ist knochentrocken da, nur Wüste und Skelette und vertrocknetes Gestrüpp. Seid bloß vorsichtig!«

Stolz und erwartungsfroh fuhren wir los, fünf Wohnmobile im Konvoi. Im Gepäck: Viele zusätzliche Wasserkanister und Respekt vor der Wüste. Ich stellte mir vor, wie wir abends wie die Pfadfinder Lagerfeuer machten. Doch kaum kamen wir in der Wüste an, fing es an zu regnen. Orkanartiger Regen, der alles wegspülte. Wir konnten uns gerade noch auf einen Parkplatz retten. Da saßen wir dann erst mal fest. Unsere Hosen, Schuhe, T-Shirts über Tage klitschnass. Fast wären wir in den Fluten abgesoffen. Und die ganze Zeit hatte ich Frank Elstner im Ohr, der sagte: »Nehmt was zu trinken mit, Jungs!«

Jeden Tag beratschlagten der Regisseur und ich, ob wir den Mist hier nicht einfach abbrechen sollten. Denn so ein Dreh, bei dem nicht gedreht wird, verschlingt Wahnsinnskohle. Doch dann, nach knapp einer Woche, kam die Sonne wieder raus.

Nach der ganzen Zeit im Caravan sah ich ziemlich blass und fertig aus. »Ey, ihr werdet euch noch wundern!«, verkündete ich großspurig dem Team, »heute Abend ist Bohlenski brutzelbraun!« Mit diesen Worten kletterte ich aufs Dach des Wohnmobils. Hier legte ich mich flach auf den Rücken, um mich darauf zu sonnen, während wir mit langsamer Geschwindigkeit kreuz und quer durch das Indianer-Reservat und die Mojave-Wüste fuhren, um eine Location für den Dreh zu finden.

Aber wenn du so mit sechzig, siebzig Stundenkilometern durch die Gegend fährst und den Fahrtwind im Gesicht hast, merkst du nicht, wie heiß es ist und wie die Sonne knallt. Als ich ein paar Stunden später wieder runterkam, war ich nicht braun gebrannt, sondern rot wie ein Feuermelder. Andy meinte zu mir: »Mensch, wie siehst du denn aus? Wie ein echter Indianer!«

Es war der schlimmste Sonnenbrand meines Lebens. Ich hatte Eiterpusteln im Gesicht. Um überhaupt das Video noch drehen zu können, haute man mir in der Maske pfundweise Make-up ins Gesicht – viel Fett drüber, die Kamera immer ein bisschen weiter weg und bitte keine Close-ups mehr.

Dafür war »My Bed Is Too Big« noch erfolgreicher als »Sorry Little Sarah«: Platz 10 und ein halbes Jahr in den Charts.

Marvin

Nachdem ich zwischen den Kakteen in der Mojave-Wüste ungefähr eine Million Mal »My Bed Is Too Big« gesungen hatte, produzierte ich, zurück in Hamburg, mit Erika unser Söhnchen Marvin Benjamin. Er war für Ende Januar 1989 ausgerechnet. Kurz nach Nikolaus stieg Erika bei uns zu Hause in die Wanne, um zu baden. Dabei rutschte sie aus. Es sah alles gut aus. Wir dachten uns nichts dabei.

Drei Tage vor Weihnachten lagen wir nachts im Bett und unter Erika wurde alles so nass. Sie dachte, die Fruchtblase sei geplatzt. Weil sie diesmal nicht heisterkopeister in die Klinik wollte, schlich sie ganz leise und im Dunkeln nach oben in den ersten Stock, um sich fertig zu machen und ihre Tasche zu packen. Im Badezimmer angekommen, schaltete sie das Licht ein. Jetzt erst sah sie, dass sie vom Schlafzimmer bis zu der Stelle, wo sie stand, eine rote Spur hinter sich hergezogen hatte: Blut. Sie fing gellend an zu schreien: »Dieter! Dieter! Dieter!« Und immer wieder: »Dieter! Dieter! Dieter!«

Ich schreckte aus dem Schlaf hoch. Sie saß oben auf der Erde und weinte fürchterlich. Dabei zitterte sie am ganzen Körper, als stünde sie unter Strom: »Komm, Erika! Wird alles gut! Wein nicht! Wir holen einen Krankenwagen!«, versuchte ich sie zu beruhigen. Gleichzeitig wählte ich mit zitternden Fingern die Nummer der Klinik.

Frauen funktionieren in solchen Situationen irgendwie anders als Männer. Frauen sind wie Rehe, die von der Lichtkugel getroffen einfach stehen bleiben und dann vom Auto überrollt werden. Also musst du als Mann deine eigene Panik runterkämpfen und ganz analytisch sagen: »Du musst keine Angst haben! Warte, bleib ruhig. Wir machen das jetzt so und so!« Sie war sich sicher, dass sie das Kind verlieren würde, und zwar stückchenweise.

Der Krankenwagen kam. Ich musste Marci, der drei Jahre alt war und schon alles mitkriegte, in der Küche einsperren, damit er das ganze Blut nicht sah. Die Sanitäter packten Erika auf die Trage. Dann fuhren sie sie in die Notaufnahme.

Weil ich nicht wusste, was wir mit Marci hätten machen sollen, blieb ich zu Hause. Kaum, dass die Tür hinter Erika und dem Notarzt ins Schloss gefallen war, rief ich meine Mutter an und brach weinend am Telefon zusammen: »Das Kind ist tot! Das Kind ist tot! Das Kind ist tot!«

In der Klinik wurde die Geburt eingeleitet. Was die Ärzte zu Tage förderten, war ein kerngesundes Baby, das erschrocken die Augen aufriss, weil man es schon so früh und unsanft aus seiner warmen Höhle gerissen hatte. Er war nur ein bisschen zu leicht und hatte ganz dünne Fingerchen. Marvin war das hübscheste Baby aller Zeiten. Alle sagten, er sähe aus wie der kleine Dieter, was mich ganz stolz machte.

Erika blieb über Weihnachten in der Klinik, während meine Eltern kamen, um den Tannenbaum zu schmücken. Ich konnte den Baumschmuck nicht finden und kaufte im Supermarkt kiloweise ganz feines Engelshaar. Als Marci nach einer Woche in die Klinik fuhr, um sein kleines Brüderchen zu inspizieren, beschwerte er sich bei Erika: »Du, Mama! Überall im Baum waren Spinnweben. Und Oma hat die Weihnachtsgans verbrutzeln lassen.« Es war ein ganz tolles Fest.

Nasdrowje!

Die Band und ich kriegten unheimlich viele Anfragen von ausländischen Konzertveranstaltern, darunter dem sowjetischen KGB, der alle Konzerte ausländischer Gruppen in der UdSSR unter seiner Kontrolle hatte. Unsere erste große UdSSR-Tournee im Sommer 1989 durch den europäischen Teil der Sowjetunion dauerte sechs Wochen. Man behandelte mich wie den Papst. Zehn Tage in Folge spielten wir im Moskauer Olympiski-Stadion, jeden Tag zwei Konzerte à 35 000 Karten. So bespielten wir bis zum Ende 700 000 Leute.

Auf der nächsten Tournee im darauf folgenden Jahr bekam ich den Orden »Held der russischen Jugend« verliehen. In einem Moskauer Museum war eine riesengroße Kino-Leinwand aufgestellt, auf der sie den ganzen Tag nur Videos von mir zeigten. Dann musst du aber ein ganz Großer sein, wenn sie dich schon im Museum zeigen, dachte ich. Ich trat sogar in den Abendnachrichten auf.

Quer über den Haupt-Verkehrsadern Moskaus – Leninskij Prospekt, Leningradskij Prospekt, Akademika Saharova Prospekt, alles zehnspurige Asphalt-Rampen – hingen Banner mit meinem Namen. Und weil Bohlen in der kyrillischen Schreibweise »krank« heißt, lasen die Leute »Dieter krank«. Übers Fernsehen und den Rundfunk mussten die Leute beruhigt werden, dass mir nichts fehlte und ich doch auftrat.

In Leningrad traten wir in Fußballstadien vor hunderttausend Leuten auf. Unten auf der Aschebahn, wo die Athleten immer laufen, fuhren sie mich mit der Stretch-Limo rum. Ich kletterte aufs Dach, um in die Menge zu winken. Die Frauen riefen in Radebrechnik zurück: »Ditrr, Ditrrrrr« – mit 24 »R« – »wig me, please!«

Was zu weit geht, geht zu weit! Ich fühle mich zwar immer als deutscher Botschafter im Ausland. Doch mein Papa ermahnte mich früher immer: »Dieter, du bist doch nicht der Gemeindebulle. Du musst doch nicht jedes Mädchen beglücken.«

Stets waren wir von einer Unzahl von Bodyguards umringt. Ich fand das affig, hielt es für komplett überflüssig. Dann kam der Tag, an dem wir merkten, dass wir es nicht nur mit jubelnden Fans zu tun hatten, sondern mit einer Masse, die durch den Besuch einer europäischen Rockband außer Rand und Band geraten konnte. Bei einem Auftritt sollte uns die Limousine bis dicht vor die Bühne fahren. Von hier aus waren es nur noch zehn Meter bis zur Bühne. Die Security konzentrierte sich voll und ganz auf mich und schirmte mich ab. Der Rest der Band war der wogenden Masse schutzlos ausgeliefert und wurde hin und her geschubst.

Ich fing an, meinen ersten Song zu singen. Die Mädels vom Background-Chor heulten wie Schlosshunde. Ich verstand die Welt nicht mehr. »Was ist los?«, wollte ich zwischen zwei Songs wissen. »Die haben uns unter den Rock gefasst!«, erklärte eine. Wie genau, wollte ich gar nicht wissen. Wohl so an der Seite vorbei. So ein Minirock mit String-Tanga ist halt schnell überwunden. Ich war extremst schockiert, hatte Probleme, mein Konzert zu Ende zu kriegen. Die restlichen zwei Stunden machte ich keine einzige Ansage mehr Richtung Fans.

Die waren schon heftig drauf, die Russen. Aber es gab auch viele wunderschöne Momente. Innerhalb der Band hatten wir eine sehr harmonische Zeit. Jeder war mit jedem »best friend«. Vor jedem Auftritt – so was hatte es mit Thomas nie gegeben – saßen wir stundenlang zusammen und erzählten uns einen. Michel, der Drummer, war früher in der Behinderten-Therapie. Achim hatte als Lehrer gearbeitet. So berichteten alle ein bisschen aus ihrem Leben – da war eine Gruppen-Dynamik, ein Zusammengehörigkeitsgefühl wie im Kegelverein.

Von Anfang an war das Essen ein großes Problem. Wenn wir mit der ganzen Band in ein Restaurant gingen, kriegten wir eine Speisekarte mit bestimmt dreißig Gerichten. Aber wenn du sagtest: »Okay, dann möchte ich das Schweinesteak!«, dann meinte der Kellner nur: »Njet!« Wenn du daraufhin sagtest: »Macht nix. Dann nehm ich eben die Frikadellen«, dann hieß es wieder nur: »Njet!« Es dauerte eine Weile, bis wir begriffen, dass es all diese schönen Gerichte, die da groß auf der Speisekarte standen, gar nicht gab. Dafür gab es reichlich Gurken, Tomaten und manchmal »Chicken Kiew«, eine Pastete. Wenn man da mit dem Messer reinstach, kam öliges Zeugs rausgespritzt.

Ich weiß, einige werden jetzt denken: Hey! Verwöhnter Popstar macht auf dick, aber wir hungerten wirklich. Bereits um fünf Kilo abgemagert, rief ich meine Haushälterin in Deutschland an und bettelte: »Bitte schick mal was zu beißen!« Aber um überhaupt erst mal diese telefonische Verbindung zu kriegen, musste ich eine Woche vorher einen Antrag ausfüllen. Worauf die Mitteilung folgte: »Mittwochnacht auf Donnerstag können Sie von 2:34 Uhr bis 2:35 Uhr folgenden Anruf tätigen …«

Meine Haushälterin ließ Fertiggerichte für vier Mark das Stück einfliegen, die ich am Flughafen abholen konnte: Rotkohl mit Roulade, Königsberger Klopse, Nudeln mit Soße. Alle Gerichte in der Pappschachtel, die man einfach fünf Minuten in kochendes Wasser warf. Irgendwann war auch hier der letzte Klops aufgebraucht. Bei der letzten Pappschachtel stand die Band um mich rum und fragte, ob sie meine Soße aufstippen könnten. Und die Aufbauer und Roadies kamen und erkundigten sich, ob sie ein letztes Mal dran riechen dürften. Schließlich schickten wir die Bodyguards los (zufällig alles Polen). Sie kamen mit ein paar ungerupften toten Hühnchen unterm Arm zurück. Ich wollte lieber gar nicht so genau wissen, wo sie die herhatten.

Sobald wir die Metropolen Moskau und Leningrad verließen, kam zum ewigen Problem mit dem Happi-Happi noch das mit der Unterbringung. Es gab keine Hotels. Der KGB, dein Freund und Helfer, wusste Abhilfe zu schaffen, indem er uns in den Datschas irgendwelcher Politiker unterbrachte. Zur Standardausstattung gehörten hier Billardzimmer, Diavorführräume und Saunen, die von älteren Muttis für uns vorgeheizt wurden. Beim Reingehen nahmen sie uns die Klamotten ab. Drinnen prügelten sie mit Zweigen auf uns ein, um die Hautdurchblutung in Gang zu bringen. Und wenn wir wieder rauskamen, machten sie Tee im Samowar.

In kleineren Orten konnte es passieren, dass Elektrizitätsprobleme auftraten. Dann standen von sechs bis acht Uhr abends – so lange eben, wie unsere Konzerte dauerten – die Straßenbahnen still. Der Strom hätte nicht gereicht, die Oberleitungen zu befeuern und gleichzeitig die Lampen im Stadion brennen zu lassen. Ein anderes Mal waren wir mit der »Aeroflot« unterwegs, als auf elftausend Metern Höhe ein Triebwerk ausfiel und wir irgendwo auf einem Acker notlanden mussten. Dann wieder wurde über Nacht eine Straße asphaltiert, damit wir zu unserer Bühne kamen. Russland war wirklich Rock'n'Roll.

Und immer wieder bedrückend für mich war die große Brutalität, mit der Eliteeinheiten der Armee – bis zu achtzig Polizisten in schwarzen Uniformen mit Hartgummi-Knüppeln – auf unsere Fans eindroschen. Da wurden Zähne ausgehauen oder Nasen gebrochen, sobald sich einer nicht an ihre Anweisungen hielt. Wenn die Roadies abbauten, die Konzerthalle sich leerte – in dem Moment sah man überall auf dem Boden die Blutlachen. Das ging so weit, dass ich androhte, nicht weiterzuspielen. »Pass auf!«, meinte ich zu der Usche vom KGB, die immer mit uns auf der Bühne stand, um simultan zu übersetzen. »Wenn die jetzt nicht aufhören, auf mein Publikum einzuprügeln, breche ich das Konzert sofort ab!« Hektisch eilte sie zu einem ihrer Chefs in Schwarz: »Vnimanije! Esli Vy ne srazu perestantje izbivatj auditorii, ja nemedlenno budu prervatj koncert!« Für diesmal wurde es besser. Beim nächsten Mal standen wir wieder vor demselben Problem.

Meine größten Fans überhaupt waren Michail Gorbatschow und seine Frau Raissa. Per Zufall traf ich die beiden 1998 bei der VIVA-»Comet«-Verleihung in Köln, wo ich einen »Lifetime Achievement Award« für Modern Talking kriegte. Sie kamen mit großem Tross um die Ecke, darunter Oskar Lafontaine. Der platzte vor Stolz wegen seines hochgestellten Besuchs und würdigte mich keines Blickes. Ganz anders die Gorbatschowa. Die sah mich, steuerte auf mich zu und rief euphorisch: »Diter, ljublju Vas!« – »Dieter, ich hab dich so lieb!« Dann umarmte sie mich wie eine Mutti und tätschelte meinen Arm. Jetzt befand auch Oskar mich für wichtig genug. Diensteifrig schüttelte er meine Hand. »Eto dlja menja bolschaja tschest, schtoby Vy vystupajete v Kremlje! Vascha muzyka mnje otschen nravitsja«, schaltete sich Gorbi ein. Er sei wahnsinnig geehrt, dass ich immer im Kreml auftreten würde. Er fände unsere Musik auch ganz supi.

Die größten Erlebnisse schlechthin waren unsere Auftritte in der DDR. Die staatseigene DDR-Konzertagentur wurde von Funktionär Zahlmann geleitet. Mit ihm mache ich auch heute noch alle meine Ost-Konzerte. Dieser Mann hat unglaublich schnell begriffen, was Kapitalismus ist: Heute fährt er Mercedes, besitzt ein Haus in Spanien und hat konzerttechnisch Dresden, Leipzig, Berlin und Rostock voll unter seiner Kontrolle.

Die Leute in der Zone, das waren immer meine wahren, meine Hardcore-Fans. Ich konnte mich drauf verlassen: Die rasteten total aus, wenn wir spielten. Das sind dieselben Leute, die heute in meinen Konzerten immer in den ersten drei Reihen stehen. Ich kann gucken und weiß: »Ah ja! Da links, da steht wieder der Typ mit Vollbart. Und der rechts da! Der war auch schon dreißigmal dabei.« Echte Treue. Gibt jedes Mal ein gutes Gefühl, wenn ich sie sehe.

Ich wurde immer in Ost-Mark bezahlt, was ein Problem darstellte: Ost-Mark konnte man nicht in West-Mark umtauschen. Aber an der Ost-Mark führte auch kein Weg vorbei: Entweder du spieltest für Ost-Mark oder gar nicht. Was tun mit so viel wertlosem Papiergeld? Erste Idee: Ich fuhr nach Ost-Berlin, um hier Meißner Porzellan zu kaufen.

Die Verkäufer waren sehr nett: »Kein Problem, Herr Bohlen, Wartezeit zwölf Jahre.« Plan Nummer zwei: ein »Blüthner«-Konzertflügel sollte her: »Kein Problem, Wartezeit sechzehn Jahre.« Schließlich verschenkte ich das ganze Geld an Fans: »Wer will noch? Wer hat noch nicht?« Als die Mauer fiel, kniff ich mich in den Hintern: Da hätte ich das Geld mal eben eins zu zwei umtauschen können.

Matthias Reim

Schon mit dem allerersten Erfolg von Blue System fand ich einen Nachahmer. Und so passierte es immer öfter, dass ich in Zeitschriften blätterte und sagte: »Hey, guckt mal, das bin ich!«

Und dann schaute ich noch einmal genauer hin und dachte: Hey, das bin ich ja doch nicht.

Meine Raubkopie sozusagen, Bohlen in der Klon-Variante, nur zehn Zentimeter zu kurz. Gleiche Frisur, allerdings künstlich blondiert, die gleichen Klamotten, gleiches Make-up, Name des Mutanten: Matthias Reim, genannt Matze.

Sein erstes Single-Cover von »Verdammt, ich lieb dich!« zeigte Matze noch als Öko-Fridolin mit Bart und dunklen Haaren. Doch dann hatte er sich Margot Scheuermann gekrallt, genannt Mago, meine Visagistin. Wenn Mago mich vor einem Fototermin schminkte, dann bestand ihr Make-up in erster Linie aus Psychologie: »Hey, gut siehste aus! Braun biste auch! Was soll ich denn da noch schminken, Dieter?« Dann wuschelte sie mir vielleicht noch mit ein bisschen Gel durch die Haare. Fertig! Angemerkt sei hier, dass das Fotografiertwerden für mich eine der schlimmsten Seiten an diesem Geschäft ist. Mit entsprechender Miene betrete ich dann auch meist das Fotostudio und begrüße die Visagistin. Es braucht also ein bisschen Fingerspitzengefühl, bis ich gut drauf bin und man entspannt mit mir arbeiten kann. Das alles kriegte Mago mit »hey!« und einmal Wuscheln hin.

Bei Matthias das totale Kontrastprogramm: Sie kleisterte ihn mit Make-up zu, schminkte ihm seine Identität und das Bärchen-Image weg. Sie machte ihm Gigolo-Strähnchen, verpasste ihm einen Haarschnitt und besorgte ihm auch noch ordentliche Klamotten. Fertig war das Bohlen-Double. Ich empfand Magos Verhalten als Hochverrat. Und weil sie auch noch ganz andere Sachen super wuscheln konnte, war ich jetzt doppelt enttäuscht, sie so mit fliegenden Fahnen zu Matthias wechseln zu sehen.

Seit dem Erfolg von »Verdammt, ich lieb dich!«, das den Superhit »Nothing Compares 2 U« von Sinéad O'Connor von Platz eins geschubst hatte, hielt sich Matthias für den Größten: Erstens wusste er alles und zweitens besser. Und drittens hatte er die Dreistigkeit, mich hinter den Kulissen der ZDF-Jahres-Hitparade frech von der Seite anzulabern und auf kumpelig zu machen. Ich war da, weil ich »Lucifer« singen sollte, und gebe zu: Gegen Matthias, der mit »Verdammt, ich lieb dich!« sechzehn Wochen auf eins war, stank ich diesmal mit meinem Song natürlich ziemlich ab.

»Hey, Mann!«, meinte er, als ob er sich Sorgen um mich machen würde, »ich versteh dich nicht! Warum produzierst du solche Idioten wie Roy Black? Musst du wirklich alles machen? Ich könnt das ja nicht.«

Daraufhin antwortete ich: »Matthias, weißt du eigentlich, was uns trennt?«

Und er: »Nee, weiß ich nicht!«

Ich: »So schätzungsweise hundertdreißig Millionen verkaufte Schallplatten.«

Und Matthias, wie ein Zwergpinscher, der auch gern mal größere Hunde ankläfft: »Aber die Musik da drauf, die würd ich ja auch nie machen.«

Mir platzte der Kragen: »Weißt du was? Kümmre dich doch am besten um deinen eigenen Kram! Und wenn du wirklich der große Komponist bist, für den du dich hältst, dann schreib doch mal für andere! Dann werden wir ja sehen, ob du's kannst.«

So gab ein Wort das andere, bis Mago schließlich dazwischengehen musste, um zu verhindern, dass ich und mein Abziehbildchen uns kloppten: »Halt mir diesen Idioten vom Hals«, tobte ich, »sonst garantier ich für nix!«

Damit wäre der Matthias-Reim-Exkurs an dieser Stelle auch schon wieder zu Ende. Denn außer dass Mago Frau Matze wurde und Matthias nach »Verdammt, ich lieb dich!« noch fünf Künstler produzierte, die alle fünf inklusive seiner eigenen Person den Bach runtergingen, fällt mir zu ihm nichts mehr ein, was erwähnenswert wäre.

1989
Nadja
Oder: Sunshine Reggae
in Hamburg

Meine Ehe war mittlerweile ein wenig das italienische Prinzip: Erika, die Mutter, die sich um die Kinder kümmerte und außerdem mein bester Kumpel war. Alltag halt, mit morgens ein Brötchen im Stehen, loslaufen zur Arbeit und abends im Koma ins Bett fallen. Das alles hatte ich zu Hause. Draußen, das war Partys und ab und an ein paar Mädels zur Zerstreuung. Und wäre das alles nicht gewesen und dazu die Goldenen Schallplatten an der Wand, ich hätte gar nicht gewusst, dass ich lebe.

Ein Mädchen war mir unterwegs aufgefallen, das hieß Nadja. Ich weiß noch: Wir begegneten uns das erste Mal auf dem Weg zum »Kleinen Fährhaus«, einem Omma-und-Oppa-Kaffeetrink-Laden an der Alster, in dem man auch Lilo Pulver finden konnte. »Wow!«, sagte ich zu meinem Freund Thomas, »die oder keine!«

Ich schnallte gar nicht, dass sie farbig war. Denn wenn Naddel nicht in der Sonne ist, ist sie hellhäutig wie du und ich und Heino. Ich hielt sie für eine Italienerin. Und obwohl mir das keiner glauben wird, das Erste, das ich an ihr wahrnahm, waren ihre Augen: feuermäßig gefährlich und das Gesicht mega-exotisch. Weder kriegte ich mit, dass sie eine granatenmäßige Oberweite hatte noch dass sie lange Beine besaß.

Ein paar Tage später begegneten wir uns wieder: Morgens um zwei bei stampfenden Bässen standen wir plötzlich wie von Zauberhand im Hamburger »Mezzanotte« nebeneinander. Sie trug einen schwarzen Rock und ein rotes Oberteil im Bolero-Stil mit Riesenausschnitt, der einen Stier zum Kochen gebracht hätte. Ich war so was von aufgeregt, ich hätte auf Anfrage noch nicht mal meinen Namen buchstabieren können. Irgendwann machte sich diese Nadja auf in Richtung Zigaretten-Automat, ich schwirrte hinterher wie ein Moskito auf Angriff. Sie stand da und war beschäftigt, ihr Geld aus der Tasche zu friemeln. Ich fragte, ganz smarter Gentleman: »Kann ich dir vielleicht helfen?«

Und sie so: »Joa.«

Dann kniete ich mich hin, um die Zigaretten aus dem Schlitz zu fummeln. Der Automat hing so tief, dass ich Angst hatte, würde sie sich bücken, könnten ihre Möpschen aus dem Dekolleté kullern.

Dann trottelten wir zurück und standen etwas deppert nebeneinander. Schließlich ergriff Nadja die Initiative und fragte mich: »Was willst du trinken?«

Ich guckte sie an und dachte: Mensch, jetzt kannst du nicht Sekt oder Champagner bestellen, das ist für die viel zu teuer. Und sagte: »Ich möchte 'n Bier!«

Die Kellnerin kam, brachte das Getränk für mich. Als Nadja bezahlen wollte, lugte ich in ihr Portemonnaie und stellte fest: Da steckte nur ein zusammengeknüddelter Zehn-Mark-Schein drin, exakt der Preis für ein Bier. Mensch, dachte ich, die gibt hier ihre letzten Kröten für dich, nur um dir was auszugeben. Das hatte noch keine getan.

In der Sekunde zupfte von der anderen Seite was an meinem Ärmel. Ach ja, hatte ich vergessen! Ich war ja eigentlich mit einem Pistenhuhn namens Toxi unterwegs, das sich nun natürlich etwas doof stehen gelassen fühlte. Es reagierte, wie alle Pistenhühner in so einem Falle reagieren: Es fing an zu gackern und zu hacken: »Ey, was unterhältst du dich jetzt mit dieser Schlampe da? Du bist doch mit mir weg! Jetzt komm doch mal her und lass uns reden.«

Doch ich hatte meine Göttin der Nacht gefunden und keine Augen mehr für eine andere. Wow! Wow! Wow!, dachte ich, wenn ich Nadja anguckte, ist das eine tolle Frau!

Sie war unheimlich lustig, tanzte, ein lebendig gewordener Sunshine Reggae in Hamburg. Das kannte ich von meinem Leben mit Erika nicht. Meine Frau war Schwere und Ernsthaftigkeit und Nudeln mit Gulasch. Diese Nadja riss mich aus dem Einerlei des Alltags. Sie war zweiundzwanzig. Sie hatte so eine beschwingte Oberflächlichkeit, die das Hirn entspannte. Sie stand für das Leichtsein des Denkens. Sie war wie die dritte Flasche Champagner. Oder vielleicht auch die vierte, wer weiß das schon so genau.

Wir quatschten ohne Unterbrechung bis fünf Uhr morgens, tranken Schampus, waren nicht dull, nur einfach super gut drauf. »Lass uns morgen zum Essen treffen! Ich hol dich um sechzehn Uhr ab«, schlug ich vor.

Ich kam im weißen Jaguar pünktlich auf die Minute. Da standen viele Frauen und ein Bushaltehäuschen, aber keine Nadja weit und breit. Und ich hatte noch nicht mal eine Telefonnummer, keine Adresse, kein Nichts, wo ich sie hätte erreichen können. Klassisches Anfänger-Missgeschick. Jeder normale Mann fragt doch erst mal nach der Nummer der Frau. Aber ich war es gewohnt, dass die Frauen immer zu mir kamen, es mir leicht machten. Und ein fett gewordener Bär macht eben Fehler.

Es dauerte fast ein halbes Jahr, bis wir uns in derselben Disko ein zweites Mal über den Weg liefen. Ich ging zu ihr rüber, hin und her gerissen zwischen pikiert sein, dass sie mir einen Korb gegeben hatte, und der hellen Freude, sie endlich wiederzusehen. Ich sonderte ein paar frustrierte Casanova-Sprüche ab von wegen, man könne doch den großen Dieter nicht so einfach am Klosterstern warten lassen: »Hey, nicht mit mir! Was sollte das? Wo warst du? Findste das lustig?«

Aber Nadja reagierte total locker: »Du hast das doch sowieso nicht ernst gemeint. Außerdem bist du verheiratet, du hast zwei Kinder. Und auf einen Kerl mit Familie hab ich einfach keinen Bock.« Darauf tranken wir erst mal einen, weil alles meist schon viel einfacher aussieht mit zwei Glas Champagner intus.

Ich war total verknallt. Diese zehn Mark fürs Bier hatten mir das Herz gebrochen. In meinen Augen war sie die Frau, die ich immer gesucht hatte, die mit mir durch dick und dünn ging. In sie hinein projizierte ich all meine unerfüllten Träume: die erotische Göttin, der Gegenpol zu meinem riesigen Welt-Pessimismus, meine Flügel, um fliegen zu können. Sie hatte so eine »Alles-easy-Haltung«. Sie war das genaue Gegenteil von meinem Beruf, der stressig und schwer und klebrig ist. Sie war keine Frau, die viel grübelte und gründelte, und von diesem Talent wollte ich etwas abhaben. Das war mein Denkfehler. Ich glaubte, dass man sich Leichtigkeit von außen aufpfropfen kann, dass man sie sich mit der Gegenwart eines anderen Menschen erkaufen kann. Mir war nicht klar, dass das Glücklichsein aus mir selbst kommen musste. Erst die Jahre haben mich da schlauer werden lassen. Sie war der letzte Anstoß, mir den Wunsch einzugestehen, dass ich eigentlich wieder ungebunden sein wollte. Obwohl ich Mitte dreißig war, fühlte ich mich noch zu jung dafür, ein Ehemann mit zwei Kindern zu sein. Ich empfand es als zu enges Korsett, das mir die Luft nahm. Und Sunshine-Reggae-Naddel aus dem Hamburger »Mezzanotte« war die Frau, von der ich glaubte, dass sie mich befreien konnte. Letztendlich war ich nur feige und lief vor meiner Verantwortung davon.

Was ich nicht wusste: In Nadja hatte ich mein Pendant gefunden. In der ganzen Zeit unserer Beziehung lief sie auch davon. Vor dem Druck, den ich auf sie ausübte. Vor den Erwartungen, die ich in sie setzte und denen sie sich nicht stellen wollte. Wer weiß? Vielleicht hätte sie in ihre Rolle reinwachsen können. Aber um ehrlich zu sein: Die Schuhe, die ich ihr hinstellte, waren von Anfang an zehn Nummern zu groß.

Wieder verabredeten wir uns am Klosterstern, gleiche Stelle, selbe Welle. Doch wieder keine Nadja. Ein Drehbuch, so schlecht, dass es noch nicht mal für »Gute Zeiten, schlechte Zeiten« taugt. Wenigstens war ich diesmal schlauer und hatte ihre Telefonnummer. Ich rief sie an und wusste: Wenn ich zu nassforsch vorgehen und sie beschimpfen würde, würde sie höchstwahrscheinlich sagen: »Ja, komm, dann knicken wir die Sache eben! Ich halt das sowieso für keine gute Idee.«

Ganz nett und schleimig fragte ich: »Mensch, Naddel, ja wo bist du denn?«, damit sie mir ja nicht absprang.

»Ich hab die Uhrzeit vergessen«, meinte Naddel. »Lass uns doch einen neuen Termin abmachen.«

Im dritten Anlauf tranken wir endlich Kaffee. Es war Dezember und ich dachte: Silvester, Mensch, Silvester, Bohlenski, da muss was gehen! Da musste aber mal einen Schritt weiterkommen mit dieser Frau.

Ich rief meinen Kumpel Andy an, der ein großes Talent in Sachen Moonshine-Affairs ist und der stets Knüller-Ideen hat, wie man sperrige kleine Mädels verliebt macht. Er versprach mir, das ganz große Schmuse-Ballett zu organisieren.

»Dieter, ich besorge dir die teeeeeeuerste Suite Berlins«, sprach er wie so ein Box-Promoter, »und taaaaaausend Rosen pack ich dir da rein! Und alles vom Aaaaaallerfeinsten! Ihr kriegt Einladungen für die aaaaangesagtesten Silvester-Partys!« Und anschließend: Bude frei für heidiwitzka, dachte ich mir. »Du wirst schon sehen«, prahlte Andy noch, »ich mach dir das alles. Bis du siebzig bist, wirst du davon schwärmen.«

Andy besorgte tatsächlich diese Suite und karrte wie versprochen den Schampus und das Grünzeug rein. Ob es hundert oder vielleicht sogar tausend Blumen waren? Ob sie über den Boden verstreut lagen oder in Vasen standen? Keine Ahnung. Ich sah das Ganze nämlich nie. Denn statt Naddel, wie verabredet, um acht vor ihrer Wohnung einzusammeln und mit ihr nach Berlin zu düsen, stand ich bei beißender Kälte auf dem Bürgersteig rum und fror mir einen roten Pavianhintern. Ironie des Schicksals: Gleich gegenüber war das ehemalige »Onkel Pö«, wo früher immer die Groupies verlangend die Hände nach mir ausgestreckt hatten. Jetzt fühlte ich mich selbst wie ein Groupie.

Im Fünf-Minuten-Takt rief ich Andy an: »Andy, Andy, was mach ich nur? Naddel kommt nicht!« Ich war einfach nur sauer.

»Entspann dich, Junge«, meinte Andy, »die zieht bestimmt nur die Strapse hoch. Geh doch einfach noch mal hin und klingel!«

Es war mittlerweile Viertel nach acht. Ich klingelte Sturm und guckte hoch zur dritten Etage, wo ich flackerndes blaues Licht zu sehen meinte, als ob jemand vor dem Fernseher säße. Ich klingelte bei irgendwem, um ins Treppenhaus zu kommen, und bollerte oben an Naddels Tür: »Warum kommst du da nicht raus? Ich weiß, dass du drin bist!« Aber zehn Minuten später sprach ich immer noch mit der Tür: »Mensch, Nadja, hättest doch anrufen können und mir sagen, dass du keinen Bock hast, mit mir nach Berlin zu fahren. – Nadja? – Nadja! – Sag jetzt endlich, was los ist, sonst tret ich die Tür ein!«

Mit einer Stinklaune fuhr ich zurück nach Hause, wo Erika und meine Eltern bei Würstchen und Kartoffelsalat saßen und auf Mitternacht warteten. Ich hatte erzählt, ich hätte einen Auftritt mit Blue System. Da staunten sie nicht schlecht, als ich plötzlich wieder in der Tür stand. »Auftritt geplatzt!«, raunzte ich in die Runde, dann verdrückte ich mich nach unten in mein Studio, um heimlich weiter Naddels Nummer zu wählen. Sie meldete sich mit »hallo«.

»Sag mal, du blöde Kuh«, machte ich sie an, »was sind denn das für Sperenzchen?«

»Ach Mensch, ach nö, ach ja, ach so! Ich bin noch bei einer Inventur gewesen, ich wusste gar nicht, dass wir nach Berlin wollen«, stotterte sie.

Ich schrie sie an: »Was für eine Inventur? Bist du bescheuert?« Ich roch natürlich den Braten: Sie ist kein Typ, der Farbe bekennt. Und weil sie natürlich nie zugeben würde, dass sie eigentlich keine Lust hatte, zweieinhalb Stunden nach Berlin zu fahren, und auch nicht die Courage besaß zu sagen: »Lass uns doch hier feiern«, kam eine ihrer klassischen Ich-stell-mich-doof-Antworten. Dieses Manöver war so rührend transparent und unbeholfen doof, dass ich sie nach zehn Sekunden schon wieder lieb hatte und alles nicht mehr so dramatisch fand. Sie hat in solchen Dingen die Raffinesse eines Shetland-Ponys, während Verona in ihren Tricksereien wie Kaa, die Schlange aus dem »Dschungelbuch«, ist – die erste Vorsitzende im Verein zur Aufrechterhaltung der eigenen Vorteilssicherung.

Viertel vor elf kam ich aus meinem Kellerverlies wieder zum Vorschein. Ich erklärte Erika und meinen Eltern, die etwas ratlos auf der Couch saßen und Fernsehen guckten, dass mein Auftritt nun doch noch stattfinden würde. An ihren Gesichtern konnte ich deutlich sehen, dass sie mir nicht für fünf Pfennig glaubten.

Wie ein Wahnsinniger düste ich Richtung Eppendorf, um Naddel einzutüten. Sie sah ganz toll aus, hatte die Haare über die Rundbürste glatt gezogen, was ich bei ihr immer besonders mochte. Auf Naddels Idee hin beschlossen wir, ins »Pulverfass«, einem Travestie-Schuppen am Steindamm zu gehen, um nun doch noch richtig Party zu machen. Ich hatte Magenschmerzen von der vielen Aufregung, bestellte ein Tässchen Kamillentee für mich und ein Gläschen Schampus für Naddel.

Einer von denen, die sich ihr gutes Stück nach achtern klappen, kam an unser Tischchen, erkannte mich und freute sich: »Hey, Bohlen, gibste ’ne Flasche aus?« In meinem Gefühlsdusel, Naddel an meiner Seite zu haben, kriegte ich nicht mit, dass plötzlich alle Transen auf meine Rechnung soffen. Als wir um vier Uhr früh gingen, hatte ich zehn Schampus-Flaschen à 600 Mark auf der Uhr.

Wir fuhren zum »Élysée«. Ich hatte drei Millionen verliebte Schmetterlinge im Bauch, wankte Richtung Rezeption und kritzelte mit schwerer Birne meinen Karl-Otto auf ein Formular. Manchmal hat es auch Vorteile, Bohlen zu heißen, du brauchst nämlich nie und nirgends einen Personalausweis. Innerhalb von zwanzig Sekunden waren wir im Fahrstuhl, fingen an zu knutschen und stürmten die Suite. Sex mit Naddel ist wie Eins mit Sternchen, Nudeln mit Trüffeln, Eis mit Sahne – da muss man nix können. Das kriegt selbst Ralph Siegel hin. Sagt er zumindest.

Noch euphorischer, als ich es war, konnte man nicht sein. »Komm, lass uns zusammen eine Wohnung nehmen!«, schlug ich Naddel vor.

Und sie: »Jupp!«

»Würdest du auch mit mir nach Berlin kommen?«, fragte ich.

Das hatte ich mir so ausgedacht. Ein bisschen räumliche Distanz zu Erika schaffen, ein bisschen Ruhe reinbringen in die Sache und das Ganze sponsern lassen von meinem Kumpel Theo Waigel. Wer nach Berlin zog, bekam nämlich zwanzig Prozent Steuerersparnis. Das würden fünfhunderttausend Mark sein, hatte ich mir ausgerechnet, davon konnte ich schöne neue Möbel kaufen.

Naddel sagte wieder »Jupp! Jupp!« und ich harpunierte sie endgültig: »Du, ich mach Ernst, ich komm morgen schon mit dem Möbelwagen und pack deine ganzen Sachen da rein!«

»Ja, gut«, kam noch von ihr, »alles roger!«

Drei Tage später besichtigten wir ein Penthouse in der Wissmannstraße am Berliner Königssee, hundertzwanzig Quadratmeter, allerbeste Lage. Von hier aus rief ich Erika an. »Du kannst gleich bleiben, wo du bist!«, beschied sie mir. Das war eine neue Seite an ihr: dass sie so ruhig blieb. Ich war gewöhnt, dass sie im Streit Spaghetti-Schüsseln an die Wand klatschte und laut wurde. Aber ich glaube, sie hatte meine Eskapaden endgültig dicke. Vielleicht war sie sich auch einfach nur ihrer Sache zu sicher. Sie wusste, wie abgöttisch ich die Kinder liebte. Deswegen dachte sie wahrscheinlich: Der kommt sowieso zurück. Lass den sich erst mal austoben. Ich stand in dem Ruf, zwar mit allem, was nicht bei drei auf den Bäumen war, rumzumachen, aber keiner meiner Freunde oder Bekannten inklusive Erika hätte jemals gedacht, dass ich mich von ihr trenne.

Heute betrachte ich es als die größte Sünde meines Lebens, dass ich meine Kinder verlassen habe. Ich kann nur jedem raten, der Vater ist, seine Familie auf ein Podest zu stellen. Denn der Schmerz, auf eine andere Frau verzichten zu müssen, ist nichts gegen den Schmerz, seine Kinder nicht mehr um sich zu haben. Ihnen nicht mehr über die Köpfchen streicheln zu können, wenn man abends spät nach Hause kommt und sie schon schlafen. Das Einzige, was noch schlimmer sein muss, ist, ein Kind durch einen Unfall zu verlieren oder weil ein Irrer ihm was antut.

Wenigstens konnte ich meine Kinder jedes Wochenende sehen. Wenn wir uns dann Sonntagabend dem Haus ihrer Mutter näherten, wusste Marci natürlich: Jetzt kommt das Abschiednehmen. Was dann passierte, kann ich mit Worten kaum ausdrücken. Marci blieb am Tor stehen, ich gab ihm noch einen letzten Kuss, sagte: »Tschüss, mein Kleiner, halt die Ohren steif!«, und stieg schnell ins Auto, damit er meine Tränen nicht mitkriegte. Beim Blick in den Rückspiegel des Autos sah ich, wie er dastand, winkte und lachte. Und ich dachte: Das sieht aber merkwürdig aus, dieses Lachen.

Ich stieg wieder aus und beim Näherkommen bestätigte sich mein Gefühl: Das war kein Lachen, sondern Heulen. Dieser kleine Zwerg wollte mir das Gefühl geben: »Papa, fahr ruhig!« Dabei war ihm ganz doll nach Weinen. Ich glaube, er war damals schon stärker als ich, denn nun fing auch ich an, laut zu schluchzen.

An dieser Stelle möchte ich etwas sagen, was ich erst viel später begriff: Eigentlich ist Erika die Göttin aller Frauen für mich, die Mutter aller Mütter, einer der tollsten Menschen, die ich je kennen gelernt habe. Meine Kinder sind zu hundert Prozent Erika. Dass sie so normal, so bodenständig, so toll sind, liegt an ihr. Als sie und ich uns im Oktober '94 nach siebzehn Jahren Beziehung scheiden ließen, behielt sie meinen Namen mit einer für sie typischen Begründung: »Die Kinder sind Bohlen. Und ich will so heißen wie die Kinder.«

Ich fuhr ein letztes Mal zu uns nach Hause, um nur einen Koffer mitzunehmen. Mit einem leeren Umzugslaster fuhr ich bei Naddel im Lehmweg vor. Es stellte sich raus, dass sie, wie praktisch, eine Etage unter sich noch ihren Freund wohnen hatte. Ich war perplex. »Ja, Mensch, dann musst du ja wohl mit dem jetzt mal reinen Tisch machen«, meinte ich. Woraufhin sie sagte: »Wart mal eben ab«, runterging, klingelte, dem Kerl sagte: »Du, es ist Schluss!«, ihr Kopfkissen aus dem Schlafzimmer holte und wieder nach oben kam.

Zusätzlich zu dem Kopfkissen beluden wir den Möbelwagen mit zwei blauen Mülltüten, in die sie ihre Wäsche gestopft hatte, und einem Rennfahrrad.

»Wo sind deine restlichen Sachen?«, wollte ich wissen.

Und sie fragte: »Wie, meine restlichen Sachen?«

Es gab noch ein paar Schulden zu begleichen und einen versifften Teppich zu ersetzen, dann zogen wir nach Berlin.

Der Tanten-TÜV

Ich lasse gern mal einen Testballon los, um auszuloten, wie die Lady so drauf ist, mit der ich unterwegs bin. Wenn in ihren Augen gleich die Dollarzeichen pling-pling machen wie in der Registrierkasse, dann ist sie nicht die Richtige für mich. Ich träume von einer, die mit mir zusammen ist, weil sie mich mag, und die nicht jede Umarmung dazu benutzt, mir in die Hosentasche zu greifen. Da leide ich an pekuniärer Paranoia.

Auf dem Weg zu einem Video-Dreh von Blue System hatten wir einen Zwischenstopp in Amsterdam. Ich wusste, dass es hier auf dem Flughafen einen ziemlich gut sortierten Duty-Free-Shop gab. Ich schob Naddel von einer Vitrine zur anderen, drin lagen traumschöne Cartier-Uhren, Preise ab zehntausend Mark aufwärts.

»Du kannst dir eine aussuchen. Sag, welche willst du?«

Naddel reagierte nicht so recht.

Ich drängte: »Komm, such dir eine aus, du kannst alle haben. Gefällt dir eine?«

Aber Naddel: »Nee, will nicht.«

»Komm, hab dich nicht so, du brauchst dich nicht zu genieren, ich mein es ernst!«

Und Naddel wieder: »Nö, wirklich, ich will nicht, ich mag nicht.«

Ich sag mal so: Verona später war eine Frau, die hätte vor der Scheibe gestanden und gesagt: »O super, ja doll! Ich nehm die goldene für sechzigtausend. Und dann bräuchte ich das Modell auch noch mal in Silber. Ich hab ja auch silbernen Schmuck, dann kann ich besser kombinieren.«

Das fand mein kleines Herz ganz toll, wie meine neue Freundin das Schaufenster voller Testballons meisterte. Und ich war mir einmal mehr sicher, dass sie die Traumfrau für mich ist.

Extra Kratzi

Naddel hatte es sich zur Angewohnheit gemacht, immer mit mir ins Studio zu kommen, wenn ich neue Titel produzierte. Da hockte sie dann von morgens neun bis abends zehn auf einem Stühlchen direkt neben mir und strickte Wollpullis der Marke »Extra Kratzi«, die nie jemand anzog und die deshalb immer gleich hinten im Kleiderschrank verschwanden. Wir waren jede Minute zusammen. Wenn uns überhaupt mal was trennte, dann war es die Klotür. Ich genoss diese absolute Nähe zu ihr. Doch manchmal wunderte ich mich, dass nie irgendwelche Freundinnen von ihr anriefen.

Dann kriegte ich durch Zufall mit, dass sie zu einer Anruferin am Telefon sagte: »Du, der Dieter hat mir verboten, mit dir zu sprechen.« Mir fiel fast der Unterkiefer runter.

»Hör mal gut zu, Mädchen!«, sagte ich zu ihr, und wir hatten unseren ersten riesengroßen Krach, »ich bin in einem Business, da wird von morgens bis abends nur rumgelogen und rumgesponnen und rumgeflunkert. Ich will nicht in einer Beziehung leben, wo das genauso ist.«

Ich war unheimlich verletzt, dass sie sich hinter mir versteckte, mich benutzte, um sich aus der Affäre zu ziehen, weil sie keine Lust auf das Telefonat hatte. Ich fühlte mich hintergangen, als Sündenbock für ihre Feigheit missbraucht. Außerdem hasste ich es, wenn ich einem dieses Anrufer in Natura begegnete und genau wusste, der dachte jetzt: Mensch, das ist diese linke Bazille, dieser Macho, der seine Freundin wegschließt.

»O nee« und »Mensch« und »Dieter, Entschuldigung!«, sagte Nadja, »das ist alles voll falsch rübergekommen.« Man kommt bei ihr vom Regen in die Traufe in die Waschstraße. Ihre Masche: Sie redet sich raus, dass sie sich rausgeredet hat. Und irgendwann erwischt man sich dabei, dass man zu ihrem Komplizen mutiert, der wie selbstverständlich ans Telefon geht und sagt: »Du, nee, die Naddel, die ist nicht hier! Nee, ich weiß nicht, wo sie ist«, während sie direkt neben einem auf der Couch saß und einfach nur keinen Bock mehr auf ihre Verabredung hatte. Und nicht selten fragte ich mich: Was treibst du hier eigentlich, Bohlen?, und hatte ein super ungutes Gefühl.

Rauchzeichen

Den ersten Zug an der Zigarette machte ich, da war ich fünfzehn und stand im Schulhof mit Kumpels in einer Ecke: »Hier guck, probier mal!« Und obwohl weder meine Mama noch mein Papa je geraucht haben, bin ich seither Stressraucher, der immer vor Auftritten pafft. Mit Naddel sollte alles anders werden, ich nahm mir vor, nicht nur diesem, sondern auch allen anderen ungesunden Lastern abzuschwören.

»Du, wie wär's, wenn wir ab sofort nicht mehr rauchen, nur noch ganz viel Gemüse essen und keinen Alkohol mehr trinken?«, fragte ich sie.

»Jo, tolle Idee«, ließ sie sich begeistern.

Sie kam als Background-Sängerin von Blue System mit auf große Russland-Tour. Sechs Wochen lang fassten wir keinen Glimmstängel an, tranken brav Wasser und kauten Gurken und Tomaten. Das Tolle an solchen Diäten ist ja, dass man denkt: Warum haben wir das nicht schon viel früher gemacht? und: Ist doch voll einfach! Und: In Zukunft nur noch so!

Zurück in Berlin, guckte ich von der Terrasse unseres Penthouse in den Garten runter und mir war, als ob Old Shatterhand Rauchzeichen an seine Indianerfreunde gibt: Da hockte Naddel heimlich in den Rhododendren und zog gierig an der Zigarette. Es gab Diskussionen, ich konnte es mir nicht erklären, sie konnte es sich nicht erklären, wir beschlossen, die Sache als Ausrutscher zu betrachten. »Nein, nein«, versprach sie, »das passiert nicht mehr wieder.«

Dann flogen wir First Class mit der Lufthansa nach Los Angeles. Ich hatte gerade die Schuhe ausgezogen, den Sessel runtergefahren und das Kissen zum Schlafen geknautscht, als das rhythmische Jiih!–jiih!–jiih!–jiih! der Feuersirene ertönte: Zwei Stewardessen machten sich hektisch an der Tür vom Bordklo zu schaffen und zogen Naddel aus dem Kabuff, die sich da verbotenerweise eine Marlboro angezündet hatte.

Nun muss man akzeptieren: Es gibt Pfützen, die sind nur drei Zentimeter tief und sie können nichts dafür, deswegen heißen sie ja Pfützen und nicht Meer. Ein Naturgesetz. Und Naddel war, was Tiefgang und innere Reflexion anbelangt, platt wie eine Flunder. Sie war jemand, wenn man da bohrte, kam man auf der anderen Seite gleich wieder raus. Ich wollte es nicht wahrhaben, dass da so gar nichts in ihr war, keine Motivation, keine Überzeugung, kein Widerstand, kein nix. Und wenn man auf Menschen wie sie Druck ausübt, dann sind die wie Gummibärchen: Die geben nach, um anschließend wieder in die alte Position zurückzuschnurren.

»Okay, Naddel«, sagte ich zu ihr, »dann rauch wieder.«

Titticon Valley

Schon als ich Naddel als 22-Jährige kennen lernte, hatte sie diesen Wahnsinns-Vorbau. Die nächsten acht Jahre versuchte sie mir zu erzählen, dass das bei ihr alles mit rechten Dingen zugegangen war, obwohl ich auch nicht blind und behindert bin.

»Du, Naddel«, sagte ich zu ihr, »ich komm doch nicht von einer Expedition vom Nordpol und habe erfrorene Hände! Mensch, ich spür da doch was!«

Doch dann meinte sie: »Du, Dieter, das sind alles Verknotungen, ja, Verknotungen sind das.«

Und ich: »Gib's doch zu, Naddel! Ist nicht schlimm, sag einfach die Wahrheit!«

Nun könnte man annehmen: Der Bohlen braucht das! Der kann gar nicht ohne Plastik-Tüten! Sonst hat er nix davon! Aber das ist Bullshit. Zufällig steh ich nun mal nicht auf Zwergenhausen, sondern auf groß. Und was groß ist, ist eben häufig auch mal nachmontiert. Doch eigentlich finde ich es viel schöner, wenn eine Frau dafür keine Nachhilfe braucht.

Eines Tages lag ein aufgerissenes Kuvert mit dem Schreiben eines Schönheitschirurgen auf dem Nachttisch. Ich überflog die Zeilen:

»Liebe Frau Ab del Farrag,
huhu und hallo!
Mensch, die zehnjährliche Inspektion ist fällig!
Schauen's doch mal vorbei.
Schöne Grüße,
Ihr Doktor Schnipseldibipsel«

In dem Moment, in dem ich's schwarz auf weiß in Händen hielt, meinte Naddel: »Hättest du dir ja denken können«, und ging reiten. Immerhin. Wir hatten uns einskommafünf Millimeter von der Stelle bewegt.

Der kleine Dieter in Gefahr

1990. Wie gesagt: Eins mit Sternchen, Nudeln mit Trüffeln, Eis mit Sahne – das ist das, was Naddel am besten kann. Das ist nicht gemein gemeint, sondern liebevoll. Sie hat auch mal Lob verdient.

Ich war mit vollem Eifer bei der Sache, als es plötzlich pfffffttt! machte, als ob ich mit dem Fahrrad über eine Dose gefahren wäre.

Mein bestes Teil hatte einen Platten. Ich hatte wahnsinnige Schmerzen, blutete wie Sau.

»Ruf einen Krankenwagen an, Naddel! Ruf einen Krankenwagen!«, stöhnte ich, weil ich nicht mehr in der Lage war, mich zu bewegen. Um mich herum war alles rot, der kleine Dieter wurde blau und schwarz. Innerhalb von Minuten sah er aus wie ein toter Aal. Naddel stand da und rührte sich nicht.

»Willst du mich hier verbluten lassen?«, schrie ich. Schließlich schleifte ich mich mit letzter Kraft zum Telefon und wählte die 110: »Einen Krankenwagen, schnell, ich bin verletzt, ich sterbe!«, röchelte ich in den Hörer.

Ich behängte mich und ihn notdürftig mit ein paar Kleidungsstücken, ich konnte ja nicht nackig ins Krankenhaus fahren. Dann, nach einer Zeit, die mir endlos schien, standen zwei Sanitäter vor der Tür. Die schmissen sich fast weg vor Lachen, den großen und den kleinen Brother Louie mal persönlich in Augenschein nehmen zu dürfen.

Sie packten mich auf eine Bahre, alles sabschte vor Blut. So wurde ich in die nächste Klinik gekurvt. Es war morgens zwei Uhr, kein Arzt mehr auf Station, nur eine Schwester, die grinsend an mir rumfummelte: »Na denn, zeigen Sie mal her, Herr Bohlen, was Sie da haben!« Ich wäre vor Peinlichkeit am liebsten unters Linoleum gekrochen.

»Das ist nur 'ne Prellung, das ist nicht so schlimm, das schwillt auch wieder ab«, meinte eine Notärztin, die sie angemorst hatten und die jetzt verschlafen aus irgendeinem Zimmer torkelte. »Kommen Sie morgen noch mal wieder.«

Aber eine innere Stimme sagte mir: Dieter, dein Badezimmer ist voll Blut! Das Ding sieht aus wie abgestorben. Du krepierst fast vor Schmerzen. Du gehst *nicht* nach Hause. Ich drehte mich in meinem Delirium zu Nadja, die mitgekommen war: »Schaff mich in ein anderes Krankenhaus!«

Wir landeten in der Charité. Hier guckte ein anderer Arzt drauf, der hektisch seinen Chef alarmierte, einen Crack of Pimmelfragen: Professor Huland, meine Rettung. »Wenn Sie auch nur drei Stunden später gekommen wären, Herr Bohlen«, meinte der Professor zu mir, »dann wäre das Ding nie wieder zu gebrauchen gewesen.«

In den frühen Morgenstunden wurde ich unter Vollnarkose notoperiert. Man schlitzte mich auf wie eine Makrele, dann wurde gestretcht, gezurrt, zurechtgerückt und gestichelt und alles anschließend wieder zugetackert. Auf dem Krankenblatt wurde notiert:

»Penisfraktur mit Ruptur der Schwellkörper«

Vor der OP musste ich ein Formular unterschreiben, das mich auf mögliche Impotenz als Folge des Eingriffs hinwies. Und wenn nicht impotent, dann bestand zumindest die Gefahr, dass mein kleiner Schlemihl in Zukunft einen Bogen machte. Und find erst mal eine Frau, die auch um die Ecke geht. Mir war angst und bange.

Ich bekam einen künstlichen Blasenausgang gelegt und konnte zwei Wochen nicht pieschern gehen. Als ich aus der Narkose aufwachte, nahm ich alles um mich herum wie durch einen Schleier wahr. Keine Naddel da, nur eine Krankenschwester, die mir einen Hörer unter die Nase hielt. »Ich hab hier jemanden am Telefon für Sie, der möchte Sie unbedingt sprechen.«

Und ich fragte mich, wer mich denn hier bitte anrief, und krächzte »hallo? hallo?« in die Muschel.

»Hans-Hermann Tiedje«, dröhnte es mir entgegen, »pass mal auf, lieber Dieter! Du hast jetzt genau fünf Minuten Zeit, mir zu erklären, warum du mit gebrochenem Pimmel im Krankenhaus liegst. Wenn nicht, finden wir es selbst raus.«

Ich weiß bis heute nicht, wer dem »Bild«-Chef den entscheidenden Tipp gab. Ich weiß nur, ich lag da in meinem geschwächten Zustand und kriegte einen Schweißausbruch. »Jaja, warte, warte, Hans-Hermann! Kleinen Moment!«, dann überlegte ich fieberhaft: Was sag ich nur? Was sag ich nur? In meiner Not erfand ich eine Geschichte:

»Also, Hans-Hermann, ich stand da so vorm Klo und dann ist mir die Klobrille auf das Dingens gefallen.«

Natürlich hätte ich viel schlauere Geschichten erfinden können: dass ich beim Fahrradfahren abgerutscht war, dass mich ein Pferd getreten hatte, aber das fiel mir alles nicht ein. Ich hörte nur, wie Hans-Hermann »wow! wow! wow!« ins Telefon machte und am nächsten Tag, dem 7. Dezember 1990, begrüßte mich die fröhliche »Bild«-Schlagzeile:

»Blutiges Drama im Bad – Dieter Bohlen fast entmannt!
Weiter auf Seite 17!«

Da stand dann:

»Alles zwischen Brille und Becken eingeklemmt!«

Mir war das Ganze hochgradig peinlich, aber meine Familie nahm die Angelegenheit anscheinend nicht auf die leichte Schulter und war sehr beunruhigt. Meine Mama kam mal wieder mit einem Kuchen und selbst Erika machte ihre Visite am Krankenbett.

Pulleralarm, die Zweite

Fünf Jahre später der gleiche Spaß. Diesmal war ich in Magdeburg in einer Suite vom »Maritim« und meine Gespielin hieß auch nicht Nadja. Wieder sah alles aus wie nach einem Kettensägenmassaker und die Hoteldirektion schickte mir später die Rechnung über die komplette Renovierung einer Suite inklusive neuer Tapeten. Ich hetzte in die Notaufnahme und rief gleichzeitig meinen Schniedelwutz-Experten Professor Huland über Handy an, der mittlerweile seine Schlangenfarm im Hamburger Uni-Krankenhaus Eppendorf betrieb: »Helfen Sie mir, helfen Sie mir!«

Und Huland meinte: »Spätestens in zwei Stunden müssen Sie hier auf meinem OP-Tisch liegen, sonst kann ich für nix garantieren.«

Ich war von den Magdeburgern an den Tropf gelegt worden und wollte jetzt einen Krankenwagen, der mich nach Hamburg fährt: »Das geht nicht«, hieß es kopfschüttelnd, »wir finden so schnell niemanden, der Sie fährt«, woraufhin ich tobte: »Dann fahr ich eben selbst!«

»Auf keinen Fall, Herr Bohlen, auf keinen Fall!«, versuchten sie mich zurückzuhalten. »Sie sind nicht verkehrstüchtig!«

Ich täuschte Einsicht vor, und in der Sekunde, als keiner guckte, fummelte ich den Tropf vom Haken, rannte zum Parkplatz, sprang in meinen Mercedes und warf die Flasche mit der Infusionsflüssigkeit auf den Beifahrersitz. Ich glaube, so schnell ist noch nie jemand von Magdeburg nach Hamburg gebrettert. Mir war alles scheißegal. Ich fuhr mit zweihundertfünfzig Sachen über den Standstreifen, das Blut lief mir aus der Hose auf den Sitz und von hier auf die Fußmatten und ich dachte nur: Entweder du schaffst das in zwei Stunden oder du gehst drauf.

Bleich wie Kreide kam ich in Hamburg an, und als ich diesmal aus der Narkose erwachte, meinte Huland zur mir: »Wenn das noch mal passiert, Herr Bohlen, dann wird's schwierig, dann müssen wir Ihnen da einen Reißverschluss reinnähen.«

Er versicherte mir, dass er noch keinen Patienten gehabt hätte, dem so was zweimal passiert wäre. Bescheiden, wie das so meine Art ist, habe ich von einem Antrag auf Eintrag ins Guinness-Buch der Rekorde abgesehen.

Ich hab keinen Koffer mehr in Berlin

1991. Die Hauptstadt machte mich krank. Keine vernünftigen Mohnbrötchen, in die ich beißen konnte. Kein Apfel, der mir richtig schmeckte. Aber vielleicht war das alles nur das Heimweh nach Hamburg. Dazu die räumliche Trennung von meinen Kindern, der Lärm, der Gestank dieser riesigen Stadt, das alles machte mich krank.

Ich hatte ein Brummkreiseln im Kopf, das schon da war, wenn ich morgens aufwachte. Und blieb, wenn ich die Augen abends wieder zumachte. Und wenn ich versuchte, mich auf einen Gegenstand zu konzentrieren, war alles wie ein Fernsehbild, das nicht feststand, sondern durchlief. Ich musste mich an Möbeln festhalten, um nicht zu fallen, und dachte, ich hätte einen Hirntumor.

Wieder mal war ich in der Klinik, und die Spezialisten waren fast enttäuscht, dass sie trotz ihrer schönen Computer-Tomographien in meinem Schädel nichts finden konnten. Ich mein: Sie fanden schon was, um Missverständnissen vorzubeugen, aber das war Hirnmasse und gesund.

Ich redete mir ein, alles würde besser, wenn ich wieder nach Hamburg ziehe. »Komm, Nadja«, meinte ich, »lass uns wieder umziehen.« Lieber keine Steuererleichterung, aber dafür wieder fit im Kopf.

Wir kauften eine kleine hübsche weiße Villa in Quickborn-Heide, wo gleich um die Ecke auch Mike Krüger wohnt und mit seiner Riesennase den Garten umpflügt, wenn er sich nicht gerade mit demselben Riechorgan in Sachen hängt, die ihn nichts angehen. Hier hatte ich Wald, hier hatte ich Pilze, hier hatte ich meine Kinder in unmittelbarer Nähe.

Wir zogen ein, mein Kopfschmerz und die Schwindelattacken waren wie weggeblasen, dafür wurden wir jetzt ständig ausgeraubt. Beim ersten Mal nahmen die Diebe nur die Standardsachen mit: Fernseher, Video, CD-Player. Nach getaner Arbeit mixten sie sich unten im Wohnzimmer noch ein Alsterwasser, während Naddel und ich oben schliefen.

Beim nächsten Mal klauten sie einen Mercedes-S-Klasse und alle meine Goldenen Schallplatten, weil sie wahrscheinlich dachten, Goldene Schallplatten sind wirklich aus Gold. Nach dem Motto: Zitronenfalter falten Zitronen.

Knapp einen Kilometer vom Haus entfernt im Wald führte mich die Polizei zum Fundort der Leichen: In der Absicht, das Gold einzuschmelzen, hatten die Täter versucht, die Platten aus ihren Rahmen rauszuschlagen, bis sie merkten, dass alles nur Messing und Blech war. Ein Feld der Verwüstung, man sprach mir Beileid aus. Besonders berührte mich: Unter den Opfern war auch meine erste Goldene mit Ricky King sowie seltene Exemplare aus Südafrika und Israel, wo man nicht eben mal anrufen konnte, um zu sagen: »Hey, schickt mir 'ne neue!« Ein wirklich sehr trauriger Moment.

»Alles kein Problem! Selbstverständlich«, sagte der Versicherungs-Fuzzi, »dafür sind wir ja da!« Ich bekam einen Scheck und kaufte mir einen neuen Mercedes-S-Klasse. Es dauerte keine vier Wochen, dann war der auch geklaut. Diesmal klang der Mann von der Versicherung schon anders: »Na ja, Herr Bohlen, Sie müssen aber auch schon ein bisschen aufpassen!«

Als Ersatz kam diesmal ein 500er-Coupé, in das Mercedes zum Schutz vor Diebstahl eine neuartige Wegfahrsperre eingebaut hatte. Das war toll, nützte aber nix. Denn aus Wut darüber, dass sich der Wagen nicht von der Stelle bewegen ließ, ermordeten sie ihn jetzt mit über hundert Messerstichen: Überall waren Löcher, in den Polstern, in den Reifen, an der Kühlerhaube.

Von wegen »dafür sind wir ja da«: Jetzt erhielt ich einen Brief, in dem stand:

»Wir sind eine Solidargemeinschaft, wir müssen leider davon Abstand nehmen, Sie in Zukunft zu betreuen.«

So kam es, dass Naddel und ich uns nach nur einem Jahr wieder ein neues Zuhause suchen mussten, damit uns überhaupt noch irgendeine Versicherung nahm.

Meine Villa Rosengarten

Oskar Lafontaine sagt immer: »Mein Herz schlägt links«, bei Peter Gauweiler ist's rechts und bei mir schlägt's im Karpfenteich. Ja, wenn's einen Ort gibt, an dem ich glücklich bin, dann hier: Beim Blick auf das von weißen Lilien, Hortensien und Feen-Ahorn umstandene Wasser. Mit Seerosen drauf, die weiß und rot blühen. Und Koi-Karpfen, die immer ein Vermögen kosten und die jedes Mal der Fischreiher wegfrisst. Das exklusivste Reiher-Aufzuchtsprogramm der Nachkriegsgeschichte, eine gute Mahlzeit kostet da schon mal 1000 Euro. Ja, hier wohnt meine Seele.

Auf der Suche nach einem neuen Unterschlupf für Naddel und mich war ich im Immobilienteil der »Welt am Sonntag«, unter der Rubrik »Objekt der Woche«, auf folgende Annonce gestoßen:

»Tötensen: Hundert Jahre alte Landhaus-Villa, bekannt aus der TV-Serie ›Die Guldenburgs‹, nutzbar als Botschaft, 13 000 Quadratmeter parkähnlicher Garten.«

Ich machte einen Termin – aber eigentlich nur, um mich in meiner Überzeugung bestätigen zu lassen, dass das Ganze nix für mich war: viel zu überkandidelt, viel zu elefantös.

Der Hausherr, ein ziemlich taffer Typ Anfang fünfzig, der sein Geld dadurch verdiente, dass er mit irgendwelchen Arabern in der Wüste irgendwelche Geschäfte ausdealte, bat Naddel und mich in die Empfangshalle, die mit schwarzweißem Marmor in Schachbrettmuster ausgelegt war. Vorbei an fünfundzwanzig Zimmern und zwei Kaminen, landeten wir schließlich im Wintergarten, wo er die Tür aufschloss und uns auf eine riesige Terrasse mit Blick auf den Garten rausschob. Es war Frühsommer. Ich riss die Augen auf, mir blieb die Spucke weg: »Wie«, fragte ich sprachlos, »gehört das alles zum Grundstück?«

So ein großes, wunderschön bepflanztes Areal, das sich hügelig bis zum Horizont erstreckte, hatte ich noch nie gesehen. Fünfundzwanzig Meter hohe Zypressen, zehn Meter hohe Eiben, dazu Ginkgo-Bäume, die mindestens sechzig Jahre alt waren. Alles im japanischen Stil angelegt. Unten im Tal glitzerte besagter Teich in der Sonne, darüber spannte sich eine rot lackierte Holzbrücke im Asia-Style. Dahinter machte ich ein von Bambus umwachsenes Teehäuschen aus. Und überall duftete es nach Azaleen und Rhododendren.

Ich war hin und weg. Wir hatten uns bestimmt schon hundert Häuser anguckt und mit einem Mal war ich mir sicher: Das ist das richtige.

»Das ist ja ein stolzer Preis, den Sie da haben wollen. Wir überlegen uns das besser noch mal!«, wollte ich gerade anfangen zu handeln, als Naddel, das Schusselchen, arglos ausrief: »Dieses Haus, Dieter, dieses Haus hier oder keins, das will ich!« Dieser Satz, bin ich mir sicher, kostete mich eine halbe Million Mark. Denn der Besitzer war auch nicht doof – anschließend ließ er sich nicht mehr um fünf Pfennig runterhandeln.

Für die gleiche Summe, die mich das Haus gekostet hatte, musste ich es anschließend renovieren lassen. Das Wasser kam noch aus Bleirohren. Die Wärmeisolierung war so schlecht, dass ich halb Tötensen mitheizte. Dafür kam mich die Möblierung spottbillig. Naddel machte keine Anstalten, auch nur einen einzigen Stuhl oder Bilderrahmen für unsere fünfundzwanzig Zimmer zu kaufen.

Es juckte sie nicht, wenn ich sie bat: »Warum machst du unser Haus nicht schön? Du weißt doch, ich steh da drauf. Kannst du nicht mal ein paar Kissen kaufen fürs Sofa? Kannst du nicht mal ein Zimmer machen?« Ihr war das egal, dass ich auf den Traum abfuhr, dass eine Frau für mich loszog und sagte: »Du, ich hab ein kleines Döschen gekauft. Du, ich hab was Hübsches fürs Schlafzimmer gesehen. Du, wollen wir nicht mal ein paar neue Handtücher kaufen?« Dafür machte sie es sich auf der einzigen Couch, die wir besaßen, gemütlich. Sie trank den ganzen Tag Sekt und guckte fern. Am liebsten die neuen Talkshows von Hans Meiser und Ilona Christen, wo sie sich schon am Nachmittag prügelten und Themen hatten wie: »Mein Freund wäscht sich seit sechs Wochen nicht. Hilfe, was soll ich tun?«

»Du«, drängelte ich, »ich hol auch gern ein paar Jaffa-Kisten aus dem Supermarkt, da können wir uns ja dann draufhocken!«

Und sie: »Ja, wenn du meinst«. Da ließ sie sich null aus der Reserve locken. Wobei: Heute bin ich mir nicht mehr sicher, ob sie »Jaffa« vielleicht für einen italienischen Designer hielt und deshalb die Idee ganz toll fand. Schließlich beschloss ich, dass mir Naddels nicht vorhandene hausfrauliche Ambitionen egal sein sollten. Ich löste die Möblierungsfrage, indem ich einen Inneneinrichter beauftragte: »Mach mir mal ein paar Vorhänge über die Fenster und sorg dafür, dass der Laden wohnlich wird.«

Links und rechts um das Haus kaufte ich auch noch sämtliche Koppeln und Weiden dazu, bis ich hunderttausend Quadratmeter beisammen hatte und mich wie John Cartwright auf der Ponderosa-Ranch fühlte. Ich schaffte mir Pferde an und einen Trecker, ein museumsreifes Teil von 1950. Den ich toll fand, weil vorne die verrosteten Buchstaben »DB« in die Motorhaube eingelassen waren, die zwar für den Hersteller David Brown standen, die ich aber als gutes

Omen empfand. Ich saß da auf meinem knatternden, stinkenden, lauten Diesel und säte Gras. Naddel lief so Little-Joe-mäßig nur noch in Karohemd und kuddeligen Gummistiefeln rum. Wir verbrachten Stunden im Stall und sogen den Geruch von Stroh und Pferde-Pipi ein. Oh happy days! Vier geniale Jahre, vielleicht die schönsten und glücklichsten, die ich mit Naddel hatte.

Adieu Bonanza!

1994. Mein Farmer-Dasein ging zu Ende, an einem Wochenende, als ich mir zwei riesige LKW-Reifen schnappte, um sie übereinander zu stapeln und an einer Kette hinterm Trecker herzuschleifen. Oben auf saßen meine Kinder und flogen wie auf Gummi-Ufos durchs Gelände. Wir checkten aus, wie weit man mit einem Trecker gehen kann. Und was Kiddies sind, die wollen natürlich alles ausprobieren und immer noch mehr: »O Papa, mach mal dies, o Papa, mach mal jenes!«, hieß es. Wir fuhren mit dem schweren Ding Böschungen runter und in Gräben rein und ab und an, wenn wir eine Straße überquerten, nietete ich auch noch ein paar schwarzweiße Begrenzungspfeiler um. Das fanden meine Kinder besonders toll. Aber was ein Stadtmensch eben nicht weiß: Treckerfahren ist auch unheimlich gefährlich und unberechenbar. Bei jedem Huckel sprangen die Gummi-Ufos hoch und die Jungs schrien begeistert »juhu!« und »schneller, schneller!«. Ich gab noch mehr Gas. Es machte röhr! und brumm, brumm!, bis ich mitkriegte, dass Marielin, meine Jüngste, die kurz nach meiner Trennung von Erika geboren war und die hinter mir auf dem Trecker saß, laut kreischte: »Halt an, Papi, halt an!« Da war Marvin schon durch das Loch in der Mitte gerutscht und fast von einem Zentner Gummi zu Mus püriert worden.

Ich zitterte vor Schreck. Gleichzeitig ärgerte ich mich maßlos über mich und meine Dummheit und fragte mich: Was braucht so ein beknackter Typ wie du auch einen Scheiß-Trecker? Bohlen und Trecker, das passte einfach nicht zusammen. Ich kannte mich: Ein paarmal machst du so was noch. Und wenn nicht jetzt oder morgen, aber irgendwann passiert es. Und was so ein Dieter Bohlen ist, da siegt auch irgendwann die Vernunft.

Ich legte den Trecker still. Und nachdem ich ein Jahr später Verona damit ein letztes Mal über meine Besitzungen kutschiert hatte, verkaufte ich ihn für dreihundert Eier an meinen Nachbarn.

Meisterin Lampe

Bei Naddel und mir war dreihundertfünfundsechzig Tage im Jahr Ostern. Nicht, was man jetzt denken mag: Juppdidu! Eiersuchen! Sondern ständig zog ich irgendwelche Überraschungen aus irgendwelchen Verstecken. Ob eingewickelt in Kommoden, ob hinter der Heizung oder den stets aufgeklappten Flügeltüren zum Flur, überall standen leere Sektflaschen, bevorzugte Marke: Freixenet. Als ergiebigste Flaschen-Fundgruben stellten sich unsere naturseidenen Wohnzimmer-Vorhänge in Butterfarbe raus, deren Volants sich bis zum Boden kringelten und hinter denen sich wunderbar gleich mehrere Buddeln verbergen ließen. Der Designer, der sich diesen Faltenwurf ausgedacht hatte, musste wohl selbst gern heimlich einen getrunken haben.

Ich wollte wissen: »Mensch, Naddel, was soll der Blödsinn?«, aber sie meinte nur lapidar: »Ist doch normal: Jeder Mann trinkt doch vier Flaschen Bier am Tag, warum kann ich dann nicht ein Fläschchen Sekt trinken?«

Doch es häuften sich die Situationen, in denen man merkte, dass das eben nicht mehr normal war. Nach einer Fernsehshow bei Dieter Thomas Heck, zu der Naddel mich begleitet hatte, kam meine TV-Assistentin Angelika zu mir: »Du, Dieter, ich hab gerade an der Bar deine neunzehn Sekt auf Eis bezahlt.« Und ich meinte: »Ey, bist du bekloppt in der Birne, ich hatte doch keine neunzehn Sekt auf Eis.« Dann guckte ich Naddel an, die ganz schnell den Kopf schüttelte: »Nee, nee, das war ich nicht!« Rein äußerlich merkte man ihr auch nichts an. Sie hat diese besonderen Gene, sie könnte sogar Harald Juhnke umsaufen und würde immer noch nicht schwanken und lallen.

Der kleine Dieter mit Hund (1959)

Mein Bruder Uwe (1960)

Uwe und ich (1960)

Kindheit in Oldenburg (1960)

Meine Mutter Edith (1964)

Urlaub auf Borkum (1964)

In jungen Jahren (1972)

Mit meiner Frau Erika (1982)

Meine Band Sunday (1981)

Die Band Urvogel (1970)

Die Tanzkapelle Dacapo (1974)

Modern Talking (1986)

Modern Talking (2000)

»Mensch, hast du heute schon was getrunken?«, wollte ich oft wissen, wenn ich morgens in die Küche kam und ihre Fahne roch. Dann sagte sie: »Wie kommst du denn darauf?« Und ich ging in die Speisekammer, wo hinter Konserven mit Serbischer Bohnensuppe, Miracoli-Packungen und Kirschen im Glas ein Glas Sekt sprudelte. Ich fragte: »Was ist das?«, und Naddel sagte: »Das ist alt, das stand da schon immer.« Wobei ich in meinem Leben kein Glas bei ihr gefunden habe, in dem nicht noch Kohlensäure perlte.

Irgendwann mitten im Winter kam sie morgens aus der Dusche und lief, weil sie keinen Führerschein hatte, zu Fuß mit nassen Haaren fünfzehn Minuten zur nächsten Tankstelle. Als sie wiederkam, sah sie aus wie ein Igel, weil ihre Locken auf dem Kopf zu Zacken gefroren waren. Als ich fragte: »Mensch, was wolltest du denn bei der Tankstelle?«, antwortete sie: »Ich bin los, um die Zeitung zu holen.«

Ich hatte das unbestimmte Gefühl, das kann eigentlich nicht sein, und ging nach draußen. Rechts neben der Eingangstür stand eine große immergrüne Eibe, ich dachte: Mensch, guckste mal hinter, Dieter!, da standen zwei Flaschen Blubberwasser im Schnee.

Ich kam dahinter, dass sie beim Einkaufen im »Edeka«-Laden in Hittfeld erst die normalen Sachen bezahlte, um dann den Alkohol extra übers Band zu schieben, damit er nicht auf dem Bon aufgeführt wurde.

Ich probierte es auf nett: »Naddel, warum tust du das?«, ich probierte es auf lieb: »Nadja, ich hab Angst um dich.« Ich bot ihr hunderttausend Mark: »Hier! Nimm«, aber sie sagte nur: »Nee, Dieter, da ist doch nichts dabei, dass ich ein bisschen was trinke! Stell dich doch nicht so an.«

Heute weiß ich: Man kann niemandem helfen, der das nicht will. Naddel wollte nicht. Ich glaube auch nicht, dass sie überhaupt fand, dass sie ein Problem hatte. Und wer nicht selber findet, dass er was ändern will, dem hilft auch nicht, dass der Partner vierundzwanzig Stunden am Tag auf ihn einschwätzt. Ich konnte Naddel nicht rund um die Uhr bewachen, damit sie keine Dummheiten machte. Auf der anderen Seite vergifteten ihre Heimlichkeiten und ihre Versteckspiele unsere Beziehung.

»Mensch, Frau Farrag, da müssen wir aber jetzt mal was machen!«, rief ich ihre Mutter an. Ich glaubte, ich hätte sie gleich mit im Boot, wenn ich ihr erzählte, dass ihre Tochter ewig durstig war. Sie würde sich ihre Tochter schon zur Brust nehmen. Von wegen: »Du! Du! Du!« Aktivierte Mama-Gene halt.

»Tja, ich weiß nicht«, blies sie die Luft durch die Backen, »Nadja ist erwachsen. Ich will mich da eigentlich nicht einmischen.« Sie war in etwa so engagiert, wie wenn ich ihr erzählt hätte, dass in Tasmanien die Riesen-Rüssel-Tatzen-Tapire von der Ausrottung bedroht seien und sie jetzt zum Retten kommen sollte.

1987 & 2000

Boys, Boys, Boys!

Oder: Das doppelte Sabrinchen

Ich kann's nicht erklären. Aber bei Frauen mit dem Namen Sabrina scheine ich gut anzukommen. Bei denen habe ich Schlag. Die stehen wohl genetisch auf mich.

Da hätten wir zum Beispiel Italo-Sabrina. Ein Mega-Sex-Symbol, die 1987 den Sommerhit »Boys, Boys, Boys« hatte. In dem dazugehörigen Pool-Video drückte sie mit ihren Möpsen immer so das Wasser am Beckenrand hoch wie Antje, das Pausen-Walross vom NDR. Eines Tages kam Thomas Stein von BMG-Ariola zu mir und sagte: »Du, wir sind am Überlegen, ob wir diese Sabrina signen«, was bedeutete, dass sie der Dame einen Exklusiv-Vertrag geben wollten. Verteilt auf drei Jahre sollte sie um die 900 000 Mark kriegen.

Meine Aufgabe war es, Sabrina in Hamburg zu treffen und auf Herz, Nieren und Hupen zu prüfen. Sie lief in meinem Büro auf, hatte einen linksseitigen Silberblick und war so hammermäßig scharf gestylt, dass ich dachte: »Bitte, was ist denn hier los?«

Wir gingen ins »Il Gardino«, einen In-Italiener in der Ulmenstraße. Leider saß ihr dusseliger Manager die ganze Zeit mit am Tisch. Irgendwann sagte sie: »Ich muss mal auf Toilette!«, und ich: »Oh, ich glaub, dann muss ich auch!«, und so ließen wir den Manager allein vor seinem Teller mit Thunfisch-Pizza sitzen. Vor dem stillen Örtchen griff ich mir das Fräulein, denn ich hatte gleich gemerkt: »Du, da geht was!« Nach zwanzig Minuten saßen wir wieder am Tisch.

Später am Abend fuhren wir noch auf einen Abstecher in ihr Hotel, das »Interconti«. Da fing es an, ein bisschen suspekt zu werden. Sabrina hatte einen Teddy-Bären, mit dem sie reiste und den sie auf dem Hotelzimmer auf den Nachttisch gestellt hatte. Kaum dass wir den Raum betreten hatten, fing sie an, wie ein kleines Mädchen an dem Ding rumzumachen. Sie kuschelte damit, sie herzte, sie liebkoste es. Und ich dachte die ganze Zeit nur: Hallo, ich bin auch noch da! Eineinhalb Stunden musste ich kämpfen, bis ich an Teddys Stelle rücken durfte. Schließlich lud sie mich ein: »Besuch mich doch mal in Genua!«

Sie holte mich mit dem Taxi am Flugplatz ab. »Bello?! Caro?!«, flötete sie. »Für den Rückweg nehmen wir aber doch einen Ferrari?« Was wie eine Bitte klang, war ein Befehl. Den 3er-BMW, den ich eigentlich gemietet hatte, fand sie definitiv zu popelig, um damit durch die Gegend zu fahren.

Von ihrem Haus aus, das ein bisschen oberhalb in den Bergen lag, hatte man einen sensationellen Blick über den Hafen. Die Sonne schien. Am Horizont ein paar hübsche Boote. Als Erstes gab's eine Wohnungsführung. Sie war sehr stolz auf ihre Inneneinrichtung. Ich fand's geschmacklos: alles düster, düstere Möbel, düstere Vorhänge, so gar nicht Haus-am-Meer-mäßig. Schließlich machten wir gebücktes Löffelchen auf dem Balkon. Und über Begonien und Popogonien hinweg genoss ich das beeindruckende Panorama.

Es stellte sich heraus, dass Sabrina darauf stand, wenn man sie beim Sex beschimpfte. Insbesondere Sätze wie: »Ohoho! Na warte, du unkeusches Luder! Jetzt züchtige ich dich!« hatten es ihr angetan. Doch schon nach der ersten Balkon-Runde gingen mir die »dirty expressions« aus. Auf Deutsch wäre das alles ja kein Thema gewesen, aber hier musste ich auf Englisch züchtigen. Ich rief heimlich bei Andy an und beschwerte mich: »Mensch, ihr schickt mich hierher und ich soll Geschäfte machen ... ich brauch sofort per Fax neue Schimpfworte ... auf Englisch, ihr könnt sie mir auch durchtelefonieren.« Ich erhielt umgehend drei eng getippte Seiten.

Zurück im Wohnzimmer, wo sie einen Fernseher mit Riesenbildschirm stehen hatte, legte Sabrina eine Kassette nach der anderen in den Videorekorder. Dann schauten wir uns Mitschnitte von irgendwelchen alten Auftritten an, wo sie zum 823. Mal »Boys, Boys, Boys« sang. Sabrina in England, Sabrina in Süd-Griechenland, Sabrina im Fichtelgebirge – sie hatte, um es gelinde zu formulieren, ein Schräubchen locker. Und weil es immer wieder derselbe Titel war, den sie da sang, dachte ich irgendwann, mir platzt das Hirn weg. Aber alle Angestellten um sie herum, schätzungsweise sieben Stück, angefangen beim Hausmädchen über ihren Fahrer bis hin zur Managerin, riefen die ganze Zeit: »Toll, wie du dich bewegst! Toll, wie du singst!« Toll dies. Toll das.

Wie die Italiener nun mal sind: Wir gingen in die Kirche, weil

Sabrina unbedingt zum lieben Gott beten musste. Sie opferte eine lange weiße Kerze, anschließend fuhren wir nach Hause und guckten uns wieder Genua vom Balkon aus an. Irgendwann zwischen zweimal Luftholen merkte sie an, dass sie ein Verhältnis mit einem superwichtigen Medienmenschen habe. Von wegen, sie würde auch mit einem der mächtigsten Männer Italiens pennen. Einem, der ganz viel Einfluss hätte. Und ich dachte: Höi! Höi! Hoffentlich kommt sie da nicht mit ihren Terminen durcheinander.

Am nächsten Tag gingen wir in Genua in ein Studio, wo ich ein Demo-Tape einlegte und ihr Texte in die Hand drückte, damit sie singen konnte. Mein Spruch zu Luis ist ja immer: »Wir bringen auch 500 Gramm Hackfleisch zum Singen«, aber bei Sabrina war absolut nichts zu wollen. Dafür war ihr Tross von bezahlten Claqueuren die ganze Zeit am Jubeln: »O Sabrina, das ist Klasse, o Sabrina, du klingst so schön!« Schön falsch vielleicht.

Ich machte mir die Entscheidung wirklich nicht leicht. Ich kämpfte. Ich rang mit mir. Aber am dritten Tag meines Aufenthalts rief ich bei der BMG in Berlin an und sagte: »An eurer Stelle würde ich den Vertrag nicht machen.«

Die Bum! Bum! Boris!-Sabrina

Sabrina Setlur und ich trafen uns im Dezember 2001 im Keller vom Hamburger »Vier Jahreszeiten«, wo die Zeitschrift »Gala« zweimal im Jahr ein paar Promis zum kostenlosen Bechern einlädt. Sie schickte ihren Manager rüber, weil sie mich kennen lernen wollte.

»Ja«, erklärte der, »da drüben, da hinten an der Wand, da sitzt die Sabrina und hält dir jetzt 'nen Platz frei.«

Ich ging rüber, setzte mich neben sie und war ganz lieb und nett: »Schön, dich kennen zu lernen!«

Und sie meinte: »Hey, Dieter, der Moses P und ich, wir finden dich ganz sympathisch. Weil du bist einer, der sagt immer die Wahrheit.«

Sie war ausgesprochen süß und sexy und gefiel mir richtig gut.

Wir redeten ein bisschen über dies und über das. Währenddessen, höchst mysteriös, rannte sie bestimmt dreimal mit ihrer Freundin Jazzy von Tic Tac Toe auf die Toilette. So viel Harndrang kann ein einzelner Mensch gar nicht haben, dachte ich. Sie verbrachte fast mehr Zeit auf dem Klo als auf ihrem Stuhl. Ich musste auch mal, außerdem bin ich neugierig wie Hulle. Wir trafen uns vor dem stillen Örtchen. Ein Blick, ein Wort, eine Berührung genügten, und wir schmusten los. Wir verdrückten uns noch nicht mal zwischen die Mäntel, obwohl genau gegenüber die Garderobe war und jede Sekunde ein Reporter hätte auftauchen können. So standen wir bestimmt fünf Minuten.

Zurück auf der Party, meinte Sabrina zu mir: »Komm, lass uns abhauen! Die von der ›Gala‹ haben mir zwar 7 000 Mark bezahlt, dass ich da bin. Und 'ne Suite und 'nen Fahrer hab ich auch gekriegt. Aber ich find's hier sterbenslangweilig.« Nun war es ein ganz normaler Montag, es gab also nicht so rasend viele Möglichkeiten, wo man noch hätte hingehen können. Also fragte sie: »Ja, was kann man denn jetzt noch machen?«

Ich fragte zurück: »Was willst du denn erleben?«

Und sie: »Irgendwas Verrücktes.«

Ich schlug vor: »Es gibt da das ›Dollhouse‹, da strippen Männer und Frauen. Hättest du an so was Spaß?«

Das fand sie irgendwie gut: »Ja, dann lass uns losziehen.«

Ich stand auf, wollte meine Sachen holen, doch Sabrina tat ganz überrascht und fragte vorwurfsvoll: »Wie jetzt? Hast du etwa niemanden, der deine Klamotten holt?« Und ich so: »Nee, ich hab zwei gesunde Arme, ich kann das selbst.« Sie schickte ihren Manager nach dem Mantel. Und ich so: »Ja, dann geh ich auch mal meine Jacke holen.«

Der Typ kam mit Sabrinas Mantel wieder und ich sagte: »Na, dann fahr ich mit meinem Auto hinter dir her bis zum ›Dollhouse‹.« Sie war wieder total konsterniert: »Was bist du denn für einer, dass du selber Auto fährst? Hast du etwa keinen Fahrer?«

Ich überließ meinen Ferrari meinem Freund Matthias, der uns folgen sollte, und stieg bei Sabrina ein. Die Fahrt Richtung Reeperbahn dauerte ungefähr zwanzig Minuten. Im Auto roch es wie in einer Haschhöhle. Ihr Chauffeur konnte vor lauter Qualm kaum noch durch die Scheiben gucken.

Im »Dollhouse« setzten wir uns hinten rechts in eine Ecke und orderten männliche und weibliche Stripper, denen Sabrina vorne Geld in den G-String steckte. Bei jedem Kleidungsstück, das fiel, schlug Sabrina demonstrativ die Hände vor den Kopf, als ob sie so etwas noch nie gesehen hätte. Um dann doch noch ganz genau hinzugucken. Dabei ist das »Dollhouse« ein Laden, in dem es gesitteter zugeht als am Strand von Mallorca – dort sieht man mehr nackte Backen. Aber Sabrina war wirklich voll süß mit ihrer gespielten Scheuheit. Bambi war nix dagegen.

Irgendwann um zwei beschlossen wir, zu ihr ins Hotel zu fahren, das »Hyatt« in der Mönckebergstraße. Damit niemand Verdacht schöpfen konnte, fuhr sie mit ihrem Chauffeur vor. Ich und Matthias kamen mit zwanzig Minuten Abstand im Ferrari hinterher. Leider hatte ich versäumt, mir ihre Handynummer geben zu lassen. »Hey, rufen Sie mal die Setlur an!«, meinte ich zum Typen am Empfang. »Und geben Sie mir dann den Hörer rüber.«

In der Sekunde – doof auch – kam meine Spezialfreundin Bea Swieczak von der Hamburger »Morgenpost« ums Eck: »Hallo Dieter, was machst du denn hier?« Gleichzeitig hörte ich Sabrinas Stimme aus dem Telefonhörer: »Hallo …? Hallo …?«

Während ich noch Bea in die fragenden Augen guckte, improvisierte ich eine Antwort: »Ja, öh … wie geht's?« – »Ja!«, lächelte Bea zustimmend, »danke, gut!« Während ich am Ohr Sabrinas Stimme hatte: »Häää? Wie soll's gehen? – Egal! Warte noch zehn Minuten und dann komm hoch. Mein Manager ist hier, den muss ich noch abschütteln.«

Ich legte den Hörer auf. Bea, die auch nicht blöd ist, tigerte die ganze Zeit um mich rum und inspizierte die Blumengebinde. Ich fühlte mich tierisch unter Beobachtung und auch mein Freund Matthias meinte: »Komm! Ist besser, wir verdrücken uns erst mal. Das wird hier zu heiß!«

Am nächsten Morgen telefonierten wir noch einmal, aber da musste Sabrina schon wieder nach Frankfurt zurückfliegen. Und am übernächsten Morgen, dem 6. Dezember, begrüßten mich Sabrina und Boris von der Titel-Seite der »Bild«-Zeitung. Rechts ihr Foto, links seines, dazwischen die Frage:

»Aus wegen ihr?«

Mit Interesse las ich, dass die beiden schon vor über einer Woche ein Stelldichein in einem Hotel hatten und jetzt ein Liebespaar waren. Pech, Dieter!, dachte ich. Diesmal nur zweiter Sieger! Wir stehen halt beide auf mixi-mixi. Irgendwie gönnte ich Boris diese Sabrina auch von Herzen. Ich halte sie nämlich für eine unheimlich komplizierte Lady. Und in meinem Leben hatte ich schon genug Stress mit komplizierten Damen. Mein Bedarf an Feldbüschen war gedeckt.

Dieters Hotel-Guide.
Oder: Eine Spur der Liebe quer durch Hamburg

Also noch mal, quasi zum Rekapitulieren:

♥ Die Italien-Sabrina traf ich im »Interconti«.

♥ Die Boris-Sabrina im »Hyatt«, womit wir fast die Hälfte aller größeren Hamburger Hotels abgedeckt hätten.

♥ Fehlt unter anderem noch das »Vier Jahreszeiten«, wo ein 60-jähriger Roger Whittaker auf mich wartete und über Musik reden wollte. Lust auf diese Story? Nö?

♥ Also erzähle ich lieber eine Anekdote von 1987 aus dem »Atlantic«, wo Daliah Lavi ihre Suite hatte …

Daliah Lavi war die erste Frau in meinem Leben, die ich näher kennen lernte, die falsche Dinger hatte. Andy führte sie mir zu, damit ich mit ihr eine Cover-Version eines Modern-Talking-Songs machte. Ich fand Daliah toll, seit ich sie als kleiner Junge in den Karl-May-Filmen gesehen hatte. In Oldenburg war ich extra ihretwegen immer ins Kino gerannt und hatte fast geheult, wenn die berühmte Melodie ertönte:

»Dam-daaam!-dam-dam-dam-dam-dam-dam-daaaam …!«

Daliah war auch die einzige Frau in meinem Leben, von der ich so richtig nach allen Regeln der Kunst abgeschleppt wurde. »Dieter, ich bin bei meinem Wahrsager gewesen!«, flunkerte sie mit ihren großen dunklen Augen. »Der hat mir prophezeit: Daliah! Dir wird ein attraktiver blonder junger Mann begegnen.« Und ich so: »Jaaaaa … nur weiter …!« Und Daliah: »Keine lange Geschichte, hat er mir gesagt. Nur eine kurze, heftige, spirituelle, körperlich astrale Vereinigung!« Und ich dachte: Jo! Okay du! Kein Problem! Kannst du haben.

Daliah nahm mich mit in ihre Suite im »Atlantic«. Eine wunderhübsche Frau, perfekt durchtrainiert. Noch nie in meinem Leben hatte ich eine ältere Lehrerin gehabt. Hier konnte der kleine Dieter noch mal richtig was lernen. Eine absolute Fachkraft. Eine Vollblutmusikerin.

Ach ja! Die geplante Platte, die bezeichnenderweise »In deinen Armen« hieß, nahmen wir auch noch auf. Sie floppte ganz normal.

1988
Jürgen Harksen
Oder: Der Felix Krull von Hamburg

Ich lernte Jürgen Harksen 1988 hinter den Kulissen vom »Fernseh-Studio Hamburg« kennen. Ein so un-epochales Treffen, dass ich mich noch nicht mal an den Namen der Sendung erinnern kann, in der ich da auftrat. »Hallo, Dieter Bohlen, ich bewundere Sie schon ganz lange!«, sprach er mich von der Seite an wie ein Fan.

Er war ausgesprochen komisch angezogen: seltsame Brille, ein bisschen dicklich, vierundzwanzig Haare auf dem Kopf. Visuell also total daneben, aber von der Art her supernett. Er war völlig firm, was mich anging, kannte alle meine Titel, wusste, was gerade wo wie in den Charts war, und schwärmte, dass er meine Musik so toll fände. Nach drei Minuten fing er an, mich zu duzen: »Wo arbeitest du?«, wollte er wissen. »Kann ich dich da mal besuchen?«

Ein paar Tage später fuhr er mit seinem dicken roten 500 000-Mark-Ferrari beim Studio 33 vor und klingelte.

Wenn man sich mit ihm unterhielt, ging das nur so: »Mein Auto, meine Villa, meine anderen Autos.« Er besaß ein Büro im Harvestehuder Weg in Hamburg, so eine Art Lindenstraße für Besserverdienende, wo auch Klausjürgen Wussow wohnte und sich immer mit seiner damaligen Frau zoffte. Außerdem hatte Harksen eine Riesen-Villa an der Außenalster und einen gigantischen Fuhrpark im Alstertal, wo die Luxuslimousinen von einem uniformierten Platzmeister wie auf einem Verschiebebahnhof immer hin und her manövriert wurden. »Heute will ich meinen goldenen Mercedes mit den Mahagoni-Armaturen und den schneeweißen Ledersitzen!«, rief er von seiner Villa aus den Platzmeister an. »Fahren Sie mir den bitte vor!«

Ob Rolls-Royce, Jaguar, Bentley oder Mercedes, da stand alles, was sich kleine Jungs in großen Träumen wünschen. Ich war biff und baff. Und dieser Jürgen Harksen sagte zu mir: »Du, wenn du irgendeines von den Teilen da fahren willst, sag nur Bescheid! Dafür kannst du mir bei Gelegenheit vielleicht auch mal einen Gefallen tun.« Ich fragte: »Was denn für einen Gefallen?« Und er: »Och, ich hab da ein paar Freunde, vielleicht wollen die auch mal 'ne Platte aufnehmen.« Und ich antwortete: »Du, das ist überhaupt kein Ding!«

Als Nächstes lud Harksen mich zu sich nach Hause in den Kritenbarg ein, eine der teuersten Hamburger Wohngegenden überhaupt: Direkt an der Alster, trotzdem mitten im Wald. Wo man sechs Millionen Mark mitbringen muss, wenn man eine kleine Barockvilla kaufen will. Und wo der Nachbar hinterm Gartenzaun Freddy Quinn heißt.

Harksen zeigte mir stolz seinen leeren Swimmingpool, auf dessen Grund ein paar italienische Mosaikleger hockten. Die hatte er gerade einfliegen lassen, damit sie ihm für 150 000 Mark aus Steinchen einen Delfin hinbastelten. Ich guckte mir das an und fragte: »Jürgen, wie sieht *das* denn aus?« Und er machte so ein kritisches Gesicht, runzelte die Stirn und befand: »Ja, Dieter, hast völlig Recht! Jetzt, wo du's sagst – find ich auch völlig daneben!«

Dann wurde er laut und prollerte ein bisschen neureich und asozial die Leute an: »Hey, kommt da mal raus! Ich will das so nicht, ich will das anders.«

Irgendwie war das so seine Attitüde, vor mir immer den Dicken zu machen: »Das muss alles weg hier, scheiß auf die 150 000! Ich will, dass da nächste Woche ein neues Bild ist.« Und ich war nur beeindruckt, wie egal ihm die Kohle war.

Das Haus selbst war voller »Bang & Olufsen«, das Feinste vom Feinen, was man sich musiktechnisch hinstellen kann. Allein in jedem der 15 Räume zwei Lautsprecher für 10 000 Mark. Was mich nur wunderte und was irgendwie nicht in die Inszenierung passte, war seine Uhr. Irgendein billiges Teil vom Grabbeltisch: »Kauf dir doch mal eine Stahl-Cartier!«, schlug ich vor. Da wusste er noch nicht mal, was Cartier ist.

Wir freundeten uns immer mehr an. Ich fragte ihn: »Sag mal, Jürgen, wo hast du eigentlich deine ganze Kohle her?« Und er erzählte mir, er käme aus Dänemark. Da hätte er als Anlageberater sehr erfolgreich Geschäfte gemacht und durch Firmenkäufe 1,4 Milliarden Mark verdient. Und wann immer ich in seiner Nähe war, knallte er das Geld so raus, dass mir ganz schwindelig wurde.

Er war unheimlich musikinteressiert, hatte ein gigantisches Plattenarchiv. Ich besorgte ihm Backstage-Pässe für meine Konzerte, und wenn wir mit Blue System ein Konzert im Kreml hatten, mietete Harksen mal eben eine Boeing mit 300 Plätzen. »Komm«, meinte er zu mir, »ich flieg euch da alle rüber.« Alle, das waren meine Band, mein Freund Andy, er selbst, seine Frau, die immer behauptete, dass sie Ärztin sei, und sein Schäferhund. Alle hatten wir eine ganze Reihe für uns – selbst der Wauwau.

Dann wieder war Party auf Ibiza, zu der wir mal eben mit dem Learjet düsen wollten. Jürgen und ich hatten uns am Geschäftsflieger-Zentrum Hamburg verabredet, doch ich hatte noch im Studio mit dem Mischen zu tun und rief ihn an: »Du, bei mir wird's später!« Zwei Stunden nach der geplanten Zeit holte ich ihn im Büro ab und mit seinem Rolls-Royce der Farbe »Midnight Blue« fuhren wir direkt aufs Rollfeld.

Der Pilot kam an und wollte mir mit großen Gesten zeigen, wo ich mich hinsetzen sollte. Dann beugte er sich über mich, um mir meinen Sicherheitsgurt festzumachen, und fiel dabei fast vor mir auf die Knie. Mir kam das alles spanisch vor und das nicht nur, weil wir nach Ibiza wollten. Ich fragte den Piloten: »Gibt's hier auch was zu essen?«, und von vorne aus Richtung Cockpit warf er mir eine geöffnete Dose mit Erdnüssen zu.

»Du, Jürgen«, sagte ich, »ich flieg hier nicht mit. Mit diesem Kerl stimmt was nicht, der kann sich ja kaum artikulieren!« Ich verwickelte den Piloten absichtlich in ein Gespräch. Und er so: »Oohloohllll! Ich flieg euch da schon hin.« Jürgen meinte: »Hey, Dieter, mach dir keine Sorgen, die fliegen ja sowie mit Autopilot.« Doch ich sagte: »Schluss jetzt! Jetzt ist Feierabend!« Wir verließen das Flugzeug.

Es stellte sich raus: Der Pilot hatte private Probleme, genauer gesagt, seine Frau war ihm abgehauen. Und die zwei Stunden Wartezeit auf dem Rollfeld hatte er dazu genutzt, die Minibar leer zu saufen. Fazit: Er war sternhagelvoll. Was Jürgen gleich dazu nutzte, einen Super-Deal mit der Airline auszuhandeln: drei Umsonst-Flüge quasi als Preis für unser Schweigen.

Er bot mir in seinem Headquarter im Harvestehuder Weg ein kleines Büro an. Zum Anschmecken ließ er für mich schon mal eine kleine Messing-Platte anfertigen, auf der stand:

Das Beste war: Das alles sollte es gratis geben. »Dann mach ich dir dies … dann mach ich dir das … hier kommt dein Riesenfernsehgerät hin … dann machen wir hier 'ne Dings hin und da 'ne Dongs … hinten kriegst du 'ne Kuschelecke …« Er konnte unheimlich gut verkaufen. »… und oben brechen wir die Decke durch, da kriegste 'ne Treppe rein und dann kannst du auf die Alster gucken.«

Die ganze Zeit kurvte ich flott in seinen Autos durch die Gegend. Er gab mir seinen neuen Bentley, ein 700 000-Mark-Teil mit 600 PS, mit dem ich in meine Garage in Bergstedt fahren wollte. Das Ding war zu klein oder das Auto hatte Überbreite – egal! – jedenfalls machte es auf beiden Seiten kkkkrrrrrzzzz und der Bentley war nun etwas schmaler. Ungefähr einen Meter steckte er festgekeilt in meiner Garagenöffnung. Ich legte den Rückwärtsgang ein, es machte kkkkrrrrrzzzz! in die andere Richtung und der geschätzte Schaden belief sich auf 40 000 Mark. Jürgen war das total Banane. Das interessierte ihn gar nicht, mehr noch, ich solle mir darüber bloß keine Gedanken machen, beruhigte er mich.

Acht Jahre später kachelte ich mal mit meinem Ferrari nach einer Modenschau in Hamburg in den Mercedes von Giorgio Armani. Er hatte mich zum Abendessen eingeladen. Wir wollten gerade im Autokorso losfahren, ich gab Gas, die hinteren Reifen drehten durch, der Wagen brach aus und drehte sich mit seinem Hinterteil so richtig schön – flaps – in Armanis Mercedes rein. Giorgio drehte locker das Fenster runter und sagte: »Amigo, kein themato!«, und ich darauf: »Ey, wunderbaro!« Dann gingen wir essen. Am nächsten Tag dann nix mehr von wegen »Amigo«. Da riefen seine dienstbaren Geister an und verlangten: »Hier, das und das muss bezahlt werden! Aber pronto!«

Ich mochte Harksens crazy Lifestyle, wie er mit Millionen um sich warf, als sei das Spielgeld. Er hatte was von einem Rock'n'Roller. Er lebte das Leben, von dem man denkt, dass es Rod Stewart führt. Wir hatten ohne Ende Spaß. Fast täglich kam er auf einen Sprung bei mir und Erika zu Hause in Bergstedt vorbei. Wir aßen zusammen. Wir gingen zusammen weg. Wir hockten bei ihm zu Hause in der Sauna – wir und eine Hand voll Mädels, die er noch eingeladen hatte. Für Ehefrauen kein Zutritt. Anschließend sprangen wir alle nackig in den Pool, becherten Schampus, die Hühner gackerten, und wenn Jürgen mit einem der Mädels nach oben aufs Zimmer verschwand, kümmerte ich mich aufopferungsvoll um die restliche Meute. Chaka-Chaka.

Die Einzige, die Jürgen nicht mochte, war mal wieder Erika. »Dem würde ich noch nicht mal zwei Pfennig anvertrauen«, sagte sie immer, »das sieht man doch sofort, dass das ein Hochstapler und Betrüger ist.« Doch ich war voller Bewunderung für Jürgens Taten. Ständig erzählte er mir: »Du, ich hab diesen Deal gemacht, du, ich hab jenen Deal gemacht.« Und während er mir das erzählte, kamen ein paar Pinsel-Künstler in sein Büro und hängten ihre Bilder Probe: »... ja, das Bild hier würde 800 000 kosten ... das hier drei Millionen ...« Und Jürgen war so drauf, dass er sagte: »Mensch, Klasse! Lasst doch alle da.«

Schließlich kam ein Ding, das mich endgültig davon überzeugte, dass er wirklich ein grandioser Geschäftsmann war. Ich saß mal wieder bei ihm im Büro und er fragte mich: »Ey, Dieter, möchtest du eigentlich mal meinen Einkommenssteuerbescheid sehen?« Ich nahm mir den Brief und da stand es schwarz auf weiß:

»Jahresverdienst 450 Millionen,
zu zahlende Steuern 200 Millionen«

Und ich dachte: »450 Millionen hat er letztes Jahr gemacht, nicht schlecht. Der Kerl muss ja wirklich pfiffig sein!«

Was ich natürlich nicht bedachte, war, dass im Prinzip jeder zum Finanzamt gehen und angeben kann, dass er sieben Milliarden Mark verdient hat. Und selbstverständlich kriegste dann einen Steuerbescheid vom Finanzamt: »Bitte zahlen Sie umgehend vier Milliarden Steuern.« Darauf muss man erst mal kommen, absichtlich einen zu

Im Jahr 2000

Mit Verona Feldbusch

1996

Nadja Ab del Farrag (2000)

Auftritt in »Wetten dass …?« (16. 10. 1999)

Nadja on stage (1996)

Meine Mutter und Estefania (2002)

Mein Vater (2002)

Beim Videodreh in Südafrika (2001)

Estefania am Set (2001)

Mit Estefania in Johannesburg (2001)

hohen Verdienst anzugeben. Denn natürlich denkt jeder, so bekloppt ist keiner, dem Finanzamt freiwillig die Steuern in die Taschen zu schaufeln. Und in der Tat ist es so, dass die Hansestadt Hamburg noch heute auf einer Milliarde Mark Steuerschulden von Harksen hockt, die sie natürlich nie im Leben bekommen wird.

Alles, was Harksen machte, war ausschließlich dazu gedacht, den Geld-Kessel richtig anzuheizen und auf Touren zu bringen. Das war der Trick, damit irgendwelche Blöden wie ich ihm ihr Geld zur Verfügung stellten. Er schaffte es, dass ihm ein renommiertes Wirtschaftsprüfungsinstitut in einem Branchenblatt attestierte, dass er über ein Privatvermögen von drei Milliarden Mark verfüge. Ein Schneeball-System: Die Leute sprachen darüber, der eine fragte den anderen: »Nein, wirklich, du hast investiert? Dann sollte ich es vielleicht auch mal versuchen.«

Auch ich war total eingelullt. Als Jürgen zu mir sagte: »Pass mal auf, gib mir 100 000 Mark, du kriegst in einer Woche 110 000 wieder, ich leg das mal für dich in irgendwelche Firmenanteile an«, dachte ich: Jo, geil!

Ich gab ihm 100 000 und eine Woche später kriegte ich 110 000 zurück. Drei Wochen später wollte er 200 000, und auch das funktionierte tadellos, ich kriegte 220 000 zurück. Die Beträge schoben wir immer bar über den Tisch. 200 000 stellt man sich ja so krimimäßig als Riesenbatzen im Aluköfferchen vor.

In Wahrheit ist das eine Größenordnung von drei Zigarettenschachteln. Mittlerweile liefen bei Harksen im Büro auch Leute wie Udo Lindenberg rum und hatten Kuverts voll Kohle in der Hand. Das war so, als ob einer »Goldader! Goldader!« geschrien hätte und alle waren jetzt am Claimabstecken. Die Summen nahmen astronomische Größen an.

»Du, Dieter«, erzählte Harksen mir mal, »ich hab da einen Deal am Wickel, da kriegt man 1300 Prozent wieder.« Und obwohl ich ein Mann bin, der von sich glaubt, dass man ihn eigentlich nicht bescheißen kann, gingen mir bei diesen 1300 Prozent nicht gleich die Alarmsirenen an. Sein Wort genügte mir. »Mensch«, meinte ich zu Jürgen, »wir sind doch befreundet, du würdest mich doch nie über den Tisch ziehen, oder?« Und er so: »Neee, Dieter, kannst dich auf mich verlassen!«

Nachdem wir nun schon eine Weile erfolgreich 100 000- und 200 000-Mark-Beträge hin und her geschoben hatten, kam Harksen und sagte: »Dieter, das bringt doch alles nichts, wenn wir hier nur mit Taschengeld spielen! Jetzt muss mal richtig was für dich rüberwachsen.« Eine halbe Million sollte es sein. Ich wollte irgendwelche Sicherheiten. Jürgen begann, mir Barschecks zu geben. Wunderbar! Nach drei Wochen kriegte ich 530 000 wieder.

Plötzlich, eines Morgens, war der Moment gekommen, wo ich erstmals nachhaken musste: »Sag mal, Jürgen, wo bleibt denn mein Geld?« Und er beruhigte mich: »Nee, sorg dich nicht, Dieter! Nächste Woche hast du das alles wieder auf deinem Konto. Und noch viel mehr.« Zur Beruhigung und als Sicherheit erhielt ich wieder ein paar Barschecks. Die Frist verstrich.

»Du, deine 800 000 hab ich da und da festsitzen«, lavierte er sich raus. »Da geht momentan einfach nix! Aber gib mir noch mal 'ne Million extra. Und wir können garantiert 1000 Prozent Gewinn rausziehen.« Diesmal stellte er mir einen Schuldschein für sein Haus aus. Außerdem bekam ich den Fahrzeugschein vom Bentley. Okay, dachte ich. In Ordnung, Dieter! Der Wagen ist 600 000 Mark wert. Und die Schecks hast du ja schließlich auch noch.

So hatten sich nach und nach drei Millionen Mark von meinem Geld bei Harksen angesammelt, aber der Kerl kam und kam mit der Kohle nicht um die Ecke. Ich bin ein nervöser Mensch. Eins und eins sind zwei. Jetzt begannen meine Alarmsirenen doch zu schrillen. Ich rannte mit meinem Stapel Schecks zur Bank. Am Privatkundenschalter im ersten Stock schob ich sie über den Tresen. Der Herr dahinter guckte mich ein bisschen mitleidig an. Dann gab er sie mir gestempelt mit dem Vermerk »nicht akzeptiert« wieder zurück.

Ich war fassungslos. Total aufgewühlt fuhr ich mit dem Schaltermenschen im Fahrstuhl wieder nach unten. »Das begreif ich nicht …

das geht nicht in meinen Kopf rein …«, setzte ich an, »… der Harksen hat mir doch immer erzählt, er hätte hier haufenweise Geld liegen, so um die 1,2 Milliarden Mark, hat er mir gesagt.«

Der Typ durfte ja nichts sagen. Aber er sah, dass ich zitterte, und es berührte ihn wohl auch, was mir passiert war. »Was, keine Milliarden hier?«, fragte ich. Er schüttelte leicht den Kopf. »Keine Millionen?« Er schüttelte wieder den Kopf. So ging das immer weiter, bis wir bei 50 000 Mark angekommen waren. Harksen hatte gerade mal 50 000 Mark auf seinem Konto. Das gab er sonst an einem Abend aus.

Ich lief los mit den ganzen Fahrzeugscheinen, die ich noch hatte. Es stellte sich raus, dass eine ominöse Leasing-Firma zwischengeschaltet war. Das Papier, das ich in Händen hielt, war praktisch wertlos. Der Schuldschein fürs Haus war ebenfalls nicht einlösbar, der Kasten war auf Harksens Frau überschrieben.

Harksen selbst, stellte sich raus, hatte es geschafft, so ziemlich jeden in Hamburg zu schmieren. Da hingen Politik und Wirtschaft mit drin. Als er mit 700 Millionen ins Ausland flüchtete, gab es Leute, die hatte er um 80 Millionen erleichtert. Ein bekannter Komponist hatte sein letztes Erspartes und die Rente von Mama und Papa beliehen, um bei ihm zu investieren. Apotheker mussten danach ihre Läden dichtmachen, weil sie sich für Harksen überschuldet hatten. Und ein Typ, dem mal eine ganze Airline gehört hatte, putzte anschließend für zwanzig Mark seine eigenen Flugzeuge.

Harksen zog eine Spur des Bankrotts hinter sich her, und zwei Tage, nachdem er den Tipp bekommen hatte: »Du, da kommt ein Haftbefehl, die wollen dich festnehmen«, setzte er sich ab. So hatte er noch genug Zeit, sein ganzes Haus leer zu räumen, ein Ticket zu bestellen und ganz locker nach Südafrika abzuhauen. Nur seinen geliebten Wauwi konnte er auf die Schnelle nicht mitnehmen. Deswegen charterte er – in so was hatte er ja Routine – eine ganze Boeing 707, um den Stolz deutscher Hundezucht nachträglich einfliegen zu lassen.

Anschließend kamen eine Menge zwielichtiger Leute zu mir und sagten: »Wir holen dir die drei Millionen wieder, Dieter!« Ich sprach mit meinen Anwälten und die machten mir klar, dass wir in einem Rechtsstaat leben und nicht mehr im Alten Testament – von wegen »Auge um Auge«. Andere Geprellte versuchten es. Die schickten Killer und Geldeintreiber nach Südafrika, die gleich am Flughafen verhaftet wurden. Es geht eben nicht, du kannst dir dein Eigentum nicht mit Gewalt holen, du kannst nicht hingehen und jemandem auf die Fresse hauen oder ihm eine Knarre an den Kopf halten und sagen: »Jetzt raus mit der Kohle!« Das geht in Deutschland eben nicht.

Drei Dinge habe ich aus dieser Angelegenheit gelernt. Erstens: dass man beizeiten aufhören muss zu zocken. Ich bin fest davon überzeugt: Jeder Mensch ist auf seine Art geldgierig. Deswegen muss man sich fest in den Kopf reinbimsen: Wenn jemand daherkommt, der dir eine Rendite von über zehn Prozent anbietet, dann kannst du ihn gleich wegschicken: »Tschüss, du Betrüger, das ist Quatsch!«

Zweitens wurde mir klar: Harksen hatte mir seine Freundschaft nur vorgegaukelt, was mich fast noch mehr enttäuschte als die verlorene Kohle.

Und drittens lernte ich, dass man aus seinen Fehlern nie was lernt. Denn Jahre später kam einer, der mich noch viel mehr hinters Licht führte als dieser Harksen: nämlich Ron Sommer, mittlerweile Ex-Vorstandsvorsitzender der Deutschen Telekom. Insgesamt habe ich in seinem Laden beim Kauf von Aktien ein paar Millionen versenkt. Ich stieg bei 80 Euro ein, dann kaufte ich wieder bei 70, dann bei 60, dann bei 50, schließlich bei 40 und 30. Und immer rieten mir meine Banker: »Mensch, Herr Bohlen, da steht der Staat hinter, da kann eigentlich nichts passieren.« Sogar mein armer kleiner Marci hat seine gesamten Ersparnisse aus Omi-Geschenken und Taschengeld in Telekom-Aktien angelegt und ist jetzt auch pleite. Ja, der Ron Sommer hat den kleinen und großen Bohlens wirklich böse mitgespielt.

1989
Engelbert
Humperdinck
Oder: Jäck wie Hose

In normalen Ehen liegt die Scheidungsrate bei 46 Prozent, das Gleiche gilt auch für Beziehungen zwischen Sängern und Produzenten. So erbte ich 1989 die amerikanische Primadonna Engelbert Humperdinck, die sich mit Jack White verkracht hatte. Es ging ums Geld: Als etablierter Künstler wollte Engelbert so was um die zwölf Prozent vom Erlös jeder CD, Jack rückte angeblich nur drei Prozent raus. Behauptete jedenfalls Engelbert.

Für Engelbert war ein Produzent wie der andere, alles »Jack« wie Hose sozusagen. Also trat die Plattenfirma an mich heran, ob ich nicht vielleicht Lust hätte, mich um ihn zu kümmern – wobei »Lust« ein nettes Wort für ein Projekt ist, das ich ohnehin nicht hätte ablehnen können. Als Produzent, der exklusiv bei der BMG unter Vertrag ist, muss ich theoretisch jeder Anfrage nachkommen, es sei denn, Maria Hellwig will rappen. Und wahrscheinlich würde man mich dann erst recht bitten, denn ich bin ausgewiesener Fachmann für Pflegefälle.

Und wie das so ist in dieser Branche: heute die Idee und am besten noch gestern die Umsetzung. »Übermorgen treffen wir Engelbert in London, dann will der ein paar Titel hören«, bekam ich plötzlich die Order. Da saß ich nun und machte dicke Backen, denn ich hatte noch nicht mal einen halben Song, geschweige denn gleich ein paar.

Ich setzte mich, wie ich das immer so mache, in mein Studio, schaltete das Keyboard ein. Klimperte ein bisschen auf den Tasten rum, sang ein paar Textideen dazu und ließ dabei ein Band mitlaufen. Das machte ich Stunde um Stunde. Komponieren ist für mich ein bisschen wie Mathe: Ich mache was dazu und drei im Sinn und einen lass ich fallen, bis zum Schluss der Song steht.

Mit den Ergüssen nur einer einzigen schlaflosen Nacht, sechzehn Titeln, meinem Anwalt und einem schlechten Gewissen flog ich nach England zu Engelbert in sein Landhaus. Sein Manager, irgendein Mister Murphy, hieß uns mit den Worten willkommen: »Hier wird jetzt erst mal was getrunken!«

Ich war total hibbelig und wollte am liebsten die mitgebrachten Demo-Tapes gleich auspacken und ins Abspielgerät schieben. Aber ich merkte: Alle, inklusive Murphy, meines und Engelberts Anwalt hatten tierisch Muffe, Engelbert meine Demos vorzuspielen. Offensichtlich hatten sie schon von den Dingern gehört. Meinen Demos eilt nämlich in der Branche der Ruf voraus, grottenschlecht zu sein. Ich bin regelrecht berüchtigt dafür, dass ich irgendwas aufs Band rotze und mir nicht wirklich Mühe gebe. Ich wiederum stehe auf dem Standpunkt, dass es völlig überflüssig ist, sich dafür anzustrengen, weil man im Studio ja doch wieder alles über den Haufen wirft.

Doch um den Vertragsabschluss nun nicht zu gefährden, sollte Engelbert jetzt erst mal etwas angebreitet und in eine schmusige Stimmung versetzt werden.

Als Engelbert ordentlich angeschiggert war und ich dachte: Ja, ja, ja, jetzt geht's los!, hieß es stattdessen: »Sooo! Und jetzt essen wir erst mal was!«

Schließlich, spät in der Nacht, spielte ich endlich meine Titel vor. Und auf einmal fingen alle mysteriöserweise an zu reden und mit den Füßen zu scharen, sodass Engelbert höchstwahrscheinlich pro Song maximal eine Strophe mitkriegte.

Die Strategie ging auf. Denn statt zu sagen »What a shit!«, meinte er nach jedem Song: »Joa, ganz hübsch … Nur mächtig viele Babys da bei dir drin!« Was stimmte. Jeder zweite Satz hatte so ein lückenbüßermäßiges »Baby, I love you baby … maybe baby … let's go baby …«

Nur eine Woche später gingen wir in Hamburg zusammen ins Studio. Engelbert trug Brillengläser mit geschätzten dreißig Dioptrien und stellte sich hinters Mikro. Ich nahm hinter der Scheibe Platz und Luis spielte ihm die Melodie von »Red Roses For My Lady« auf den Kopfhörer.

»Ich hör ja nix!«, klagte Engelbert.

Wir machten den Kopfhörer etwas lauter und Engelbert sagte: »Ja … jetzt hör ich was – aber so dumpf …!«

Daraufhin gab Luis Höhen rein. Und Engelbert: »Neeeee … immer noch dumpf!«

So regulierten wir weiter. Bässe, Höhen, hier noch was, da noch mehr. Luis war mit seinen Schiebereglern schon fast am äußersten Anschlag, aber Engelbert war und war nicht zufrieden zu stellen. Schließlich sagte ich entnervt zu Luis: »So, ich geh da jetzt mal rein und hör mir den Kopfhörer an! Vielleicht ist der ja im Eimer.«

Ich setzte mir den Kopfhörer auf: »Na, dann gib mal Gas, ob ich was hör!«

Luis zog die Regler wieder auf und ich hatte das Gefühl, da jagt dir ein Düsenjet durchs Gehirn. Ein Höllenlärm. Alles viel zu hell, viel zu grell, viel zu scharf. Dieser Engelbert musste fast taub sein. Jedem anderen wäre bei der Dezibel-Zahl längst das Blut aus der Nase gekommen.

Das Album »Step Into My Life« ging prompt in die Charts, schaffte schließlich sogar Gold. Doch wann immer Mr. Engelbert und ich uns per Zufall in irgendwelchen Sendungen trafen, zuckte er so komisch. Sein Verhältnis zu mir war eher winterlich. Für viele Stars ist es ein Problem, wenn sie von jemandem produziert werden, der selbst ein Star ist. Dann haben sie das Gefühl, sie werden nicht genug angehimmelt und beachtet. Aber das brauchen sie wie die Luft zum Atmen, wie der Fisch das Wasser, sonst wären sie ja schließlich nicht Künstler geworden.

Erschwerend kam bei Engelbert hinzu, dass er schon damals angereifte 54 war (selbst das wahrscheinlich noch eine geschummelte Zahl, der lag bestimmt schon länger im Regal). Vor jeder Sendung musste aus ihm erst mal wieder Engelbert gemacht werden: Dazu sprühte ihm sein Manager die Haare schwarz, er kriegte einen Schnauzbart angeklebt, obwohl er den eigentlich gar nicht wollte. Mit Händen und Füßen wehrte er sich: »Mensch«, meinte er, »ich seh doch auch ohne ganz gut aus.« Doch alle um ihn rum bestürmten ihn: »Nix, ohne bist du nicht Engelbert, deine weiblichen Fans stehen auf Schenkelbürsten.«

Für nach dem Konzert bestellte sein Manager ihm immer irgendwelche hübschen Mädels vom Escort-Service, sonst hatte Engelbert schlechte Laune und konnte schon vorher nicht singen. Er hielt sich selbst für einen Womanizer, aber wenn da überhaupt noch Frauen am Hintereingang auf ihn warteten, dann waren die 65 und wogen vier Zentner. Und alles, was sie von ihm wollten, waren wirklich nur Autogramme.

Ich glaube, die Existenz eines saftstrotzenden Dieter Bohlens von Mitte dreißig frustrierte diesen Engelbert in höchstem Maße. Das Nächste und Letzte, was ich von meinem Künstler hörte, war, dass er Ehrenmitglied bei Schalke 04 geworden war und man ihm ein paar Gallensteine rausoperiert hatte.

1989
Dionne Warwick
Oder: Whitneys Großcousinchen

Wenn es eine supertolle Frau gibt, dann Dionne Warwick, deren Mutter die Nichte der Eltern von Whitney Houstons Eltern ist. In den 60ern schon hatte sie so großartige Hits wie »Walk On By« und »I Say A Little Prayer« und ihre letzten waren »That's What Friends Are For« und »Heartbreaker«. Eines Tages, das war im Jahr 1989, stand ich mit meinem Freund Andy in Las Vegas vor ihrem Plakat:

Dionne Warwick in concert with Burt Bacharach

Burt war in Amerika der größte Komponist aller Zeiten, so einen gab's in Deutschland gar nicht. Höchstens Dieter Bohlen vielleicht. Das Konzert war total ausverkauft. Ich jammerte rum, denn ich wollte unbedingt noch eine Karte. Vom Hotel »Mirage« aus rief Andy den Veranstalter an: »I am hir wis se big mänager from Warner Chappell Gärmany und hi want's to si your concärt.« Was nur halb geflunkert war, denn immerhin war ich ja Warner-Abteilungsleiter.

Wir kriegten einen Platz direkt erste Reihe Mitte, so dicht an der Bühne, dass ich mit meinen Unterarmen auf dem Parkett lag, und Dionne musste immer ein kleines »n« laufen, um nicht über mich zu stolpern. Ich saß da, geplättet vor Ehrfurcht. Es gab keine Band, kein nix. Nur Dionne und Burt Bacharach, der sie – am Klavier sitzend – singend begleitete.

Dionne intonierte einen Welthit nach dem anderen und Bacharach brillierte dadurch, dass er keinen Ton traf. Wären da nicht ab und zu ein paar Textfetzen, ein paar Lyrics gewesen, die auftauchten wie ein U-Boot, man hätte den Hit nicht erkannt. Es machte mir unheimlich Mut, dass es einen Komponisten auf dieser großen weiten Welt gab, der genauso schlecht sang wie ich. In dem Moment machte es bei mir zonk! Und ich wusste: Mit *der* willste auch mal einen Song produzieren, Dieter.

Über Monti Lüftner kam ich an die Telefonnummer von Clive Davis, eine Art George Bush der Musikbranche, der schon Janis Joplin, Aerosmith, Earth, Wind & Fire und Bruce Springsteen zu Stars gemacht hatte, und ich fragte ihn höflich, ob ich ihm auch mal einen klitzekleinen Song schicken dürfte. »Yes«, kam die Antwort.

Ich flog nach Deutschland zurück, mietete für 20000 Mark ein komplettes Orchester und bastelte ein Monumental-Opus à la »Heartbreaker« aus Mundharmonika, Bratschen, Violinen und Celli. Ich nannte den Song »It's All Over« und mit der Karaoke-ready-for-Mitsing-Version stand ich vier Wochen später in Los Angeles wieder auf der Matte.

Mit meinen beiden Anwälten checkte ich im »Beverly Hills« ein. Per Kurier schickte ich Clive die Demo-Kassette, dann legten wir uns auf die Sonnenliegen am Pool und warteten.

Alle zwei Minuten flitzten Weltstars an uns vorbei: Charme-Bolzen Tony Curtis, Mr. Hasselhoff alias »Baywatch« und Jack White aus Deutschland, der sich verirrt haben musste. Und alle drei Minuten vermittelte der Operator über Lautsprecher die beeindruckendsten Telefonate: »Der Manager von George Michael will George Michael sprechen, der Agent von soundso ist in der Leitung für soundso«, und der Dalai Lama hat Sehnsucht nach Mickymaus. So ging das in einer Tour. Irgendwann nach Stunden sagte die Lautsprecher-Stimme: »Mister Clive Davis for Mister Dieter Bohlen!« Ich war so was von deeply impressed, man kann es gar nicht in Worten ausdrücken, auf einmal fühlte ich mich dazugehörig, voll integriert in die Reihe der Weltstars.

Davis sagte, dass Dionne »It's All Over« ganz, ganz Klasse fände und das Stück gerne singen würde. Ich nutzte die Gunst der Stunde und tütete mich als Duettpartner gleich mit ein: »Haben Sie was dagegen, wenn ich da auch mitsinge?«

»Ohh, natürlich nicht, mein Lieber!«, gurrte Davis. Alles war unheimlich unproblematisch.

Ich war euphorisch, immerhin hatte Dionne vorher mit Größen wie Elton John, Stevie Wonder und Gladys Knight gesungen, und in dieser Liga in Amerika mitmachen zu dürfen, da kommt schon Freude auf. Wenn man, so wie ich, bislang eigentlich immer was auf die Mütze gekriegt hatte für seine Texte à la »Cheri Cheri Lady«, dann war das wie ein Ritterschlag – mehr noch! – eine Art Heiligsprechung, die Aufnahme in die Champions League der Musik. Ein

Weltstar wie Dionne ließ sich nicht nur von mir produzieren, was an und für sich schon ein unheimlicher Vertrauensbeweis war, sondern sang auch *meine* englischen Texte. Ich glaube, dass es keinen anderen deutschen Komponisten gibt, der für irgendwelche anderen amerikanischen Superstars irgendwelche Texte schreibt.

Der Tag endete mit einer zweiten Belohnung, denn gleich gegenüber in einer Cabana lag eine Frau, die wir schon seit dem Vormittag alle angestarrt hatten, weil sie einen Body hatte wie Pamela Anderson. Um halb fünf nachmittags dann, eigentlich wollten wir gerade aufs Zimmer abhauen, kam sie rüber und fragte: »Kann ich deine Liege ein bisschen drehen, dein linker Fuß ist nicht mehr in der Sonne.« Von wegen nahtlos braun, blabla, was ich als Anmache unheimlich süß fand.

»Ja, dann dreh mal meine Liege!«, sagte ich.

Heute heißt es immer, der Bohlen würde bei den Frauen nur landen, weil er ein dickes Auto fährt und viel Kohle hat, aber ich finde, das ist der Beweis, dass die Mädels auch so auf mich abfahren. Jedenfalls: Meine beiden Anwälte staunten Bauklötze und ich fing an, mich mit der Lady zu unterhalten. Sie wollte wissen, was ich so mache. Ich fragte sie, was sie so macht, es stellte sich raus, dass sie Miss California war. Unser Kennenlern-Gespräch endete nach circa dreißig Minuten in der unteren Etage des »Beverly Hills« auf der Herrentoilette. Da hatte ich, glaube ich, etwas vergessen.

Ich war mit Dionne in den »Lions Studios« in Downtown Los Angeles verabredet. Sie ließ mich drei Stunden warten und drei Stunden lang rutschte mir das Herz immer ein bisschen tiefer in die Hose: Sie kommt, sie kommt nicht, sie kommt, sie kommt nicht … Wie ein kleiner Junge stand ich am Fenster, hoffte, dass sie doch noch erscheinen würde, und sah mich in Gedanken vor der Plattenfirma stehen und erklären, warum auf der 20 000-Mark-Kassette nichts war außer Bratschen und Mundharmonikas. Schließlich kam sie doch vorgefahren in einem Jaguar-Cabrio, fünf Betreuer im Schlepptau.

Sie war reserviert, wir machten ein bisschen Small Talk, schließlich meinte sie: »Okay, let's warm up.« Nachdem sie sich ein bisschen eingesungen hatte, nahm sie den Zettel mit dem Text, packte ihn aufs Notenpult und fing an, meine Nummer zu singen. Das heißt, ich nehme an, dass es meine Nummer war, denn erkennen konnte ich sie nicht. Das, was sie da sang, hieß zwar »It's All Over«, aber die Melodie war so richtig schräger Free Jazz. Mein Kopf wurde immer röter, ich selbst immer nervöser, ich dachte, ich kollabier gleich. Bei alledem änderte sie aber nicht eine Silbe am Text, von wegen: »Was ist das hier für ein Englisch?« Von Zeit zu Zeit fragte ich nach: »Okay, Dionne, are you ready?«, aber sie sagte dann immer »Nee, nee, ich muss noch ein bisschen singen«, und wuschelte und muschelte weiter auf meiner Nummer rum. Schließlich, es waren bestimmt neunzig Minuten vergangen, gab sie mir ein Zeichen: »Okay, I'm ready!« Ich drückte auf Rot wie »Aufnahme« und Dionne? Die sang die Nummer auf die Milli-Note genau so, wie es vorgesehen war. Eineinhalb Stunden hatte sie nur rumgeflachst und ihren Schabernack mit mir getrieben.

Wir nahmen im ersten Durchlauf ihre Stimme auf, im zweiten Durchlauf meine und im dritten Durchlauf lagen wir uns in den Armen. Alles Friede, Freude, Warwick.

Anschließend drehten wir im Studio noch einen Video-Clip und machten ein Foto-Shooting. Dionne versprach, für die Promo des Songs nach Deutschland zu kommen und alle – Clive Davis, meine Plattenfirma, Andy – waren restlos und total begeistert, was wir da Feines produziert hatten. Von wegen »Heartbreaker, die Zweite«, ich sah mich schon mit einem Grammy in der Hand in Amerika.

Dionne wurde auf Kosten der Plattenfirma eingeflogen, mit ihr First Class unterwegs waren eine eigene Make-up-Artistin, eine Dame für die Bühnengarderobe und ihre acht Schwippschwägerinnen, die alle eigene Suiten im Hotel belegten. Am Abend vor der TV-Premiere unseres Songs feierte mein Freund Monti seinen Geburtstag. Dionne kam, um auch für ihn »That's What Friends Are For« zu singen. Ich glaube, ich hatte mich mittlerweile ein bisschen in sie verliebt, so wie kleine Jungen eine Jennifer Lopez anhimmeln. Der Song war zu Ende, Monti drückte sich eine Träne ab und Andy fragte: »Was möchtest du trinken, Dionne?« Das war ein Fehler. Sie wollte Champagner, und zwar nicht irgendeine x-beliebige Marke, sondern eine ganz bestimmte Magnum von Neunzehnhunderthaumichtot, die Flasche zu einem Vermögen. Und eine Pulle reichte nicht, denn natürlich waren auch ihre acht Schwippschwägerinnen mit von der Partie. Immerhin: Den Anschiss von der Plattenfirma kriegte Andy, nicht ich.

Als die Fernsehsendung kam, wurde Dionne als Superstar von vorne bis hinten behuddelt und bepuddelt. Ich, der Dieter aus Oldenburg, lief in zweiter Reihe mit. Das Playback ging los und stolz wie Oskar sang ich »It's All Over«. Der Name der Nummer war Programm, alles war wirklich vorbei und »over the Schmerzgrenze« sozusagen. Meine Fans hatten, glaube ich, »Midnight Lady dadidada« erwartet und nun fragten sie sich: Was macht Bohlen denn da mit der Mama von Naddel? Die hatten natürlich keinen blassen Schimmer, wer Dionne Warwick war, geschweige denn die Ehrfurcht, die ich vor ihr hatte. Als wir fertig waren mit unserer Darbietung, brandete kein Beifalls-Orkan los, eher die Abteilung Höflichkeits-Applaus. Die Charts eine Woche später bestätigten, was ich ohnehin schon wusste: Nicht der Superhit, auf den wir spekuliert hatten, mehr eine Art Blindschleiche auf Platz 70.

Da hast du nun endlich mal eine Nummer gemacht, Dieter, die nicht so vordergründig kommerziell ist, und dann geht das Ding so einfach unter, dachte ich.

Wobei, korrekter formuliert müsste man sagen: Sang- und klangvoll kackte mein Traum ab. Ich beschloss: Nie wieder ein Song für die Kritikerloge. Ab jetzt nur noch für die Ränge und das Parkett.

1989

Nino de Angelo

Oder: Der Extra-Klacks Sahne

Wenn eine Portion Lasagne singen könnte, hieße das Gericht Nino de Angelo: dieses sanft Hinuntergleitende in der Stimme! Dieser kuschelige Wärmflaschenfaktor. Dieser unglaubliche Geschmacksumfang von Hoch bis Tief: weit oben ein Klang wie die Bee Gees und unten ganz, ganz weich und schmusig mit viel Volumen. Das alles ist Nino. Das alles hat es mir angetan. Ich bin mir sicher: Würde man dieses 1,69 m große Gefühlspaket sezieren, fände man irgendwo auf seinen Stimmbändern einen kleinen italienischen Gondoliere vom Canale Grande. Nun muss man wissen – Titelschreiben folgt normalerweise der Regel: Du als Komponist lieferst 100 %, dein Künstler macht daraus 80. Aber Nino? Der schafft locker 150. Er ist für einen Komponisten wie »Creme Double« von Dr. Oetker: Sein Können gibt dem Song den Extra-Klacks Sahne.

»Komm!«, schlug Nino eines Tages vor. »Lass uns mal in die ›Amphore‹ gehen!« Die »Amphore« war ein fies-berüchtigter Tingeltangel-Schuppen auf der Reeperbahn. Dazu muss man wissen: Ende der 80er war St. Pauli noch wild. Da gab's dort noch keine Betriebsausflüge und Omis auf Kaffeefahrt. Wer sich in der »Amphore« was zu trinken bestellen wollte, musste damit rechnen, dass es mitten auf dem Tisch zwischen Aschenbechern und Gläsern mit Salzstangen richtig zur Sache ging.

Nino bestellte zwei Whiskey, die laut Getränkekarte 150 Mark kosten sollten: »So bitte! Prost!«, sagte der Barkeeper. »Das macht 250!« Natürlich merkte Nino, dass man ihn über den Tisch ziehen wollte. Doch statt sich zu beschweren, sagte er nur: »Stimmt so!« und reichte einen Fünfhunderter rüber.

»Sag mal, Nino, bist du verrückt? Was machst du denn da?«, machte ich ihn an.

Doch Nino guckte mich nur groß an: »Ja«, meinte er so, »ich will diesem Kellner beweisen, dass er mich nicht verarschen kann. Das soll ihn beschämen.«

Und ich: »Ey, Nino, das ist ja vielleicht 'ne Denke!«

Aber er ließ sich nicht beirren: »Nee, lass mal, Dieter, die sollen merken, mit wem sie's hier zu tun haben.«

Wir süffelten unseren Whiskey runter. Kaum war das erste Glas leer – »noch zwei!« –, schmiss er auch schon die nächsten Runde. Und obwohl es ihm finanziell nicht so prickelnd ging, ließ er es sich nicht nehmen, immer die Zeche zu zahlen: »Nino, bist du beknackt?«, fragte ich. Aber er meinte nur: »Nee, lass stecken, Dieter! Das mach ich jetzt!« Ich glaube, er liebte diese Geste. Er brauchte das Gefühl, niemandem einen Gefallen schuldig zu bleiben. Alles ein bisschen crazy – so war halt Nino, aber ich stand da drauf.

»Du, meine Frau, die Judith, die ist beim Wahrsager gewesen!«, erklärte mir Nino eines Tages. Beruflich herrschte bei ihm seit längerem Flaute. Sein letzter Hit mit »Jenseits von Eden« war von anno Asbach. »Also dieser Typ da, der hat zu der Judith gesagt: Du, dein Mann, der wird einen ganz tollen anderen Mann finden. Und gemeinsam machen die ganz viele neue Sachen.« Im Scherz kniete sich Nino vor mich: »Dieter! Wenn du mich einmal in meinem Leben noch in die Charts bringst, dann bin ich dir für alle Zeiten dankbar.«

Ich hatte gerade den Soundtrack für »Rivalen der Rennbahn« zu besetzen – Ninos Chance: Ich gab ihm »Samurai«, den Titelsong. Damit schaffte er es nach sechs Jahren auf Anhieb wieder in die Charts, wo er 14 Wochen blieb.

Die Gelegenheit war günstig für neue Projekte. Im selben Jahr, also 1989, war ich zusammen mit Ralph Siegel und Tony Hendrik, der damals »Bad Boys Blue« machte, aufgefordert, einen Titel für den Grand-Prix-Vorentscheid im Deutschen Theater in München beizusteuern. Ich ging mit »Flieger« an den Start. Wieder war Nino mein Sänger. Ich musste ihn quasi umdrehen, denn ein paar Wochen vorher noch hatte ich ihm eingebimst: »Ab sofort singst du nur noch Englisch!« Jetzt kam ich wieder mit einem deutschen Song um die Ecke. Aber damals waren die Regeln noch strikter. Als Deutscher durfte man beim Grand Prix noch nicht ausländisch singen.

»Du und ich, wir sind so hoch geflogen
vor gar nicht langer Zeit.
Ein Flugzeug voll mit jungen Träumen
stand für uns bereit.

Das mit uns war so groß,
wir eroberten den Himmel.
Warum ließt du mich nur los,
ohne Fallschirm in der Nacht?«

Auch jenseits der Alpen machte man sich Gedanken über einen duften deutschsprachigen Titel. Hans Beierlein, die graue Eminenz der Volksmusik, kam auf mich zu und hatte gleich ein Päckchen Geld mitgebracht: »Österreich möchte, dass du für den Grand Prix einen tollen Beitrag schreibst.« Dann schob er ein paar hunderttausend Mark rüber. Bis dahin hatte man hier immer so schlecht abgeschnitten, dass jeder sicher sein konnte: Wenn zwanzig Nationen an den Start gingen, machte Österreich unter Garantie Platz zweiundzwanzig. Den bösen Zauber hoffte man nun zu brechen, indem man zwei Profis wie Beierlein und Bohlen anheuerte, die zusammen den Sieg für Österreich schon einsacken würden.

Ich schrieb »Nur ein Lied« und ließ mich breitsabbeln, mit Thomas Forstner als Sänger vorlieb zu nehmen. Den fand ich eigentlich nicht gut genug, aber meinen akustischen Schmerz linderte ich, indem ich in Gedanken das Geld, das ich kriegte, zu Rollen formte und als Trichter ins linke und rechte Ohr steckte. Und siehe da! Mit einem Mal klang das, was ich da hörte, schon viel besser.

Um sicherzustellen, dass Österreich endlich mal unter die ersten zehn kam, hatten die TV-Gewaltigen vom ORF sogar den Fernseh-Vorentscheid abgeschafft. So waren sie nicht vom fehlgeleiteten Geschmack der eigenen Landsleute abhängig. In Österreich brach eine mittlere Kulturrevolution aus. Man muss sich das so vorstellen: Zwei Länder, die sich in der Geschichte des Grand Prix nie gegenseitig Punkte gegeben hatten, die sich spinnefeind waren, teilten sich auf einmal einen Komponisten. Das war wie der Untergang des Abendlands. »Hat Österreich denn keine eigenen Komponisten mehr?«, empörten sich die Zeitungen. Das sei ja quasi die Bankrott-Erklärung des nationalen Liedguts.

In Deutschland lief währenddessen munter der deutsche Vorentscheid. Hape Kerkeling moderierte. Nervöse Stimmung, denn das erste Mal konnten die Zuschauer direkt nach der Sendung anrufen. Televoting nannte sich das neue Sytsem. Ich war mir durchaus bewusst: Alle warteten nur darauf, dass ich jetzt mal eine Klatsche kriegen würde. Mein Dauer-Erfolg mit Blue System und dem Soundtrack zu »Rivalen der Rennbahn«, dem erfolgreichsten Soundtrack der deutschen Fernseh-Geschichte, war vielen super unheimlich. Zeitweise waren sieben Titel gleichzeitig von mir in den Charts. Noch kurz bevor die Punktezahl verkündet wurde, ulkte Hape: »Hey Leute! Noch ist Bohlen nicht verloren!« Es herrschte unverhohlene Schadenfreude, denn alle waren sich sicher: Das Verlesen der Punktzahl würde für mich wie ein Tritt in den Hintern sein. Dann stand das Ergebnis fest: 14 625 Stimmen für »Der Flieger«, und damit erster Platz. Auf Platz drei – mit 7973 Stimmen weit abgeschlagen – mein Freund Ralph Siegel, das alte Knautschkissen. Viel versprechender Name seines Songs: »Ich hab Angst«. Damit hatten wir das Ticket nach Lausanne und Nino war – eine kleine Sensation – zeitgleich mit zwei Songs in den Top Twenty.

Jetzt gingen alle in Deutschland davon aus: Der Bohlen und der Nino, die werden in Lausanne abräumen, denn »Flieger« ging in den deutschen Charts ab wie eine Rakete. Mit riesiger Entourage, bestimmt fünfzig Leute, reisten wir an. Alle waren da, die halbe Schallplatten-Firma, Ninos Management, meine Leute vom Musikverlag, das war eine Delegation, die gab's gar nicht. Es herrschte Stimmung wie auf Klassenfahrt.

Zwei Tage vor dem eigentlichen Event fand ein Empfang in einem Chalet in den Bergen über Lausanne statt. Alle feierten den bevorstehenden Sieg, Gerd Gebhardt, Chef der Plattenfirma WEA, saß schließlich beschnapst unterm Tisch und blies Mundharmonika. Natürlich wurde auch Nino von dieser allgemeinen Euphorie angesteckt. Mit einem Mal legte sich bei ihm im Kopf ein Schalter um von »lieber netter Nino« zu »ich bin der Größte«. Er ließ sich nur noch in der Stretch-Limo chauffieren, die extra eingeflogen wurde. Er wollte Bodyguards und eine neue, eigene Maskenbildnerin, weil die, die da war, zufällig auch den österreichischen Kandidaten Thomas Forstner schminkte. Und ich durfte auch nicht mehr bei ihm im Auto mitfahren. Er weigerte sich auch strikt, zu den Pressekonferenzen und Partys zu gehen, die jedes Land vorab gab. Und noch bevor er überhaupt einen Ton gesungen hatte, hatte er es geschafft, die Journalisten aller anderen Länder gegen sich aufzubringen. Der ganz normale Rinderwahn.

Der Einzige, der bei alledem immer skeptisch blieb und warnte: »Noch haben wir das Ding nicht nach Hause geschaukelt!«, war mal wieder ich. Bohlen, der Miesmacher! Der Spielverderber! Dieser Ruf begleitet mich schon durch mein ganzes Leben als Musiker. Natürlich will jeder Künstler Zucker in den Hintern geblasen kriegen. Er will von morgens bis abends, vom Duschen bis In-die-Heia-Gehen hören, wie toll er ist. Er steht auf Leute mit Scheu- und Redeklappen. Und weil ich ein Typ bin, der versucht, realistisch zu sein, möchte man mich am liebsten ganz schnell loswerden. Genau aus diesem Grund habe ich auch immer so viel Ärger mit meinen Künstlern. Es kristallisieren sich zwei Fronten raus. Auf der einen Seite der Künstler und sein Manager, der ihm sagt: »Du bist der Beste und Schönste und du hast Recht.« Und auf der anderen Seite Dieter Bohlen, der Papa, der nicht lügt, sondern sagt: »Nein, wenn du jetzt siebzig Bier trinkst, dann bist du wirklich betrunken.«

Nun ist gerade ein Grand Prix unkalkulierbar. Du kannst vielleicht vorausberechnen, was in *einem* Land passiert. Aber nicht in vierundzwanzig. Da gibt's spontane Blockbildungen. Länder tun sich zusammen oder geben sich absichtlich keine Punkte, alles Mechanismen, von denen keiner eine Ahnung hat. »Mensch, Nino! Sei vorsichtig! Halt mal die Luft an!«, mahnte ich. »Noch ist die Schlacht nicht geschlagen! Die ganzen Leute sehen doch, wie wir hier auf dick machen: mit Bodyguards, mit Stretch-Limo. Das ist für Deutsche im Ausland nicht gut!«

Aber ich kriegte Nino nicht auf den Topf gesetzt. Er war angefressen, weil ich mich in seinen Augen zu viel um seinen Konkurrenten Thomas Forstner kümmerte. »Was willst du überhaupt mit diesem Kacker?«, stänkerte er auf den Proben rum. »Der kann doch gar nicht singen! Ich versteh nicht, warum du mir dieses Kuckucksei ins Nest legen musst. Aber ich schwör dir, dieser Fuzzi wird eh nur Letzter!«

Dann ging ich zu Thomas rüber: »Ich dachte, du bist mein Komponist!«, empfing mich sein Wehklagen. »Aber du hängst ja nur mit diesem de Angelo rum! Du schenkst mir gar keine Beachtung!«

In diesen ganzen Irrsinn schalteten sich schließlich auch noch die Israelis ein und ereiferten sich über die Frage: »Wie kann Deutschland 40 Jahre nach dem Krieg einen Titel präsentieren, der ›Der Flieger‹ heißt?«

Das alles endete damit, dass Nino am Abend seines Auftritts völlig kirre war. Vor 3 000 Leuten im Palais de Beaulieu sang er so beschissen wie noch nie in seinem ganzen Leben. Die Nerven spielten ihm einen Streich. Obwohl er ein genialer Sänger ist, verpasste er fast den Einsatz. Anschließend sang er den Song in Grund und Boden.

Wir machten nicht den ersten, sondern den 14. Platz, ich war todtraurig und auch Nino saß da wie ein Häufchen Elend. Dafür landete Thomas Forstner still und leise mit »Nur ein Lied« auf dem fünften Platz. Seit fünfundzwanzig Jahren das beste Ergebnis in der Grand-Prix-Geschichte Österreichs. Das ganze Land lag sich in den Armen, das siegessichere Deutschland trauerte.

Aber das ist eigentlich typisch für die Branche: Der Loser kann auch mal der Winner sein. Und dieser Forstner, der ohne eigenes Sakko und Hemd nach Lausanne gereist war, keinen Bodyguard brauchte und keine Stretch-Limo, der ging unbelastet ins Rennen und zog an allen vorbei. Nun muss man dazu sagen: Der Song »Nur ein Lied« war einfach gut. Da sind Ralph Siegel und ich übrigens sehr gegensätzlich! Ich schmeiße nämlich alle Titel, die schlecht sind, gleich in den Mülleimer. Er schickt sie zum Grand Prix.

Aber an diesem Abend passierte noch eine Sache, die so typisch ist für unser Business. Die Plattenfirma hatte für Nino und mich bei einem Schweizer Juwelier heimlich zwei goldene Uhren gravieren lassen:

Für Dieter,
vielen Dank für den Sieg,
die WEA

Das Gleiche in Grün für Nino. Irgendwann, auffallend spät, kam Gerd Gebhardt damit um die Ecke: »Hier!«, erklärte er feierlich. »Ihr habt zwar nicht gewonnen! Aber macht nix! Wir haben trotzdem ein Geschenk.« Dann holte er die Uhren raus.

Durch Zufall kam ich dahinter, dass die WEA-Jungs zuvor beim Juwelier angerufen hatten, ob man die Uhren nicht zurückgeben könnte. Oder ob nicht wenigstens ein Rabatt drin sei, wir hätten ja nicht gewonnen.

Als ich das erfuhr, gab ich mir die Kante. Ich betrank mich sinnlos und ging runter an den Genfer See. Die Lichter blinkten im Hang, ich guckte aufs Wasser, die ganze Zeit kämpfte ich mit den Tränen. Ich fühlte mich so abgewatscht. Ich war doch der große Dieter Bohlen, der nur Nummer Einsen schrieb. Der Hit-Garant. Und jetzt hatte ich vor einer Milliarde Zuschauern abgelost. Diese Geschichte mit der Uhr gab mir den Rest. Ich holte Schwung und in hohem Bogen warf ich das Ding raus auf den See. (Also: Wenn jemand da heute mal tauchen geht und was Bemoostes findet, bitte bei Dieter Bohlen melden.) Außerdem schwor ich mir, nie wieder am Grand Prix teilzunehmen.

Ich hatte die Rechnung ohne die Österreicher gemacht. Die hatten jetzt Blut geleckt. Jeder Mensch hat seinen Preis. Meiner lag bei einer Summe, die noch höher war als die, die man mir beim ersten Mal gezahlt hatte. Ein bisschen ist man ja immer wie ein Tanzbär, dem man nur den Ring durch die Nase ziehen muss und dann geht es wieder los.

Nach »Nur ein Lied« komponierte ich jetzt »Zusammen geh'n«. Dazu ließ mich Wien wissen: »Dieter, mach den ersten Platz!« Interpret war Tony Wegas, eine Art singender Räuber Hotzenplotz, wie sich rausstellte. Nur drei Jahre später wurde er von der Polente hopsgenommen, weil er zwei alten Omis die Handtaschen mit 300 Mark geklaut hatte.

Von Anfang an stand unsere Mission unter einem schlechten Stern. Beierlein flog ein paar Tage vor mir nach Schweden, um die Proben zu organisieren und ein Auge auf das Orchester und den Chor zu haben. Ich sollte mit Naddel nachkommen. Die wiederum wollte nicht ohne ihren kleinen Shaky fliegen, ein niedlicher Malteser, den ich ihr zu Weihachten geschenkt hatte und dessen Hauptbeschäftigung darin bestand, rumzuzittern, weil er immer fror. Planmäßig landeten wir auf dem Flughafen Malmö. Die erste unliebsame Überraschung war: Keiner war da, um uns abzuholen. Das erübrigte sich, denn wir durften ohnehin nicht einreisen. Das war die zweite Überraschung.

»Das da muss in Quarantäne«, erklärte der Zollbeamte und zeigte auf den armen Shaky, der auf Höhe meines Knöchels vor sich hin bibberte. »In einer Woche könnten Sie ihn da wieder abholen!« Um mit einem Tier über die schwedische Grenze zu kommen, braucht man nämlich eine tierärztliche Bescheinigung. Die hatten wir natürlich nicht. »Ich lass meinen Hund doch nicht allein!«, fing Naddel an zu schluchzen. »Dann geh ich mit in Quarantäne!«

Jetzt war genug. Mir glühten die Drähte durch und ich machte mir Luft, indem ich die schwedischen Zollbeamten bepöbelte: »Hey, sagt mal, ihr Knäckebrotgesichter! Seid ihr denn alle voll bekloppt hier?« Dann drehte ich mich zu Nadja: »Komm, Naddel, wir fliegen zurück!« Toller Plan, nur leider etwas schwierig in der Umsetzung. Die Fluggesellschaften streikten. Es gab keinen Flug zurück. »So, dann bitte hier längs!«, versuchte man uns zur Übernachtung in irgendeinen Raum zu schieben. Ich war so wütend, langsam konnte ich für nix mehr garantieren.

Die Polizei kam vorgefahren. Naddel, der Hund und ich wurden in ein Taxi gesetzt. Jemand mit einer Spezialzange verplombte Fenster und Türen, damit wir uns nicht heimlich ins Land schmuggeln konnten. So ging's zur Fähre. Hier wurden wir aus unserem rollenden Gefängnis befreit, die Smörrebröds winkten zum Abschied, dann legte das Schiff auch schon ab. Nach einem achtstündigen Seetörn – ich bin jemand, der nach zehn Sekunden seekrank wird – liefen wir in den Hafen von Travemünde ein.

»Mensch, wo bleibst du?«, machte mich Beierlein am Telefon an, kaum dass ich zu Hause angekommen war. Da hatte er in mir den Richtigen. »Steck dir doch deine Kohle in den Hintern. Ich hab die Nase voll. Ich komm nicht mehr!«, schrie ich zurück. Nach weiteren sechs Stunden hatte ich mich so weit eingekriegt, dass ich wieder in der Lage war, ein Flugzeug zu besteigen. Innerhalb von vierundzwanzig Stunden flog ich das zweite Mal von Hamburg nach Schweden. Ohne Naddel und Wauwau wohlgemerkt.

Tony Hotzenplotz hatte das Pech, mir als Erster in Malmö über den Weg zu laufen. »Du und deine Kollegen – lernt ihr erst mal richtiges Deutsch, da krieg ich ja die absoluten Pickel beim Zuhören!«, brüllte ich mit der aufgestauten Wut von dreißig Stunden.

»Diplomatischer Skandal –
Dieter Bohlen beleidigt Österreich!«

stand am nächsten Tag in der Wiener »Kronen«-Zeitung. Tat mir natürlich Leid, aber ich bin halt auch nur ein Mensch.

Am 9. Mai 1992, einem Samstagabend, stieg in der »Eishalle« von Malmö der 36. Grand Prix d'Eurovision de la Chanson. 4000 Zuschauer hatten bis zu 300 Mark abgedrückt und klatschten jetzt fleißig. Das Voting ging los. Gebanntes Schweigen bei Beierlein und mir. Aber nix von wegen »Autriche douze points«! Hier mal ein Pünktchen, da mal ein Pünktchen – so kämpften wir uns wie die Lumpensammler auf Platz zehn hoch. Nach vierunddreißig Glas Champagner hatten wir es überstanden.

Wieder schwor ich mir, nie wieder an diesem doofen Wettbewerb teilzunehmen. Diesmal hielt mein lebenslanger Schwur sogar zehn Jahre.

1991

Bonnie

Oder: Keiner singt geiler als die Tyler

Wenn man auf Stimmbänder steht, die man auch in den Bandschleifer von Black & Decker spannen könnte, kommt man an Bonnie Tyler nicht vorbei. So rau, so trocken, so schmirgelig, so sexy – da fällt mir eigentlich nur Kim Carnes ein. Wenn die ihren Nummer-eins-Hit »Bette Davis' Eyes« singt, stellt sich bei mir ähnlich was auf.

Man muss immer unterscheiden zwischen echten und unechten rauen Stimmen. Wenn Chris Norman singt, dann macht er seine Stimme kratzig, indem er sie quetscht und besonders laut singt. So eine Art Stimmband-Vergewaltiger. Aber wenn Bonnie morgens aufwacht und was sagt, dann macht es schon von vornherein krrrzzzz wie bei einer rostigen Türangel. Abgesehen davon kommt sie auch an keiner Flasche Rotwein vorbei.

Eigentlich hieß Bonnie früher Gaynor und war mal Kassiererin in einem Bonbon-Geschäft in Wales. Dann hatte sie gigantische Hits mit »Lost In France«, »It's A Heartache«, und »Total Eclipse Of The Heart« und wurde Weltstar. Weltstar war sie zwar immer noch, als ich sie 1991 kennen lernte, aber einer ohne Hit, und das seit zehn Jahren.

»Bonnie hat gerade keinen Deal und ist frei«, erklärte ihr Anwalt meinem Anwalt. Und die beiden kasperten sich aus, dass ich ihr Comeback anschieben sollte.

Das Problem ist: Für all die Künstler aus Amerika und England sind wir Deutschen nur Pfeffersäcke. Wir haben hier zwar den zweitgrößten Plattenmarkt der Welt, aber ob Al Martino, Dionne Warwick oder Chris Norman, keiner dieser internationalen Stars kommt aus Idealismus und weil sie Krautwickel und Kartoffelpüree so lecker finden. Die fliegen hierher, um ihr Konto aufzufrischen. Was ja auch legitim ist. Aber dann sind sie meist noch dickköpfig und wollen partout die Musik machen, mit der sie die letzten zehn Jahre total erfolglos waren. Wie gesagt: Irrenhaus.

Bonnie tauchte mit einem ziemlich gut aussehenden Jüngelchen im Studio auf. An ihr hingegen war der Zahn der Zeit nicht spurlos vorübergegangen. Ich dachte nur: Uijuijui, wie kriegen wir den alten Schrubber nur hin?

Wir besprachen die Songs, sie war unsicher. Dies passte ihr nicht und das ging auch nicht und alles, wo »Devil« oder »Hell« drin vorkam, war schon mal ganz daneben.

»Mensch, Bonnie«, meinte ich zu ihr, »jetzt hast du jahrelang deine Rockmusik gemacht, aber vielleicht musst du einfach ein bisschen kommerzieller werden.« Es war zwecklos. Was immer Luis oder ich ihr sagten, das war tausendmal unwichtiger als die Meinung von diesem Kerl an ihrer Seite. Also schnappte ich mir den Knaben vorm Klo und brachte ihn erst mal auf Spur: »Du, mach der Lady mal klar, dass sie das jetzt singen soll.«

Nun reicht es bei weitem nicht, die allertollsten Produzenten dieser Welt um sich zu versammeln, in ein teures Studio zu gehen und dann zu sagen: »Her mit dem Hit!« Denn Erfolg in der Musikbranche kann man nicht erzwingen. Wer was anderes glaubt, ist ein Idiot. Aber man kann die Trefferquote erhöhen, indem man sich vorher hinsetzt und sich analytische Gedanken über den Markt macht. So was mache ich zum Beispiel.

Rod Stewart hatte zu diesem Zeitpunkt gerade sein riesen Comeback mit »Rhythm Of My Heart«. Die Konsequenz daraus war für mich, mit Bonnie Tyler auch in »Scottish traditional« zu machen. Also: ordentlich Dudelsäcke und Schifferklaviere, fette Klänge, ihre Country-Stimme voll ausspielen. Und am besten noch das Gerücht streuen: Nessy singt im Backgroundchor. Dazu mischte ich eine Prise Mitgrölen à la Klaus & Klaus, die mit ihrem Stück »An der Nordseeküste« einen Ohrwurm hatten. Die Kreuzung Rod & Klaus & Klaus hieß bei mir dann »Bitterblue«, klang kernig und ließ sich toll mitschunkeln.

Nun wirft man mir immer vor, das alles wäre voll die kommerzielle Scheiße, die ich da mache. Kritiker argwöhnen: »Mensch, wo bleibt denn da der Anspruch, was ist mit der Qualität?« Ja klar! Würde ich auch fragen, wenn ich Chef von Coca-Cola wäre und alle rennen zu Aldi, um die preiswerte River-Cola zu kaufen. Und so halte ich es auch mit der Musik: Jeder, wie er lustig ist. Das Album »Bitterblue« ging ab wie Schmidts Katze, war siebzehn Wochen in den Charts und holte Gold und Platin.

Wir wollten noch ein zweites Album machen. Zweite Alben unterscheiden sich von ersten Alben immer dadurch, dass plötzlich alle mitquatschen. Vorher hieß es nur: »Wie? Was? Bonnie Tyler? Was willst du denn mit der alten Schrapnelle?«, und sie ließen mich in Ruhe, weil eh keiner an den Erfolg glaubte. Aber beim zweiten Album war das alles ganz anders. Da war der Erfolg da, mit einem Mal waren alle wichtig und meldeten Rechte an »ihrem« Künstler an: Manager, Plattenfirma, solche Leute brauchen ja auch ihre Daseinsberechtigung. Mit der Gefahr, dass sich alles verwässert und zum Schluss nur ein Konglomerat aus schlechten Kompromissen rauskommt. Viele Köche verderben den Brei, und nicht zu vergessen: Bonnie selbst rührte mit. Sie war mittlerweile auf Tournee gewesen, wurde angefragt und sonnte sich in dem Gefühl: »Mensch, ich bin ja wieder wer.«

»Ich will dies nicht, ich will das nicht«, lamentierte sie wie schon beim ersten Album, diesmal nur in doppelter Windstärke. Eigentlich hätte ich mir Anti-Laber-Schützer aus Fell auf die Ohren setzen müssen. Das Album »Angel Heart« verkaufte sich wie auch schon sein Vorgänger eineinhalb Millionen Mal.

Schließlich kam »Silhouette In Red« und Bonnie staubte einen Preis für das erfolgreichste deutsche Comeback ab. Doch jetzt, nachdem die BMG sie groß gemacht hatte, wechselte sie zu East West Record.

»Pass auf«, sagten die da zu Bonnie, »du brauchst nicht mehr mit dem doofen kommerziellen Bohlen zu arbeiten, ab sofort schreiben dir Leute wie Elton John die Nummern.« Ich war maßlos enttäuscht, ich nahm das sehr persönlich.

Sie bekam ein Budget von einer Million Mark und ging damit nach Amerika. Hier ließ sie sich unter anderem von ihrem Ex-Produzenten Jim Steinman für 200 000 Mark einen Song andrehen, den der schon mal mit jemand anderem aufgenommen hatte und der total gefloppt war. Sie heuerte auch ein riesen Symphonie-Orchester an.

Von der nächsten LP, die sie machte, verkaufte sie genau zweitausend Stück. Es war einer der teuersten Flops in der Geschichte von East West.

1991

Roy Black

Oder: Die Guten kommen in den Himmel, die anderen wohnen in Tötensen

Ich kriegte einen Anruf von Herrn Otterstein, dem Chef der East West, ob ich mir vorstellen könnte, Roy Black zu produzieren. Ich dachte fünf Minuten nach – oder eher fünf Sekunden – und sagte: »Den mach ich nicht, für kein Geld der Welt.« Das war nicht meine Musik. Roy Black war selbst für mich absoluter Kommerz-Schmalz.

Zwei Tage später klingelte es an der Tür vom Studio 33 und davor stand Roy Black. Ich fragte: »Was machst du denn hier?« – in dieser Branche duzt man sich ja notorisch. Und er antwortete auf seine superbescheidene Art: »Ja, ich wollt nur mal kurz reinkommen, der Otterstein hat nämlich gesagt, du seist hier im Studio.« Wir gingen in unsere kleine Küche und ich glaube, ich war noch nie von jemandem so positiv überrascht wie von diesem Roy. Zum einen sah er fantastisch aus – dabei ging er damals, 1991, schon stramm auf die fünfzig zu. Zum anderen war er unglaublich nett. Kaum hatte er zehn Sätze gesagt, war da ein Gefühl von »Wir sind ein bisschen seelenverwandt« – was er da von Pleiten, Pech und Vollidioten erzählte, das hätten auch meine Geschichten sein können, nur dass bei ihm alles noch hunderttausendmal schlimmer war. Er beschrieb, wie er zu gutgläubig gewesen war und die Plattenfirma ihn bei all seinen Verträgen über den Tisch gezogen hatte. Dass er mit dem »stern« ein Interview gemacht hatte und dabei ganz bewusst abgefüllt wurde, um ihm auch die letzten Geheimnisse zu entlocken. Und dass die beim »stern« nicht gesagt hatten: »Mensch, Herr Black, Sie sind jetzt so breit, Sie können noch nicht mal mehr geradeaus gucken, fahren Sie am besten mal ins Hotel und legen sich hin«, sondern ihn einfach weiter und weiter hatten erzählen lassen, um ihn anschließend fertig zu machen, von wegen, er sei das versoffenste Loch auf diesem Planeten.

Es rührte mich, wie er sagte, er hätte den Traum und die Sehnsucht, Rocksänger zu sein, doch die Leute würden in ihm immer nur den Fuzzi von »Ganz in Weiß« sehen. Und schließlich beichtete er mir, seine Freundin sei schwanger, aber er hätte das Gefühl, da würde irgendwas nicht stimmen, sie würde ihn bescheißen. Es waren todtraurige Geschichten, aber Roy erzählte sie amüsant, weil er ein Entertainer war.

Abschließend meinte er noch: »Mensch, Dieter, ich hab doch keinem Menschen was getan! Was wollen die eigentlich alle von mir? Die sollen mich endlich in Ruhe lassen, ich will einfach nur singen.«

Es war fast unheimlich: Er kannte mich nicht und offenbarte mir in zehn Minuten gleich sein ganzes Leben. Das war sehr ungewöhnlich, die meisten Künstler nämlich, die ich so kenne, reden nicht, weil sie schlechte Erfahrungen damit gemacht haben und weil ihnen wehgetan worden ist. Sie erinnern mich immer an Pferde auf einer Koppel fünf Zentimeter vorm Elektrozaun: Dreimal sind sie vielleicht mit dem Hals rangegangen, dreimal haben sie eine geballert gekriegt und sich das dann für ihr ganzes weiteres Leben gemerkt.

Aber Roy Black, der kam mir vor, als ob er sich mit seinem ganzen Körper an einen Zaun mit 7000 Watt lehnte, immer wieder, immer wieder. Er hatte so gar keine Selbstschutzreaktionen.

Irgendwie war mir nach dieser halben Stunde klar: »Dem sagst du jetzt nicht in seine blaue Augen, dass du ihn nicht produzierst.« Ich zeigte ihm das Studio, wir fingen an, ein paar Sachen auszuprobieren und irgendwann – wir hatten schon ein paar Stunden gearbeitet und im Studio gab's ja keine Fenster – schlug ich vor: »Komm, Roy, lass uns ein Päuschen machen. Geh mal an die frische Luft, ruh dich ein bisschen aus.«

Aber er sagte: »Bitte, Dieter, darf ich nicht hier im Studio bleiben?«

Ich war überrascht: »Roy, warum möchtest du denn nicht nach draußen?«

»Nee, da erkennen mich alle«, antwortete er. Man glaubt es nicht, aber er traute sich einfach nicht allein auf die Straße. »Kannst du nicht irgendwie was zum Essen bestellen, dass ich hier bleiben kann? Hier ist es doch nett.« Dabei sah es bei uns immer so aus, als ob die Putzfrau den Staubsauger auf Umkehrschub geschaltet hätte, so ein bisschen der Bau der Krümelmonster. Bei uns im Teppich war mehr Kaffee als in mancher Kaffeemaschine.

Einen Tag nach unserem Treffen rief ich bei Roy an und sagte: »Roy, ich schreib dir ein paar Songs für ein neues Album, ich will auch keinen Vorschuss haben, ich mach das so.«

»Warum tust du das für mich?«, fragte er.

Und ich: »Die Kohle interessiert mich nicht, ich find dich nett, ich find dich einfach sympathisch.« Der Grund war, dass ich ohnehin nicht glaubte, dass mit so einem Album Geld zu verdienen war, geschweige denn, dass wir einen Hit zusammen haben würden.

Wir verabredeten uns für die Aufnahme, Roy wollte unbedingt an einem Tag fertig werden, was in der Konsequenz bedeutete, ganz früh anzufangen. Und da er einer war, der sich aus Flugangst in keinen Flieger setzte, bedeutete das auch, er würde mit dem Auto die ganze weite Strecke aus Süddeutschland kommen.

Ich hatte gerade meinen ersten Kaffee in der Hand, da stand Roy in der Tür: Lackschuhe, die Fliege baumelte offen an seinem Kragen, der Smoking war zerknittert und er hatte noch leicht einen im Tee. Er war völlig erschöpft, weil er am Abend zuvor eine Gala am Wörthersee gemacht hatte und es da feuchtfröhlich zugegangen war. Anschließend hatte er sich ins Auto gesetzt, um tausend Kilometer nonstop nach Hamburg durchzubrettern. Eigentlich war nicht zu begreifen, warum er sich, wenn er schon so viel trank, keinen Fahrer genommen hatte.

Er kippte einen Kaffee nach dem anderen und jedes Mal, wenn er einen Schluck nahm, dann ging das nur so klacker-klacker-klacker, weil seine Hand zitterte und die Tasse beim Anheben gegen die Untertasse schlug.

»Mensch, Roy, wie willst du denn so dein Album singen?«, fragte ich.

»Ja, ja, lass man, ich schaff das schon.«

Aber manchmal muss man Leute ja auch vor sich selbst schützen und so sagte ich: »Roy, tu mir einen Gefallen« – nach dem achten Kaffee zitterte er immer noch – »geh jetzt ins ›Interconti‹ und penn dich erst mal aus. Wir warten hier so lange, leg dich sechs Stunden hin, dann kommst du wieder und dann singen wir.«

Aber er sträubte sich, er wollte unbedingt sofort anfangen: »Nee, wartet 'ne Sekunde, ich trink nur noch schnell diesen Kaffee, dann können wir loslegen.«

Schließlich, nach vielem Hin und Her, hatten wir ihn doch so weit, dass er sich schlafen legte. Am frühen Abend kam er wieder und wir konnten anfangen.

Durch sein Trinken, aber auch durch die Dreharbeiten für »Ein Schloss am Wörthersee« war Roy derart überlastet, dass er sich keine Texte und Melodienabfolgen mehr merken konnte – unser nächstes Problem.

Aus der Not heraus versuchte ich etwas, was ich noch nie zuvor probiert hatte und wahrscheinlich auch nie wieder machen werde: Wir gaben Roy mit einem gewissen Zeitvorlauf die Melodie samt Text auf den linken Kopfhörer und er sang nach, was er da hörte. Das klang überraschenderweise ganz gut, strengte ihn aber über Gebühr an. Bei der dreizehnten Nummer fing er an, schlappzumachen, er hatte seine Stimme nicht mehr in der Gewalt. Ich musste ihn anfeuern: »Roy, ein klitzekleines Stück noch, ich brauch echt nur diese zusätzliche Nummer! Aber dann hast du's auch! Komm, du packst das!«

Eigentlich hätten wir das Ganze schon eine Stunde vorher abbrechen müssen, aber Roy wollte unbedingt fertig werden, denn am nächsten Tag warteten schon wieder irgendwelche Galas und Verpflichtungen auf ihn.

Es war die vierzehnte und letzte Nummer auf dem Album, Roy war fix und fertig, er konnte einfach nicht mehr. Ich tröstete ihn: »Pass auf, Roy, nicht schlimm, dann versuchen wir was anderes, dann sprich doch einfach ein paar Parts.« So fingen wir an, den Song »Jeder braucht 'nen kleinen Flugplatz« aufzunehmen:

»… auf der Welt
gibt's so viel, was uns Menschen fehlt,
wenn da nur einer zu dir hält,
dann halt auch du zu ihm,
fest zu ihm.

Gerade heut'
in dieser kalten, lauten Zeit,
da hilft ein Stück Geborgenheit,
alles zu übersteh'n,
du wirst schon seh'n.

Jeder braucht 'nen kleinen Flugplatz,
ein Herz, das immer da ist ...«

Wir waren fertig mit der Aufzeichnung, Roy sagte »tschüss!« und stieg wieder in sein Auto. Und ich wunderte mich über nichts mehr: Denn oben bei uns in der Küche auf dem Kühlschrank hatten immer zwei Wodka-Flaschen gestanden, die mir russische Fans geschickt hatten, pisswarm, weil kein Mensch bei uns im Studio Wodka trank. Die standen jetzt leer auf dem Flur zum Klo.

Das Album »Rosenzeit« wurde veröffentlicht, wider Erwarten gingen sogar drei Titel in die Charts und Roy und ich trafen uns wieder hinter den Kulissen der »Hitparade«.

Ich hatte einen Auftritt mit Blue System und als Roy drankam, schalteten die Kameras auf Weitwinkel und zeigten ganz viel Publikum und ganz viel Kulisse, weil Roy seinen Text vergessen hatte und den Mund nicht mehr synchron zum Playback bewegen konnte. Trotzdem waren die Leute tief erschrocken, weil er so offensichtlich neben sich stand: Er sah aufgeschwemmt aus, so ein bisschen dicklich und glänzend, schwitzte und hangelte sich mühsam von Zeile zu Zeile.

Ich warnte ihn: »Roy, wenn du mit deinem Lebenswandel so weitermachst, dann bist du bald tot«, aber er fand: »Nee, nee, Dieter, ich hab das jetzt alles voll im Griff. Mit mir geht's gerade tierisch bergauf, ich geb richtig Gas und mach das nur noch so zwei, drei Jahre. Und bis zu meinem 50. Geburtstag habe ich bestimmt ein, zwei, drei Millionen zusammen und kann aussteigen.«

Wie die meisten Künstler hatte auch er es versäumt, in guten Zeiten Rücklagen zu bilden, und ackerte jetzt sozusagen für seine Rente. Mit seiner TV-Rolle im »Wörthersee« liefe alles ganz toll, versicherte er mir, er würde klasse verdienen und auf ganz vielen Galas singen, und überhaupt, er sei so happy über sein neues Album.

»Du, Dieter«, sagte er zu mir, »das ist ein Neubeginn für mich.« Er war ganz euphorisch.

Ich erfuhr von Roys Tod am Morgen des 10. Oktober 1991, als ich bei einem Radiosender in Bayern ein Interview gab. Da kam es in den 9-Uhr-Nachrichten:

»Heute Nacht ist der Sänger Gerhard Höllerich, besser bekannt unter dem Namen Roy Black, in einer Fischerhütte in Heldenstein bei Oberbayern auf tragische Weise ums Leben gekommen …«

Ich dachte: »Das kann nicht sein!« Ich war zutiefst bestürzt und erschüttert. Sein Tod traf mich mehr als der Tod von John Lennon. Nicht, weil Roy Black der größere Musiker war, sondern weil mir John Lennon niemals in meiner Küche sein Leben erzählt hatte.

Hatte Roy vor seinem Tod nur 80 000 Stück von seinem letzten Album »Rosenzeit« verkauft, so waren's danach eine Million, die Platte ging raketenartig in den Charts nach oben. Schon pervers: So erfolgreich wie nach seinem Tod war Roy praktisch in seinem ganzen Leben nicht gewesen.

Ohne ihn nahm ich am 23. Mai 1998 in Hamburg die Platinschallplatte entgegen. Da, wo er jetzt ist, hat Roy wahrscheinlich sowieso keinen Platz zum Aufhängen. Aber ich gebe ehrlich zu: Ich hätte gern auf diese Platinplatte verzichtet und dafür noch viele weitere Gespräche mit Roy geführt.

1991

Peter Alexander

Oder: Ein Samba ist kein Bossa nova

1991 hatte ich die Ehre, mit Peter Alexander zusammenarbeiten zu dürfen. Auch wenn ich tief in meinen Erinnerungen krame: Ich kenne keinen, der je so top vorbereitet zu mir ins Studio gekommen ist wie er. Dabei war er schon 65, ein Mann von knapp einem Meter neunzig mit der Haltung eines Gardeoffiziers.

Jede Nummer kannte er auswendig, hatte die Texte und Melodien 1A drauf. Ich bin überzeugt: Er hätte die Stücke auch rückwärts und im Schlaf singen können. Ein Akrobat, ein Profi, ein Könner, eine Präzisionsmaschine, der auf die Erfahrung von hundertzwanzig Langspielplatten zurückblicken konnte. Und ich ging noch mal zur Schule:

»Sing doch mal eben diesen Samba hier!«, sagte ich zu ihm.

»Du, Dieter«, kam es prompt, »das ist kein Samba, das ist ein Bossa nova.« *Und das ist ein wahrer Künstler*, dachte ich. Er hatte natürlich absolut Recht. Ein Samba hat ein schnelles Tempo und einen geraden Takt, während der Bossa nova rhythmisch leicht verschoben ist, man könnte auch sagen, er ist »schief«. Peter als Vollblut-Sänger hatte das natürlich sofort geschnallt.

Dann überraschte er mich ein zweites Mal, indem er sich ans Klavier setzte und so jazzig angehauchte Stücke spielte, dass mir die Ohren abfielen. Abteilung Louis Satchmo Armstrong und Ella Fitzgerald.

Und Peter hatte noch ein drittes Ass im Ärmel: seine Frau Hilde. Auch schon sechzig Lenze.

Hilde, glaube ich, frühstückte morgens einen Napf Kraftfutter – so was Agiles hatte ich noch nicht erlebt. Sie kam rein ins Studio, sagte »Hallo, Dieter!«, setzte sich aufs Sofa, die Beine so hoch, dass du Angst haben musstest, ins wahre Leben zu gucken. Sie war lustig und burschikos, überall wutschelte sie dazwischen, machte Vorschläge, ermunterte Peter, ein Stück noch mal zu wiederholen:

»Komm, das kannst du noch besser!«, und Peter sagte: »Na klar, Schnurrdiburr, wenn du meinst!«, und fing brav von vorne an.

Manchmal war sie erst nach der zwölften Version zufrieden. Auch wenn ich eigentlich den ersten »Take« schon ganz toll gefunden hatte. Sie war absolut diejenige, die die Hosen anhatte und Anweisungen gab, was da im Studio zu passieren hatte. Aber alles auf eine unheimlich konstruktive und sinnstiftende Art. Sie redete keinen Unsinn, sie hatte die Perfektion im Auge, eine tolle Frau. Und obwohl Peter im Grunde seines Herzens lieber angeln gehen und seine Ruhe haben wollte und immer wieder betonte: »Ich möchte eigentlich nicht mehr auf Tournee, ich möchte eigentlich gar keine Platte mehr aufnehmen, lasst mich doch alle in Ruhe, wir haben doch genug Geld!«, war sie diejenige, die ihn auf freundlich-bestimmte Art weiterpushte.

Wir nahmen an nur drei Tagen 16 Titel für sein Album »Verliebte Jahre« auf. Die Single-Auskopplung »Auf die Liebe kommt es an« war sogar fünf Wochen in den Charts – Salt 'N' Pepa mit »Let's Talk About Sex« zu dem Zeitpunkt auf Platz eins, Peter immerhin auf Platz 57.

Es ist so unendlich schade, dass einem Mann wie Peter Alexander – der wirklich singen kann, der moderiert, Filme gedreht und früher gigantische Fernseh-Einschaltquoten von 70 Prozent erzielt hat – dass dem heute nur noch so wenig Ehrerbietung und Anerkennung entgegengebracht wird.

Peter, auf ewig dein Fan!
Dein Dieter.

1993

Al Martino

Oder: Der stört die Hausfrau nicht beim Bügeln

Gespräche mit meinem Kumpel Andy von der BMG laufen immer nach dem gleichen Muster ab: Zehn Minuten lang erzählt er mir, was für ein toller Typ ich bin. Dann rückt er raus mit dem, was er eigentlich will.

So fragte er mich irgendwann im Jahre 1993 scheinheilig: »Sag mal, kennst du einen Künstler, der Al Martino heißt?«

Ich witterte den Braten und sagte vorsichtig: »Ähm, ja klar, wie soll ich sagen? Lebt der überhaupt noch?«

Aber Andy ließ sich nicht beirren: »Mit dem müssten wir mal ein Comeback à la Engelbert machen. Könntest du dir vorstellen, vierzehn neue Titel zu produzieren? Außerdem würden wir auch ein Remake seiner alten Hits machen.«

Nun muss man wissen: In meiner Tanzkapelle in Göttingen hatte ich Al Martino immer total gerne gespielt, von wegen »Voooolare, ohohoho!« und »Blue Spanish Eyes«. Aber das war jetzt auch schon hunderttausend Jahre her und ich hatte was gegen die Vorstellung, süße kleine Opis aus ihrem Schaukelstuhl hochzujagen. Martino ging stramm auf die siebzig zu.

»Nee«, meinte ich zu Andy, »echt nicht.« Das sprengte meine Vorstellungskraft. Ich wollte neue Musik mit neuen Leuten machen und ständig diente mir die Company irgendwelche verwitterten Brontosaurier an. Das ging nicht gegen die Künstler, aber mir machte das einfach keinen Spaß – immer diese ganzen Lebensgeschichten zu hören und zu trösten, mich zog das alles irgendwie runter.

Aber Andy wäre nicht Andy, wenn er nicht noch immer einen Kniff parat hätte: »Pass auf«, meinte er, »dann machen wir das eben folgendermaßen: Wir fliegen einfach mal First Class nach Los Angeles ins ›Beverly Hills‹ und dann überlegst du dir das alles vor Ort.« So belaberte er mich.

Am Flughafen von L. A. holte uns eine weiße Stretch-Limousine ab, die schon bessere Tage erlebt hatte. Der Chauffeur öffnete den Wagenschlag und ein ziemlich kleiner, offensichtlich in die Jahre gekommener Mann streckte uns seine Hand entgegen und deutete auf die gegenüberliegende Sitzbank.

Da ich wusste, dass Al Martino kein Deutsch kann, sagte ich

unverblümt zu Andy: »Mensch, das riecht hier aber voll muffelig«, wobei ich keine Ahnung hatte, ob es an Al Martino lag oder an dem alten Auto.

Wir tranken Wasser und während der ganzen Fahrt wiederholte ich ständig: »Mensch, Andy, das kann man doch nicht machen, lass doch die Leute in Ruhe sterben, das kann man doch nicht machen …«

Damit hier kein Missverständnis aufkommt: Ich habe großen Respekt vor alten Leuten, ich habe Ehrfurcht vor ihren grauen Haaren und ihrem gelebten Leben, ich möchte auch niemandem wehtun, aber ich frag mich schon, ob man ihnen wirklich einen Gefallen tut, wenn man sie noch mal auf die Bühne zerrt. Alles hat seine Grenzen, das ist auch eine Frage der Verantwortung, die man für andere übernimmt. Wenn eine vierzehnjährige Millane Fernandez für mich auf der Bühne steht, habe ich als Älterer ihr gegenüber eine Verpflichtung. Und als Jüngerer Älteren gegenüber eben auch. Und noch mal drängte ich Andy: »Komm, das lassen wir bleiben!«

Doch Andy sagte immer nur: »Nun warte doch mal ab, nun warte doch mal ab.«

In Al's Villa standen Porzellanhunde rum und Plastikblumen in Vasen. Seine Frau Judy war unheimlich nett und zeigte uns das ganze Haus. Dann führte uns Martino stolz vor seine Fotowand: Er mit Elvis, er mit Marilyn, er mit Marlon Brando, in dessen Film »Der Pate« er mitgespielt hatte. Und dann denkst du schon so: »Boh ey, doch eine echte Legende.«

Allerdings, wie sagte Elvis? »One for the money, two for the show.« Ich hatte bei alledem nicht das Gefühl, dass Al nur aus Hobby wieder auftreten wollte, sondern, wie das eben so ist, auch fürs Portemonnaie.

Er lud uns ein in ein italienisches Restaurant und machte richtig auf dick. Immer noch stand ich vor der Entscheidung: Womit tust du ihm den größeren Gefallen? Wenn ich ihm jetzt sagte: »Nee, mach ich nicht«, verletzte ich ihn vielleicht, aber ich beschützte ihn auch vor sich selbst. Ich ließ mich trotzdem von Andy breitsabbeln.

Wir verabredeten einen weiteren Termin bei ihm zu Hause, um die Songs zu besprechen. Martino wollte nicht, dass ich Demo-Kassetten mitbringe, wie es sonst üblich ist. Es sollten Klavierpartituren sein. Außerdem bestellte er sich seinen Pianisten. Und von mir wollte er, dass ich ihm alles vorsinge. Doch erst mal musste ich diesen Klavierheini einnorden – ich denke, das war einer, mit dem Al sonst immer in irgendwelchen Eisdielen auftrat. Denn Stückespielen ist auch immer eine Frage der Interpretation und dieser Mensch fing ganz klassisch an. Ich sage also: »Hey, Mister, ein bisschen poppiger darf's schon sein, nicht wie die Hitparade fürs Seniorenheim.«

Dann stand Bohlenski mitten in der Martino'schen Villa irgendwo in Hollywood, drum rum die Tochter, die Anwälte, ein paar Leute von der Plattenfirma, und sang aus voller Kehle zwanzig Songs in Folge – so Privatkonzert-mäßig drei Stunden lang. Und nach jedem Song nickte Al mit dem Kopf und fand immer alles ganz toll.

Al kam von Los Angeles nach Hamburg-Eimsbüttel, um im Studio 33 die Platte aufzunehmen. Und wie schon alle Weltstars vor ihm – Bonnie Tyler, Chris Norman, Engelbert, Errol Brown –, musste auch Al vorbei an den stinkenden Müllcontainern auf dem Hinterhof von »Spar«.

Es war sehr angenehm, mit ihm zu arbeiten, denn eines haben diese ergrauten Recken ja alle gemein: Vorbereitet sind sie immer wie eine Eins, als wenn's um ihr Leben gehen würde. Die alte Schule halt, bei der die Künstler ins Studio kommen und die Texte auswendig können, was auch viel besser ist, weil sie dann in der Interpretation tausendmal freier sind. Und: Die alte Garde ist um so vieles dankbarer für jeden Song, der fertig und im Kasten ist. Das geht dann immer so »huh und ha und danke schön!«, nicht wie bei den Rotznasen aus Delmenhorst mit Namen Touché, die glauben, die Musik erfunden zu haben.

Nach drei Tagen intensiven Singens war das Album »The Voice To Your Heart« für Al erledigt und er konnte wieder zurück nach L. A. fliegen. Drei Monate später folgten fünf größere Fernseh-Auftritte in Deutschland. Die Premiere fand statt mit dem Song »Spanish

Ballerina« in der Sendung »Musik liegt in der Luft« von Dieter Thomas Heck.

Die Maske brauchte Stunden, um Al überhaupt so hinzukriegen, dass er vor die Kameras konnte. Das Problem war: Er sah genauso alt aus, wie er war. Was an sich nix Schlimmes ist, aber in dieser Branche halt ein Todesurteil – es sei denn, man heißt Cher. Meine Eltern bestätigten meine schlimmsten Befürchtungen. Gleich nach der Sendung riefen sie an und fragten: »Mensch, Dieter, war das eine gute Idee?«

Von Al's Album verkauften wir gerade mal fünfzigtausend Stück, nur eine Single, »Spanish Ballerina«, schaffte es auf Platz 93 in die Charts, und das auch nur eine Woche. Wir waren alle sehr enttäuscht, denn wir hatten Gold angepeilt.

Ich sagte zu Andy: »Du, ich mach hier nicht mehr weiter!« Aber wenigstens Al Martino konnte sich nicht beschweren: Für fünfzigtausend Alben plus fünfzigtausend Singles plus fünfhunderttausend Compilations kriegte er immerhin einen Scheck über hunderttausend Mark. Dazu noch hundert Galas à dreißigtausend Mark – so waren auch noch mal schnell drei Millionen im Sack.

Wenn ich heutzutage, fast zehn Jahre später, beim Autofahren am Radioknopf drehe und durch die Kanäle switche, gibt's immer was zu freuen: Kein Tag vergeht, an dem nicht auf NDR 1 oder Bayern 1 ein Stück aus »The Voice To Your Heart« gespielt wird.

Wie sagen wir immer in der Branche? Solche Musik ist unheimlich radiofreundlich, stört die Hausfrau nicht beim Bügeln. Und mein kleines Produzentenherz lacht auch: Mit jeder Al-Martino-Single, die sich auf dem Plattenteller dreht, kullern ein paar Pfennige Komponistenrente auf mein Konto.

1995
Verona
Oder: Da wird Ihnen verkackeiert

Ich war mal wieder im Studio 33 und doktorte mit Luis am 4999. Blue-System-Album rum. Dabei trank ich literweise Tee. Die Blase drückte, ich musste mal für kleine Jungs. Hinterm stillen Örtchen hatten wir noch ein kleines Studio – »for the beginners« sozusagen. Hier probierten wir neue Talente aus, die an der Bunkertür klingelten und fragten: »Kann man hier Sänger werden?«

Auf dem Weg dorthin hörte ich eine Frau, die quakte, dass es mir die Schuhe auszog. Als ich zurückkam vom Klo, hörte ich immer noch diese Grusel-Stimme.

»Sag mal, wieso lasst ihr die denn singen?«, fragte ich Amadeus, einen Musiker von mir. »Die trifft ja nicht mal einen Ton!« Und Amadeus antwortete: »Ja, aber die sieht gut aus. Und sie hat tierisch Kontakte zu den Medien.« In diesem Moment sah ich Frau Feldbusch zum ersten Mal und ich weiß noch, ich fand: Puuuuh …! Dunkle Haare, braune Augen, mein Typ halt. Da war's aber auch schon. Ich ging zurück zu Luis und wir bastelten weiter.

Drei Stunden und zwei Liter Tee später musste ich wieder für Königstiger. Und Verona stand immer noch da und versuchte, den Ton zu finden. So ging das den ganzen Tag. So ging das eine ganze Woche. Jeder Gang zum und vom Klo war von einer Kakophonie begleitet. »Sag mal, spinnt ihr oder was?«, fragte ich Amadeus. Da versuchten sie bereits seit sechzig Nettostunden, dieser Frau einen gesungenen Satz, bestehend aus den zwei Worten »eris loco« zu entlocken. Schließlich – »Hoffnungslos! Die schafft das nie!« – schmissen sie das Projekt frustriert hin.

Eigentlich war Verona beruflich am Ende: Mit der Gruppe Chocolate hatte sie gerade mal zwei Hits gehabt – »Ritmo De La Noche« und »Everybody Salsa«. Aber jeder Gehirnamputierte in der Branche wusste ohnehin: Die Dinger hatte sie sowieso nicht selbst gesungen. Und für Produzent Alex Christensen war sie nur das optische Aushängeschild gewesen, das er auf die Bühne schob und das für ihn die Hüpfnudel machte. Sie war total austauschbar.

Aber weil Verona dazu neigt, sich im Kopf immer ihre eigenen Realitäten zu basteln, war sie wohl nach fünfhundert Playback-Auftritten zu der Überzeugung gelangt: »Die Stimme da auf dem Band, das bin doch ich! Ich kann man doch singen!« Zum Selbst-Singen fehlte Verona aber nicht nur ein bisschen. Es war, wie wenn Inge Meysel zum Stabhochsprung antreten würde. Null Rhythmusgefühl, null Fähigkeit, im Takt mitzutanzen. Was nicht daran lag, dass Verona motorisch gestört war, sondern sie verstand einfach nicht, was Takt war. Wenn Amadeus zu ihr sagte: »So! Hier! Los! – Jetzt musst du anfangen zu singen«, meinte Verona: »Aha! So, so!«, und kriegte es koordinationstechnisch nicht geregelt, an der richtigen Stelle einzusetzen. Sie war zu früh, sie war zu spät. Sie galoppierte vorweg, sie hinkte hinterher.

Wie das so ist: Außer Toilettenbesuchen gab's auch noch Mittagspausen. Ich kam in den Aufenthaltsraum und wer saß da? Verona. Sie hatte einen roten Los-reiß-ihn-mir-runter!-Mantel an und saugte an ihrer Zigarette. In der Hand hielt ich jede Menge Fotos für mein neues Platten-Cover.

»Hey, guck dir die mal an«, baggerte ich sie an, »auf welchem find'ste mich denn am besten?« Ich gebe zu: Mittlerweile fand ich sie toll – jetzt, wo ich sie schon dreißigmal vorm Klo hatte krähen hören.

»... Mmh, das Foto hier ... ja ... mhh ...!«, meinte sie dann. Aber das war auch schon alles an Gespräch für diesen Tag, einfach nur »hallo«, »blubb-blubb« und »blähbläh«.

Rosa Waschlappen

Wochen später hatten wir einen gemeinsamen Auftritt in der VIVA-Sendung von Stefan Raab in Köln. Verona erschien in Hotpants aus einem Stoff, aus dem man normalerweise Waschlappen macht. Dazu ein winziges Oberteil, alles in Rosa. Irgendwie sah sie aus, wie Klein Erna aus Wuppertal-Elberfeld sich einen Popstar vorstellt. Süß war auch, wie sie versuchte, vor der Sendung ihre Autogramm-Karten an die Zuschauer zu verteilen. Stefan und ich guckten uns nur an und verdrehten die Augen.

Die Kameras gingen an und Verona fing an zu erzählen: »Mein Hit ...! Und ›Ritmo de la Noche‹ ...! Und blubberdiblubb ...!« Woraufhin Stefan nur kurz und knackig entgegnete: »Na, dann sing doch mal, Verona!« Verona zierte sich wie die Jungfrau vorm Hochzeitsbett, wie die Nonne vorm Teufel, wie das Schwein vorm Schlachthof. Dagegen kam selbst Stefan Raab nicht an.

Grab, grab, grab! Natürlich konnte ich nicht der Versuchung widerstehen, mich mit ihr zu verabreden. »Okay!«, sagte Verona. »Kein Problem! Die Aufzeichnung ist um 21 Uhr zu Ende.« Kleine Pause: »Null Uhr dreißig hätte ich Zeit!«

Mein Fahrer Heinz Armlang zupfte mich energisch am Ärmel und sagte: »Dieter, wir fahren jetzt schön nach Hamburg zurück! Du machst dich hier nicht zum Clown! Wirst schon sehen: Die Dame meldet sich.« Kaum waren wir also über die Stadtgrenzen von Köln hinaus, da klingelte auch schon das Telefon. Verona. Zu spät, Puppe!

Das dritte Mal liefen wir uns abends im »Traxx« über die Füße. Ich war mit Naddel unterwegs. Auf einmal wackelte Verona an mir vorbei. Ihr Busen war so hochgequetscht wie zwei Knödel, schade, dass ich meine Gabel nicht dabei hatte. Und das war der kürzeste Rock, den ich je gesehen hatte. Jedes Mal, wenn sie sich bewegte, guckte ich aufs Höschen. Aufreizender konnte man nicht rumlaufen. All das nachts um zwei in Champagnerlaune. Ich gebe zu, ich war ziemlich angefeuert.

»Hey, hallo, Verona!«, sagte ich. Sie blieb stehen und tat so, als ob sie mich noch nie im Leben gesehen hätte: »Ey, wer bist du denn?«

Und ich dachte mir: Komm, die ist zwar ein bisschen behindert, aber die reißt du jetzt auf! Naddel war gerade an der Bar, um sich ein Gläschen Freixenet zu organisieren. Und wieder mal blinkte mein altes Oldenburger Beziehungs-Koordinatenkreuz: Da steht zwar deine Freundin, dachte ich. Aber nebenbei kannst du auch noch eine Satellitenschüssel klarmachen. Verona war für mich die Abteilung: Mit der hast du jetzt mal ein bisschen Spaß. Mensch, gehste halt mal mit der essen und anschließend ins Hotel. Und dann ist das Ganze abgehakt. So war mein Plan. »Lass uns mal treffen! Wo kann ich dich erreichen?« Wir quatschten so hin und her. Sie gab mir ihre Büronummer, die auf einem Chocolate-Flyer stand:

»Du, ich muss jetzt los. Ich bin nämlich mit meinem Freund da, dem Alain. Aber hier kannst du mich erreichen.«

Verona war weg. »Hey, kennt ihr diese Feldbusch?«, fragte ich ein paar Bekannte von mir. »Die ist gestört, die Tante. Die ist karrieregeil. Pass auf, mit der haste nur Theater!«, lauteten prompt die Warnungen. Wenn ich fragte »wieso?«, kamen so die üblichen Geschichten aus der Gerüchteküche: »Die hab ich auch schon mal geknallt.« – »Die war doch hier sowieso schon mit jedem zusammen.« – »Und mit dem auch!« – »Und mit dem sowieso.« Mir war schon klar: Eine Frau, die so aussah wie sie, die wollte natürlich jeder Mann haben. Aber schnell war der Punkt gekommen, wo ich zwischen Dichtung und Wahrheit nicht mehr unterscheiden konnte. Und im Prinzip wollte ich es auch nicht mehr hören.

Push-ups und »Oooooooohhh!«

Ich rief an unter der angegebenen Nummer. Das war eines der seltsamsten Telefonate meines Lebens. Im Hintergrund saß nämlich dieser Alain und hörte zu. Verona machte sich nicht mal die Mühe, die Muschel zuzuhalten: »Du, pass mal auf, Alain, da ist Dieter Bohlen in der Leitung … Kannst du mir zwanzig Mark fürs Taxi geben? Ich möchte mich mit dem treffen …« Sie sprach wieder in den Hörer: »… hallo, Dieter, bist du noch da?« – »Mensch, Verona«, mischte ich mich ein, »kein Thema, ich hol dich ab. Erklär mir, wo du bist, ich komm.« – »Nee, nee, nee!«, wiegelte sie ab, » ich fahr lieber Taxi!«

Wir trafen uns am Hamburger Hauptbahnhof. Diesmal und die nächsten fünftausend Verabredungen auch. Alles war höchstgradig mysteriös. Ich fuhr vor in meinem roten Ferrari, Porsche, Mercedes oder was auch immer. Und Verona, grundsätzlich zu spät, stieg wie in einem schlechten Gangsterfilm aus dem Taxi und huschte in mein Auto. Ich wollte richtig auf dick machen und ließ die Autos vorher immer waschen. Hätte ich selbst am gleichen Abend noch einen Auftritt bei »Wetten dass ..?« gehabt, ich hätte nicht so ausgesehen, wie Verona immer aussah. Immer hui! Immer perfekte Haare. Immer Push-ups. Niemals nur Jeans. »Oooooooohhh!«, machte ich jedes Mal und war schwer angetörnt. Ich weiß nicht, wie sie es schaffte, sich immer so hinzumontieren, nie zweimal das Gleiche anzuziehen. Im Nachhinein weiß ich: Sie hatte null Kohle. Zu diesem Zeitpunkt ging es bei Verona eigentlich um die Wurst, um Leben oder Tod. Ihre Karriere als »Ich tu mal so, als ob ich Sängerin bin« war tot. Fotografieren wollte sie auch keiner und um wenigstens in den Regional-Teil der »Bild«-Zeitung zu kommen, musste sie schon schwerere Geschütze auffahren, so Aktionen »nasses T-Shirt«. Sonst lief da nix.

Ich versuchte, sie mit einem Kuss auf die Wange zu begrüßen, aber Frau Feldbusch zierte sich. Bei jeder anderen hätte ich wahrscheinlich gesagt: »Nun fass mich doch an die Füß!« Aber ich fand sie wirklich gut, deswegen köderte mich das eher, als dass es mich abschreckte. Bis fünf Uhr nachts eierten wir durch die Gegend. Oft hockten wir im Café »Fiedler's« am Mühlenteich, bis die um Mitternacht die Zapfhähne zudrehten und uns rausschmissen. Dann fuhren wir auf den »McDonald's Drive-in«-Parkplatz in der Kollau-Straße. Wir unterhielten uns stundenlang, wir quatschten über Gott und die Welt. Verona ist bekanntlich eine Meisterin im Sabbeln von oberflächlichem und konfusem Krams. Man musste nur sagen: »Hey, heute baggern sie in Straße xy den Asphalt auf!«, und schon lief ein Fünf-Stunden-Gespräch. Ich wollte ihr klarmachen, dass ich eigentlich ein sensationeller Typ bin. Ich erzählte ihr, wie erfolgreich ich war, dass ich studiert hatte. Ich erzählte von meinen Kindern, von meinen Musik-Plänen, von meiner ersten Ehe. Ich ließ Stück für Stück meine Deckung fallen. Ich nenne das das »Roy-Black-Syndrom«: Auch wenn ich jemanden noch nicht so gut kenne, bin ich total offen und schütte mein Herz aus über Dinge, die den anderen eigentlich überhaupt nix angehen.

»Mensch«, meinte Verona, »versteh ich gar nicht! Du bist erfolgreich und super lange in der Branche, dass du da noch immer so voll naiv auf die Leute zugehst!« Rums! Das war eine offene Wunde bei mir. Mit Jürgen Harksen hatte ich gerade die Erfahrung hinter mir, von einem Freund betrogen worden zu sein, und litt noch wie Schwein. Und da kam jetzt eine Verona Feldbusch daher und sagte: »Kein Wunder, glaubst halt jeden Scheiß.«

Nach jedem Treffen mit Verona hatte ich dieses unbestimmte Gefühl: »Mensch, lass das lieber! Bringt nix, führt zu nix. Gibt nur Ärger.« Sie wirkte so komisch ferngesteuert – wie eine Marionette. Wie aus der Retorte. Nicht lebensecht. Alles war voll kompliziert, nichts normal. Ich wusste zwar, dass sie Verona heißt, aber das war's im Prinzip schon.

Fragte ich sie: »Sag mal, wie alt bist 'n du?«, wie man das halt so wissen will, antwortete sie: »Was würdest du denn denken, wie alt ich bin?« Und ganz kokett: »Was, wenn ich siebzehn wäre?« Ich antwortete: »Na doof, würde ich denken. Dann bist du zu jung für mich!« Sie dann weiter: »Ja, und was würdest du denken, wenn ich so und so alt bin?« Schließlich flippte ich aus und sagte: »Verdammt, nun sag mir endlich dein Alter!« Daraufhin kamen immerhin noch zwei Antworten, von denen ich mir eine aussuchen konnte: 22 oder 32.

Wenn ich vorschlug: »Komm, lass uns um acht treffen!«, kam es zurück: »Du, tut mir Leid, ich kann die Uhr nicht lesen.« Worauf ich antwortete: »Dann kauf ich dir 'ne Digitaluhr, ist ja kein Problem! Da sind keine Zeiger drauf, da sind Zahlen. Wenn da eine acht aufleuchtet, dann weißt du, es ist acht Uhr.«

Alles, worum es ihr ging, war Interessantmachen. Sagte ich: »Fahr links rum!«, wusste sie angeblich nicht, wo links ist. Sagte ich: »Fahr rechts rum!«, fragte sie: »Wie jetzt? Links?« Schließlich und endlich konnte sie auch meinen Namen nicht aussprechen. Ich: »Nenn mich doch mal beim Namen«, und sie: »Geht nicht!« Ich übte mit ihr – und schließlich, nach sechs Monaten, konnte sie »Dieter, Dieter, Dieter« sagen, wie ein Baby, das sein erstes Wort gelernt hatte. Ein ständiges Chaos. Ich war permanent dicht vorm Nervenzusammenbruch.

So vergingen bestimmt zwei Monate: Quatschen, im Auto durch die Gegend fahren. Nix fummeln. Nix Sex. Verona wusste, dass ich eine Freundin hatte, aber das Thema Naddel interessierte sie nicht wirklich. Ich glaube, sie fühlte sich ihr einfach turmhoch überlegen. Sie erklärte mir ganz konkret, welche Konditionen es gäbe, wollten wir ein Paar werden. Dazu gehörte auch, dass ich »das mit Naddel« vorher beenden müsste. Ich wiederum wollte wissen: »Du, wie ist das mit deinem Lover Alain?« – »Das ist alles nur Freundschaft«, erklärte sie mir, »alles total platonisch. Wir haben zusammen ein Büro. Er ist unheimlich verständnisvoll, hat null dagegen, dass wir uns treffen.« Im Nachhinein würde es mich nicht wundern, wenn beide eigentlich nur auf einen Trottel warteten, der die Mietrückstände löhnte. Und ich frage mich auch, wieso eine Sängerin, die eigentlich keinen Erfolg mehr hatte, ein eigenes Büro brauchte. Ich glaube, Verona lebte im Kopf in einer Welt, die rein äußerlich gar nicht existierte.

»Und wann können wir mal zu dir fahren?«, wollte ich wissen. »Du hast doch bestimmt 'ne Wohnung.« Verona guckte mich an: »Ja, ich hab 'ne Wohnung.« Darauf ich: »Ja, dann lass uns doch mal fahren zu dieser Wohnung, in der du wohnst. Ist doch bescheuert, wenn wir immer bis fünf im Auto sitzen.« Und sie: »Nee, nee, heute nicht!« Auf ging's wieder zum Taxistand am Bahnhof. Und jedes Mal musste ich auch beim Leben meiner Kinder und auf den »Hamburger Michel« schwören, dass ich ihr nicht hinterherfahre.

Vase mit »W«

Naddel und ich, wir waren sieben Jahre zusammen. Das »verflixte« halt. Am Anfang will man in einer Beziehung vielleicht nur zusammen sein und kuscheln, aber irgendwann reicht nur Kuscheln nicht mehr aus und dann möchte man auch mal reden. Naddel war kein Mensch, mit dem man eine tolle Unterhaltung führen konnte. »Ja, ich kauf dir ein Sesambrötchen« oder »Shaky hat heute so komisch geknurrt«, das waren so die Sätze, die von ihr kamen. »Mensch, Naddel, geh doch mal zur Schule, bilde dich mal weiter!«, hatte ich schon tausendmal zu ihr gesagt. Aber Naddel war die Abteilung, die schrieb Vase mit »W« und diabolisch wie diabohlisch, weil sie dachte, dass das von »Bohlen« kommt. In all den Jahren, die wir in der Villa Rosengarten in Tötensen zusammen wohnten, hatte sie nicht einen Tisch von links nach rechts bewegt. Ihr war das schnurz, wo sie wohnte, wie sie wohnte. Für mich war sie Sekt im Kühlschrank, Klamotten im Kleiderschrank und Piste am Abend. Nicht Kissen auf der Couch und im Ofen Filet Wellington.

Wir langweilten uns miteinander. Es ging nicht voran, und es ging nicht zurück. Meine Oma hatte früher immer den Schnack parat: »Wenn's dir zu gut geht, Junge, sticht dich der Hafer, dann fängste an, nur Blödsinn zu machen!« Auch das stimmte.

Und es gab noch einen anderen Grund, warum mir der Sinn nach Abwechslung stand: Es war das mieseste Jahr in meiner Karriere. Ich hatte das x-te Blue-System-Album rausgebracht. Es lief nicht gut. Vorherige Alben waren immer Gold gegangen, aber der Hype war weg. Keine 400 000 verkauften Scheiben mehr, nur noch 150 000.

Ich steckte in der Krise, auch mental. Wenn es je eine Midlife-Crisis bei mir gab, dann jetzt. Und immer diese Sprüche: »Meinste nicht, es geht bergab mit dir?« Seit hundert Jahren hörte ich die schon, aber mit einem Mal erreichten sie mich. Ich kriegte es mit der Angst, dass ich wirklich abgemeldet war. Thomas Stein, Europa-Chef von BMG, war mal zu mir gekommen, da war ich dreiunddreißig und gerade mit Modern Talking super erfolgreich. »Hast du eigentlich eine Ahnung davon, wie alt du bist?«, fragte er mich. Ich: »Ja, dreiunddreißig!« Und er: »Ja, ja, dreiunddreißig, lieber Dieter … Weißt du, wenn wir mit dir jetzt einen Fünf-Jahres-Vertrag machen, dann bist du am Ende schon achtunddreißig. Für die Kiddies bist du dann ein alter Knacker.«

Da war also diese Angst, mit einundvierzig oder zweiundvierzig aufs Abstellgleis zu geraten. Im Musikgeschäft schwimmst du entweder oben auf der Welle, alle schmeißen dir die Kohle hinterher, alle wollen mit dir arbeiten. Oder niemand will mehr mit dir arbeiten, weil du eben so unerfolgreich bist und gar nix läuft. Mensch, Bohlen, was machst du jetzt? Du kannst ja nicht Taxi fahren! Ich lief durch den Garten meiner Villa Rosengarten und sprach, ungelogen, mit meinen Bäumen: »Jungs, was meint ihr denn so?«

»Freu dich doch, alter Knabe!«, meinte Andy zu mir, »hast doch so viele Hobbys – machste das eben!« Aber ich hatte keine Lust, ein halbes Jahr auf Mallorca abzuhängen, dann nach Miami zu tuckern und schließlich auf den Malediven die Fische anzugucken. Ich fand zwar zwei Wochen Fischegucken gut. Und ich fand auch im Sommer vier Wochen Abhängen auf Mallorca gut. Aber den Rest der

Zeit wollte ich arbeiten und gestresst sein. Ich hatte Angst, mir könnte die Perspektive abhanden kommen.

Eigentlich hätte ich Hilfe gebraucht in meiner Situation, aber Naddel war nicht die Partnerin, die mir hätte helfen können, die mir die richtigen Sachen gesagt hätte. Und da lief mir plötzlich eine Verona Feldbusch über den Weg und sagte genau das, was ich hören wollte. »Ach, hast doch jetzt genug Kohle! Arbeite nicht mehr so viel!«, sagte sie. Oder: »Die bei der Schallplatten-Firma verarschen dich sowieso alle! Pass auf! Wir beide, wir fangen 'ne Beziehung an! Wir ziehen nach Brasilien. Wir klinken uns hier total aus. Und wenn wir 'ne Schweinefarm aufmachen! Oder wir kaufen uns da 'ne Hazienda in Mexiko. Ja, wir machen was!«

Natürlich war das alles Blödsinn. Aber auf einmal hatte ich wieder neue Visionen, neue Ziele in meinem Kopf. Verona war die Frau, die sie mir wie Früchte auf dem goldenen Tablett servierte. Ich biss an und in dem Moment war ich verloren. »O ja, stimmt! Könnt ich eigentlich machen!«, fing ich an zu denken, und: »Klar, ich hab ja Geld!« Ich wurde immer verliebter in meinem Schädel und es war mir mit einem Mal vollkommen egal, ob das mit meiner Musik nun schlecht lief oder nicht. Ich versuchte wie ein Kind, dem man seinen Teddy wegnimmt, ein neues Spielzeug zu finden.

Überall Pickel

Hätte mir vorher jemand gesagt, dass ich mit einer geilen Frau ein halbes Jahr lang nur im Auto sitzen würde, ich hätte ihn für verrückt erklärt. Unsere Sit-ins im Ferrari, Porsche, Mercedes brachten mir neben viel Frust auch eine fiese Grippe ein. Mitten im Winter saßen wir die ganze Nacht vorm »Élysée« und froren uns den Hintern ab. Die Scheiben waren vereist, wir konnten nicht mehr rausgucken. »Mensch, Verona«, sagte ich, da war es schon zwölf Uhr mittags, »warum gehen wir jetzt nicht in dieses Hotel da? Nehmen ein Zimmer, lassen uns was zu trinken bringen und reden dann weiter?« Aber sie machte ein absolutes Geschiss ums Reingehen. »Also nee, also wirklich, also Dieter! Wenn mich die Leute sehen. Ich muss an meinen guten Ruf als Sängerin denken!« Zu dem Zeitpunkt hatte sie den Bekanntheitsgrad einer Fleischverkäuferin bei »Edeka«. »Okay«, willigte sie ein, »aber nur in die Lobby! Einen schnellen Kaffee trinken.« Der Würfelzucker hatte sich noch nicht aufgelöst, da kriegten wir uns schon in die Haare.

Um ehrlich zu sein: Eigentlich zankten wir uns ständig. Jedes Treffen ungefähr fünfunddreißigmal. Wir trennten uns, obwohl wir gar nicht zusammen waren. Wir versöhnten uns, obwohl es uns keinen Schritt weiterbrachte. Sie schrie: »Lass mich sofort raus hier! Ich will zum Bahnhof!« Fuhr ich sie dorthin, lenkte sie ein: »Nein, nein, fahr wieder zurück, ich bleib doch noch!« Das war wie ein Spiel und ich war ihr Hampelmann.

Und jetzt in der Lobby vom »Élysée« das alte Spiel: Sie rannte davon, ich hinterher. Und hinter mir schrie der Kellner: »Hey, Sie müssen noch zahlen!«, weil er dachte, ich wollte die Zeche prellen. Es war eine dieser Situationen, wo man die Wände hätte hochgehen können: »Mensch, ich will euch doch nicht um diese zwei Kaffee hier betrügen. Aber die Frau da ist grad raus, ich muss hinterher!«, sagte ich entgeistert.

Zu Hause erzählte ich Nadja: »Du, ich hab da jemanden kennen gelernt … die heißt Verona … da läuft aber nix!« Was zu dem Zeitpunkt auch stimmte. Da war wirklich null Komma null null, nur der Anfang von etwas wie Gefühl. Ich hielt Naddel sogar auf dem Laufenden: »Du, ich treff mich jetzt wieder mit dieser Verona, aber wir gehen nur essen. Da ist nichts, glaub mir das, ich küss die nicht mal!«

Natürlich kriegte Naddel von allen Seiten Petz-Anrufe wegen Verona und mir: wie wild wir's treiben würden und überhaupt! Lauter erfundene Geschichtchen, die sie mir alle brühwarm erzählte. Aber es war nie so, dass sie gesagt hätte: »Nein, du darfst sie nicht mehr treffen, Dieter!« Naddel war da sehr tolerant, aber vielleicht war's ihr auch einfach egal.

Am Ende dieser sechs Monate Auto-Sit-ins streikte mein Körper. Mir war alles zu viel. Es war die Revolte des Immunsystems. Ich kriegte überall Pickel, ich hatte das Gefühl, ich sterbe. Nach unseren Gesprächen im Auto fuhr ich nach Hause – manchmal war es schon sieben Uhr morgens –, legte mich zwei Stunden ins Bett und stand um zehn wieder bei Luis im Studio. Am nächsten Abend dann dieselbe Prozedur: Auto, einsteigen, streiten, versöhnen. Ich konnte nicht loslassen, ich war mittlerweile zu schwer verliebt in Verona. Ich merkte, wie ich die Kontrolle verlor. Sie brachte mich dazu, Dinge zu tun, die ich sonst nicht getan hätte. Irgendwie schwante mir: Das ist der Untergang.

Kuckuck!

»Du, bei mir war der Gerichtsvollzieher«, überraschte mich Verona eines Tages mit einer echten Neuigkeit. »Der hat alle Möbel mit Kuckucks beklebt. Ich brauche dringend 30 000 Mark! Wenn du sie mir nicht gibst, muss ich ins Gefängnis.« Ich war baff: »Warum bist du so knapp bei Kasse?« Verona hatte auch dafür wieder eine Antwort parat: »Ja, also, Dieter, wir treffen uns ja jetzt so oft«, erklärte sie mir, »da hab ich ja sozusagen keine Zeit mehr, Geld zu verdienen. Und wenn ich kein Geld verdiene, dann kann ich auch keine Rechnungen zahlen. Jetzt muss ich erst mal arbeiten gehen, aber durch das Arbeitengehen habe ich keine Zeit mehr für dich! Und außerdem muss ich jetzt sowieso in die Verwahrhaft. Dann kann ich dich ohnehin nicht mehr sehen.« Ich gab ihr erst mal 10 000 Mark.

Mittlerweile trafen wir uns nun schon acht Monate und waren nie weiter als bis zum Fummeln gekommen. Für meine Verhältnisse eigentlich unvorstellbar wenig. Wir standen wieder mal vorm »McDonald's Drive-in« und ich fragte sie spontan: »Du, was hältst du davon, wenn wir heiraten?« Sie: »Ja, warum nicht? Nette Idee!« Ich daraufhin: »… ich wüsste da 'nen ganz guten Notar für 'nen Ehevertrag. Du musst wissen: So hab ich's bei meiner ersten Frau gemacht und so würde ich es immer wieder machen.« Das hätte ich lieber nicht sagen sollen. Verona regte sich so tierisch auf, noch tierischer wäre unmenschlich gewesen: »Ja, aber da geht's doch um Gefühle beim Heiraten! Und Gefühle und Verträge gehören nicht zusammen.« Ein Mann sei für seine Frau verantwortlich, auch finanziell, das müsste ich doch kapieren und rarara.

Ehevertrag ja oder nein – wir zankten uns derart, dass ich vor einer echten Grundsatzentscheidung stand: Sollte ich die alte Plinse nun endgültig zum Mond schießen oder doch noch versuchen, eine Einigung mit ihr zu finden? Wir beschlossen, weil wir ja noch nie zusammen eine Nacht in einem Zimmer verbracht hatten, zusammen in Urlaub zu fahren, an dessen Ende ich mich ja dann entscheiden könnte, ob ich sie heiraten wolle oder nicht. Die Idee entstammte Veronas Hirn.

Angeditschte Daihatsus

Sie sagte mir, wo sie wohnte, das erste Mal in meinem Leben war ich im Besitz von Veronas Adresse: irgendeine fiese Straße in Eimsbüttel. Weil wir schon frühmorgens losfliegen wollten, hatte ich Angst, dass ich alles buchen würde – Flug, Reise, Hotel – und dann allein dastünde. Bis dahin hatte ich noch nicht ein einziges Mal erlebt, dass Verona auch nur annähernd pünktlich war – und ich rede hier nicht von dreißig Minuten. »Also, ich weiß, du kommst sowieso nicht rechtzeitig«, redete ich ihr zu wie so einem kleinen Mädchen, »das klappt tausendprozentig nicht. Ich hol dich lieber abends ab, dann gehen wir irgendwo pennen im Hotel. Und morgens fahren wir direkt zum Flughafen.« Es sollte nach Acapulco gehen.

Wie vereinbart rief ich sie kurz vor dem Abholen aus dem Auto an: »Du, ich komm jetzt. Mach mir einfach nur schnell die Tür auf! Ich komm eben hoch und trag dir deine Koffer runter.« Sie darauf: »Ja, ist gut!« Der Weg in Veronas fiese Straße führte durch noch fiesere Straßen: Huihui!, dachte ich, wo bin ich denn hier? Da fahr ich ja eigentlich nicht so oft …

Pünktlich um acht stand ich unten bei ihr vor der Tür und klingelte. Ich wartete: fünf nach acht. Viertel nach acht. Ich rief wieder an: »Hör mal, Verona, ja wat is denn nu?« Sie: »Ja, ja, ich komm gleich.« Ich begriff nicht, wo das Problem war: »Mensch, dann drück doch einfach nur auf den Knopf!« Und sie: »Ja, hier, also meine Koffer, ich hab hier meine Koffer, meine Koffer, meine Koffer – also, ich krieg das alles nicht geregelt …« Ich merkte, dass ich anfing, genervt zu sein: »Verdammt, dann helf ich dir, drück auf den Türöffner, ich komm hoch, hol deinen ollen Koffer raus und trag alles runter.« Sie: »Ja, ich drück gleich …«

Halb neun, Viertel vor neun, neun – langsam war ich nicht mehr nur genervt, ich hatte das sichere Gefühl, dass sie mich verkackeiert. Ich rief wütend an: »Sag, Verona, was ist das hier jetzt für eine Nummer? Ich steh hier wie ein Vollidiot mit dem Auto. Wenn du nicht willst, dass ich die Koffer runtertrage, dann nimm sie halt und trag sie selbst.« Und sie: »Wenn du mich jetzt weiter so unter Druck setzt, dann … dann …«, kam als Antwort. Mittlerweile hatte sie einen Heulkrampf und ich versuchte zu beschwichtigen: »Ist doch alles nicht so schlimm, nun drück doch auf den Knopf!«, aber nein, es war nichts zu machen. »Ich bin vollkommen durcheinander«, weinte sie, »ich weiß gar nicht, was ich machen soll!«

So ging das – man glaubt es kaum – bis ein Uhr morgens. Im Nachhinein bin ich mir sicher: Sie saß da oben mit ihrem Alain nach dem Motto: »Oh nee, jetzt klingelt der doofe Dieter schon wieder, ich hab aber keine Lust, mit dem wegzufahren.« Und überlegte wohl, ob es keine andere Möglichkeit gäbe, an mein Geld zu kommen, als mit mir in Urlaub zu fahren. Denn am Ende hätte sie mich ja dann tatsächlich heiraten müssen. Reisepass, Geld und zwei Piaget-Eheringe vom Allerfeinsten: Das alles lag nun hinten auf der Rückbank von meinem silberfarbenen SL-Mercedes und lachte mich aus.

Ich setzte mich vor Wut kochend wieder ans Steuer und überlegte, was ich jetzt tun sollte. Zwischen all den verbeulten Golfs und angeditschten Daihatsus fiel ich mit meinem Wagen natürlich extrem auf. Jeder, der zufällig vorbeilatschte, guckte durchs Fenster nach dem Motto: »Na, Herr Bohlen, wat machen Sie denn hier?« Das setzte mich psychisch noch mehr unter Druck, mir platzte der Kragen. Ein allerletztes Mal versuchte ich sie anzurufen. Die ganze Zeit war ständig besetzt gewesen. Immer, wenn ich ihre Nummer wählte, hatte es nur »tut-tut« gemacht. Endlich war die Leitung frei, sie nahm ab und ich schrie in den Hörer: »Du kannst mich mal, ich hab keinen Bock mehr auf dich, das Ding ist gecancelt, mach doch, was du willst! – Und damit du's genau weißt: Ich fahr jetzt nach Hause! Und wenn ich bei den Elbbrücken bin, schmeiß ich die Tickets und den anderen Krempel ins Wasser.«

Es war kurz vor zwei Uhr morgens, als ich bei den Elbbrücken ankam. Ich blieb auf dem Seitenstreifen stehen, so verzweifelt, so verarscht, so betrogen hatte ich mich noch nie gefühlt. Ich hatte mich zum Hansel machen lassen. Aber auch Dieter aus Göttingen, der aus Sparsamkeit alte Gockel gefressen hatte, meldete sich tief in mir drin und sagte: »Du kannst doch jetzt nicht für fünfundzwanzigtausend Mark Ringe runterschmeißen! Mensch, biste bescheuert, oder was?« In dem Moment klingelte mein Telefon: »Hol mich ab!« Verona! Für Sekunden war ich hin und her gerissen, der Stolz bäumte sich in mir auf, aber dann fuhr ich auch schon wie ein Bekloppter zurück. Ich dachte: »Hey, Dieter, du hast gewonnen.« Falsch gedacht.

»Brtttttt!«, auf einmal ging alles: Verona drückte unten auf den Öffner – ich glaube, Alain hatte zwischenzeitlich das Feld geräumt –, ich konnte hochgehen, stand vor ihrer komischen Eisentür, konnte die Koffer runtertragen und warf das erste Mal einen Blick in ihre Wohnung. Nur einen kurzen, denn sie hatte die Koffer schon rausgeschoben auf den Hausflur. Ein Zimmer, dahinter noch ein Zimmer, alles mega-unordentlich und voll hässlich und geschmacklos eingerichtet, wenn man überhaupt von Einrichten sprechen konnte. Da, wo bei normalen Menschen eine Lampe hing, hing bei Verona eine Birne. Es gab nur überall Haufen. Auf dem Tisch stand ein verdorrter Rosenstrauß, den sie wohl vor achtunddreißig Jahren mal von einem Verehrer gekriegt hatte, in einer Vase mit grünem Wasser. Obendrauf die Pilze, alles so eine Art Biotop. Ich sagte: »Komm, Verona, wir wollen doch jetzt wahrscheinlich heiraten, zeig mir doch mal die ganze Wohnung.« Aber von ihr kam nur: »So, willst du jetzt schon wieder anfangen? Wollen wir jetzt wieder diskutieren oder wollen wir heiraten fahren?« Später würde ich über diese gemeinsame Zeit mit Verona sagen: Wir führten ungefähr tausend Kämpfe, von denen ich ungefähr tausend verlor. Das hier war so etwa der hundertste. Und Verona machte das damals auch richtig, mir diese Wohnung nicht zu zeigen. Denn so, wie sie hauste, das war eigentlich nicht meine Abteilung. Doch soll ich ehrlich sein? So bestusst, wie ich damals war, hätte ich sie höchstwahrscheinlich trotzdem geheiratet. Ich war wie auf Droge, auf Verona-Droge, leider, und kam einfach nicht runter.

Acapulco und stramme Eisberge

Wir fuhren zum Airport-Hotel und nahmen für die letzten Stunden bis zum Abflug ein Zimmer. Ich war fix und fertig, Verona hatte die ganze Nacht nonstop geheult und ich kämpfte mit dem Wahnsinn. An Liebemachen war nicht zu denken. In Acapulco angekommen, stiegen wir aus und stellten fest, dass der exotische, tolle Strand, den wir uns vorgestellt hatten, nur ein voll hässlicher mit ganz viel Dreck war. Wir fuhren zum Hotel »Tres Islas« – es war später Nachmittag –, wir bekamen einen Bungalow mit eigenem Pool, auf dem Orchideen schwammen, und langsam kam die Lebensfreude zurück. Verona hatte sich umgezogen, wir gingen ins Wasser, die Blüten trieben um uns rum, alles war – wie soll ich sagen? – schwerst romantisch. Ich empfand das als einen Wink des Schicksals. So nach dem Motto: Ihr beide habt zwar Stress gehabt, aber jetzt wird alles wieder gut. Wir legten uns aufs Bett, nur so mit Handtuch, und Verona, das hatte ich beschlossen, war fällig.

Als begeisterter Hobbyforscher hatte ich beim Fummeln im Auto schon mal vorsondiert. Und hatte deutliche Zweifel, dass das alles vom lieben Gott war. Als sie sich jetzt auf dem Bett räkelte, ragten ihre Dinger wie zwei stramme Eisberge in die Luft.

Normalerweise ist es ja so, dass man sich als Mann kaum Gedanken darüber macht, wann und wo es zum ersten Mal passieren soll. Man legt einfach los. In diesem Fall aber war es so: Ich entwickelte Stress. Ich hatte acht Monate darauf gewartet. Es war nicht die Angst vorm Versagen, sondern die Furcht vor der Antwort auf die Frage: Was, wenn ich enttäuscht bin? Was, wenn du von einer Frau geträumt hast, die es gar nicht gibt? Das machte mich jetzt kirre. Verona hätte die schönste Frau auf diesem Planeten sein können. Wenn es mit ihr im Bett langweilig gewesen wäre, hätte ich es knicken müssen. Erotik ist für mich Dreh- und Angelpunkt einer Beziehung. Alle Männer, die behaupten, es würde ihnen genügen, mit ihrer Angebeteten nur zu quatschen, die lügen. Wenn Naddel und mich all die Jahre überhaupt irgendwas zusammengehalten hatte, dann waren es die besonders schönen Stunden im Bett. Ich gehöre nicht zu diesen männlichen Theoretikern, die so schakra- und omm-mäßig zweimal im Monat bei ihrer Frau den Energiekanal suchen. Ich brauche volle Begeisterung und Anteilnahme seitens meiner Partnerin.

Bei Verona machte ich von vornherein Konzessionen. Ich stellte mich so auf »medium« ein. Okay, wenn's nicht so doll wird, auch nicht schlimm! Solange Fantasie im Thema ist, kann man ja investieren. Ich hatte mir völlig umsonst Sorgen gemacht. Alles Schlechte dieser Welt könnte man Verona nachsagen, aber nicht, dass sie schlecht im Bett ist. Sie war die totale Egoistin, sie sah zu, dass sie zu ihrem Recht kam. Ich musste nicht sagen »Komm, Mausi, entspann dich mal«, sie sorgte selbst dafür. Zwei Stunden ging's rund, ich war schwer begeistert. Alles war noch viel schöner als in meinen wildesten Fantasien, Verona ließ sich total fallen. Natürlich weiß ich, dass man als Mann schnell die Pappnase aufhat, wenn man alles glaubt, was einem eine Frau im Bett so vorstöhnt. Aber ich war echt überzeugt: Das kann die nicht alles nur spielen, Verona muss wirklich in dich verliebt sein. Oder anders herum formuliert: Wenn überhaupt irgendwas in dieser Beziehung zu Verona echt war, war es höchstwahrscheinlich der Sex, denn sie ist ja bekanntermaßen eine der untalentiertesten Schauspielerinnen, die es gibt.

Verona lag total verschwitzt in meinen Armen. Ich war einfach nur überwältigt, einfach nur glücklich. Wir redeten so dies und das und ich meinte so in einem Nebensatz: »... du hast da doch diese erstaunlichen Brüste ...« Nun muss man wissen: Frau Feldbusch trägt ein Gen in sich, das da heißt Hasch-mich-ich-bin-die-Waldfee. Zu allem kriegt man irgendeinen Schmus erzählt. »Nee, alles echt!«, war ihre Antwort. Ich ließ nicht locker: »Also Mensch, du, pass mal auf, also ich kenn mich da ein bisschen aus. Meine andere Freundin hat auch so Apparate, wir wollen doch jetzt heiraten und ich find's eigentlich ganz gut, wenn wir unsere Ehe nicht gleich mit fünfundzwanzig Lügen beginnen. Nun gib schon zu: Die sind nicht echt.« Doch Verona drehte den Spieß einfach um: »Die sind echt, begreif das mal! Aber wie bist du eigentlich drauf? Du bist echt komisch.« Dann waren wir wieder da, wo wir uns gut auskannten: beim Streiten. Ich konnte nicht mehr.

Der Häää?-Faktor

Ich stellte fest, dass es zwei Veronas gab. Die, die abends mit mir ins Bett ging, war nicht die, die morgens mit mir am Frühstückstisch saß. Verona ohne Make-up sah wie alles Mögliche aus, nur nicht wie Verona. Sie verbrachte Stunden morgens im Bad. Sie legte sich auch nicht einfach nur in die Sonne wie jeder normale Mensch, sie ließ sich nach Schema bräunen: Unten ein bisschen mehr und oben ein bisschen weniger und ganz oben legte sie ein Handtuch drüber. »Sonst passen die Farben meines Make-ups nicht mehr, Dieter!«, erklärte sie mir.

Wir stritten uns weiter wie gehabt, vornehmlich über blöde Sachen. Sie hatte zum Beispiel Angst vor einem Mückenstich, doch statt sich nur eine Salbe zu kaufen, räumte sie mit meinem Geld gleich die halbe Apotheke leer. Das fand ich natürlich nicht so prickelnd. Ich bin ja kein Ralph Siegel, der jeder Frau, die er kennen lernt, gleich sagt: »Du, ich kauf dir ein Auto und hier hast du auch noch meine Kreditkarte, hau rein!« Ich leide an der Paranoia, dass alle Frauen, mit denen ich zusammen bin, mich nur wegen der Kohle lieben, deshalb bremse ich grade am Anfang stark und bin noch sparsamer als sonst. Der Spruch meiner Mutter ist immer: »Du, Dieter, die Frauen lieben an dir dein Bestes – das ist dein Geld.« Es war ein Machtkampf. Ich wollte Verona gleich klarmachen: Du kannst mit meiner Kohle nicht einfach so rumwerfen und alles kaufen, wonach dir in der Sekunde vielleicht der Sinn steht! Nur: Bei einer Verona Feldbusch war ich da an der falschen Adresse. Erstens ließ sie sich von mir nichts sagen. Zweitens gehört sie zu der Sorte Frau, die in ihrem Leben wahrscheinlich noch nie einen Nagellack selbst bezahlt hat.

Die halbe Stunde am Tag, die Verona lieb zu mir war, dachte ich: O Mensch, das ist meine Traumfrau! Dann kamen Sätze von ihr wie: »Du bist mein Held, du bist der Tollste überhaupt, ich will fünf Kinder mit dir, ich will mein ganzes Leben mit dir verbringen.« Dann zofften wir uns wieder und ich kriegte zu hören: »Ich will dich nie wieder sehen, du bist das größte Arschloch, ich fand dich schon immer Scheiße und da war noch nie was!« Verona war, was Streit anbelangte, die komplette Cholerikerin. Sie rastete nicht nur ein bisschen aus, sie wurde zu einem Monster und höhnte: »Du glaubst doch nicht, dass man so was wie dich lieben kann? Du bist Dreck für mich!« Immer war da dieser Häää?-Faktor: Ja, was denn nun, was denn jetzt? Was stimmt eigentlich von alledem, was sie einem erzählte?

Wenn wir gute Momente hatten, fütterte sie mich mit Komplimenten. »Mensch, willst du denn überhaupt 'nen Mann, der schon so alt ist?«, wollte ich wissen. Dann antwortete sie: »Bist du bescheuert? Mensch, guck doch mal, welcher Mann sieht in deinem Alter noch so gut aus? Guck, wie du Tennis spielst. Guck, wie du Wasserski fährst, das könnte ein Zwanzigjähriger nicht mal so. Du bist topfit, du bist super durchtrainiert, ja, ja, guck doch mal!« Aber wenn wir dann wieder stritten, startete das komplette Gegenprogramm. Dann drehte sie den Liebeshahn zu, dann guckte sie mich an, als würde ich 120 Kilo wiegen und fiesen Ausschlag am Hintern haben. Ich glaube, das war ihre Masche bei Männern: aufbauen und in den Himmel heben und wenn du dann denkst, die Welt ist toll und alles ist super, dann bekommst du eine emotionale Breitseite.

Nach vier Tagen langweilten wir uns und flogen weiter: Erst nach Cancun, wo wir eine Woche blieben, dann Las Vegas. Wir waren wie Richard Burton und Liz Taylor, wir stritten und wir vertrugen uns, aber in meinem Kopf spukte immer noch diese Idee mit der Heirat rum. »Mensch, wir müssten vielleicht nur noch mal vorher über den Ehevertrag sprechen, Verona …«, fing ich an. Meine Anwältin in Deutschland war informiert und immer Stand-by. Würde ich anrufen, wollte sie mir noch in der gleichen Nacht einen Vertragsentwurf faxen. Weder meine Eltern noch irgendwer sonst wusste, was ich vorhatte. Selbst Naddel gegenüber hatte ich nur Andeutungen gemacht. Ich kam mir vor wie ein Schwein. Man hat ja auch Gefühle und ich wusste, dass ich ihr in diesem Moment total wehtat. Nach sieben Jahren hatte ich mich aus einer Beziehung verabschiedet, einfach nur so mit einem »Tschüss!« an der Haustür.

Von unterwegs griff ich zum Hörer: »Du, Naddel, ich werde höchstwahrscheinlich heiraten.« Verona saß neben mir, sie hatte darauf bestanden, dabei zu sein, wenn ich mit Nadja reinen Tisch machte. Sie gab mir Zeichen: »Sag ihr endlich, dass es aus ist mit ihr und sie sofort ausziehen soll.« Ich setzte an: »Du, Naddel, es ist besser, wenn du dir umgehend eine Wohnung suchst … meine Anwältin kommt demnächst vorbei, um mit dir die Details zu besprechen …« Ich hatte erwartet, dass sie weint, aber sie war nur sauer und enttäuscht. Ich versuchte ihr zu erklären, wie es so weit hatte kommen können. Das Problem war, dass ich es selbst nicht wusste, geschweige denn hätte erklären können, zumal Verona mit an der Muschel klebte. Ich war völlig verunsichert. Meine Gefühle für Nadja waren nicht tot, ich hing an ihr – allein schon wegen unserer gemeinsamen Vergangenheit. Und bei Verona zappelte ich total in der Luft. Man stellt sich das immer so toll vor: ein Mann, zwei Frauen, aber es gibt nichts Schlimmeres. Ich nahm allen Mut zusammen: »Also, ich bin hier jetzt zusammen mit Verona, das mit uns ist vorbei … lass uns irgendwie einen Weg finden, wie wir vernünftig auseinander kommen können.« Naddel wurde richtig wütend: »Ich bin jetzt schon seit sieben Jahren mit dir zusammen und ich möchte dich *auch* heiraten. Ich hab immer drauf gewartet. Mir hast du nie einen Antrag gemacht und die kennst du erst so kurz! Wie kannst du dich nur so schnell verlieben? Früher hast du immer gesagt, du brauchst Zeit, aber du hast mir wohl all die Jahre nur Scheiße erzählt.« Nadja tat mir Leid. Eigentlich wollte ich sagen: »Mensch, Naddel, ich hab dich doch noch total gern, spürst du das nicht?« Stattdessen kamen nur idiotische Sätze aus meinem Mund: »Können wir nicht Freunde bleiben? So Kumpels irgendwie?« Das Gespräch dauerte eine halbe Stunde, ich war ganz klar der Verlierer. Nur: Was sollte ich denn machen, wenn ich eine andere Frau kennen gelernt hatte, die ich unheimlich mochte, die mir eine neue Perspektive gab und mit der zusammen ich was Neues aufbauen wollte?

Verona war King of Kong, triumphierend saß sie neben mir. Ich merkte, wie sich bei ihr dieses Sieg-Gefühl einstellte: »Der will mich ja wirklich und gibt der anderen den Laufpass!« Nur ich war kreuzunglücklich: Ich hatte dem einzigen Freund, den ich besaß, sehr wehgetan, hatte die einzige Person auf diesem Planeten, die mich nie verraten hatte, vor den Kopf gestoßen. Und ich fühlte, ich hatte was Verkehrtes gemacht. Mir war ganz elend.

Eine halbe Stunde später rief ich Nadja noch mal an: »Mensch, Naddel, äh, äh … weil … ich konnte doch in diesem Moment nicht so … also ich wollte zu dir sagen … Mensch, ich hab dich doch noch total lieb! … Eigentlich hat sich an meinen Gefühlen gar nichts geändert, aber … also … Verona saß daneben.« Ich hatte unendliche Angst, Nadja zu verlieren.

Ich befand mich auf so etwas wie einer Hochzeitsreise, eigentlich der Start in ein glückliches Leben, und überlegte ständig: Hab ich das jetzt richtig gemacht? Ist alles falsch? Soll ich wieder zurück zu Nadja? Oder will ich doch Verona? Und zum Schluss dachte ich: Mensch, das ist doch sowieso alles Käse.

Wieder rief ich Naddel an, mittlerweile nun täglich. Ich wollte ihre Stimme hören, aber irgendwie hoffte ich auch, dass sie mir sagen würde, was ich tun sollte. Ich rang um Worte: »Nein, Nadja … Mensch, verdammt, ich weiß noch nicht! … Ich bin verzweifelt! … Ich hab mich verliebt in Verona, aber dich mag ich auch noch … kannste nicht noch 'nen Moment warten?« Wer dabei weinte, war nicht sie, sondern ich. Ich konnte mich einfach nicht entscheiden. Das war die beschissenste Zeit in meinem Leben.

Minimales Maximum

In Las Vegas drängte Verona auf Hochzeit und so beschlossen wir irgendwann: Heute ist der Tag. Man konnte direkt im Hotel heiraten, man musste dafür nur in den Lift steigen und drei Etagen höher fahren. Ich rief meinen Freund Andy an: »Was soll ich bloß machen, was soll ich bloß machen? Der Karren ist total gegen die Wand gefahren.« Kurz und knapp beschied er mir: »Lass es!« Ich machte den Fehler, auch noch mal bei meiner Anwältin durchzuklingeln. Sie beruhigte mich: »Herr Bohlen! Keine Sorge! Selbst wenn Sie keinen Ehevertrag haben! Selbst wenn Sie nächste Woche wieder auseinander rennen! Selbst dann kann Ihnen Frau Feldbusch daraus keinen Strick drehen. Wissen Sie, das ist nämlich juristisch gesehen eine Kurzehe!« So verklickerte sie mir. Und es kam noch verlockender: »Es besteht sogar die Möglichkeit, auf Annullierung zu dringen.« – »Okay, und was wäre das Maximum, das ich zahlen müsste?«, wollte ich wissen. Und sie antwortete: »Minimal, Herr Bohlen! Minimal! Nur keine Kinder zeugen!« Ich ging also von einem minimalen Maximum aus. Totaler Dünnsinn.

Wir fuhren die drei Stockwerke hoch zur Wedding Chapel, einem kleinen Raum mit Plastikblumen und Plüschsesseln für Gäste, die wir nicht hatten. Ich kam direkt vom Swimmingpool und meine Haare waren total zerzauselt: »Mensch, willste dir da nicht ein bisschen Gel rein machen, wie siehst du eigentlich aus?«, fragte Verona auf ihre einfühlsame Art. »Ach, ist doch egal«, antwortete ich. Ich wollte keinen Staatsakt draus machen, wollte alles für mich in meinem Kopf möglichst klein halten: kleinste Zeremonie, kleinstes Paket, kleinstes Programm. Rein, raus, fertig. »Wollen Sie Video?«, fragte uns der Mensch, der uns trauen sollte. »Nein, nix, ich will kein Video, ich will gar nichts«, antwortete ich. Schlussendlich war noch nicht mal ein Zeuge anwesend, obwohl Verona später immer behauptete, da sei einer gewesen. 88,50 Dollar kostete das Mann-und-Frau-Werden, ein Hotelangestellter machte auf Friedensrichter. Er redete so auf Englisch »laber! laber! laber!«, dann mussten wir »yes« sagen: Erst sagte ich »yes!«, dann sagte sie »yes!«, das war's.

Ich werde nie vergessen, wie sie mich danach anguckte, mit so einem ganz komischen Blick, als ob sie sagen wollte: »… der hat mich ja wirklich geheiratet!« Dann machten wir noch ein paar Fotos.

Nach unserer Hochzeit, die nur fünf Minuten gedauert hatte, fuhren wir wieder runter. Wir waren noch nicht ganz im Zimmer, da ging das Streiten wieder los. Ich flüchtete an den Pool, Verona blieb oben. Und irgendwie dämmerte mir: Das war ein Fehler, das war ein Fehler, ein Fehler, Fehler, Fehler! Denk jetzt einmal klar nach! Schließlich griff ich mir ein paar Shorts und fuhr erneut hoch zu unserer Wedding Chapel, um unsere Heirat annullieren zu lassen. In Las Vegas kann man das innerhalb von vierundzwanzig Stunden nach der Eheschließung machen. Schon auf dem Flur leuchtete mir das Schild »closed« entgegen. Der Wedding-Chapel-Mensch machte grade ein Päuschen und ich sah darin ein Zeichen des Himmels: Mensch, der liebe Gott will nicht, dass ihr beide auseinander geht.

Den ganzen Nachmittag kämpfte ich mit mir: »Mensch, warum gehst du nicht endlich nach oben und ziehst die Reißleine, bevor's zu spät ist?« Aber wieder war es meine Anwältin, die mich beruhigte, von wegen alles easy, be locker! »Nö, nö, Herr Bohlen«, sagte sie, »machen Sie sich mal nicht so viele Gedanken jetzt. Das wird schon nicht Ihr Untergang, Herr Bohlen, wenn das nicht klappt mit Ihrer Frau!« Zeichen des Himmels und Anwältin hin oder her – ich kam nicht zur Ruhe. Wieder rief ich Andy in Berlin an: »Du, Andy, ich hab geheiratet, aber mir geht die Düse – ich glaub, das war der Oberscheiß meines Lebens!«

»Das glaube ich auch«, sagte Andy.

Am nächsten Tag klingelte mein Telefon: »Mensch, Junge, warum hast du uns nicht gesagt, dass du heiratest?« Das waren meine Eltern und sie hatten die frohe Botschaft in der Zeitung gelesen. Ich war völlig überrumpelt: »O ja, stimmt … ähm … ich wollt euch das eigentlich alles in Ruhe erzählen, wenn ich wieder zu Hause bin.« Das ging auf Veronas Konto, da war ich mir sicher. »Hast du irgendwen von der Presse angerufen?«, stellte ich sie zur Rede, aber sie redete sich raus: »nö«, nur mit einer Freundin habe sie telefoniert, aber die müsste wohl jemanden kennen, der jemanden kennt, der wiederum einen Journalisten kennt. So in etwa erklärte sie mir das. Das alles war natürlich komplett das Gegenteil der Wahrheit. Verona kannte Manni Meier von der »Bild«-Zeitung, der diese Frau höchstwahrscheinlich noch mehr liebte, als ich sie je geliebt hatte. Wenn ich zu zehn Prozent am Erfolg von Verona beteiligt bin, gehen die anderen neunzig Prozent auf Manni Meiers Konto. Wenn sie ihm erzählte, ihre Platte sei in Tasmanien ein Hit gewesen, stand das in der Zeitung, egal ob das Ding da überhaupt je veröffentlicht worden war. Wenn sie ihm sagte, sie habe tausend Angebote für Fernseh-Shows, wurde auch hier für mediale Verbreitung gesorgt. Und selbst dass sie bei »Peep« rausflog, deklarierte Manni Meier als Erfolg. Aus diesem Grund war Verona auf einmal so interessant für die Werbung: Denn die Marketing-Fuzzis konnten sicher sein, dass über jeden Pups, den sie ließ, berichtet wurde. Zu diesem Zweck hätte Manni Meier für sie sogar die Duft-Zeitung erfunden.

BiFis von der Tanke

Als wir zurückkamen aus unseren Flitterwochen, übersiedelte Verona in meine Villa Rosengarten. Das sah so aus, dass sie sich den schwarzen Jaguar von mir lieh, ein paarmal in ihre Wohnung nach Eimsbüttel fuhr und mit einem Stapel Klamotten, die Bügel einfach überm Arm, zurückkam. Das war ihr Umzug, man hätte auch Besuch dazu sagen können.

Dann wuchs sich das nächste Ding zwischen uns zum Problem aus. Frau Feldbuschs Losung hieß: »Nicht ohne mein Make-up!« Selbst wenn wir nur die Pferde streicheln gingen, die grad mal hundert Meter weiter unten im Garten standen, verschwand Verona für Stunden im Bad. Wollten wir abends ins Kino und ich sagte nachmittags: »Du, um acht geht's los!«, sagte sie: »Ja, super!«, und holte ihre Lockenwickler raus. Wenn ich um halb acht an der Badezimmertür klopfte, um sie vorsichtig daran zu erinnern: »Du, Verona, wir müssten jetzt langsam los«, kam ein: »Jaaha! Bin gleich so weit!« von drinnen. Dann war es Viertel nach zehn und Verona erschien in voller Montur oben am Treppengeländer. Ich rief genervt hoch: »Vergiss es, ey! Der Film ist seit hundert Jahren vorbei!«, was sie überhaupt nicht aus der Ruhe brachte: »Macht doch nix, Dieter! Ich kenn da auf der Reeperbahn ein Spät-Kino, da können wir noch bis nachts um halb eins Filme gucken, wenn du willst!« Und ich so: »Das ist toll, aber da läuft nicht der Film, den ich sehen möchte.«

Oder als ich vorschlug: »Wollen wir heute Abend nicht essen gehen? Ich könnte einen Tisch für halb neun reservieren«, war sie um Mitternacht fertig. Ich war frustriert. Mit Verona irgendwo hin zu wollen, war, wie Kaugummi unter den Schuhen kleben zu haben: Man kam nicht los. »Du, das Restaurant hat schon seit Stunden geschlossen, wir brauchen gar nicht mehr los«, machte ich sie an. Dann kam von Verona: »Ist doch egal, komm, lass uns zur Tanke fahren! Dann besorgen wir BiFis und Kakao!« Schon als ich Verona kennen lernte, holte sie sich ihr Essen immer aus der Tankstelle. So etwas wie einen Supermarkt kannte sie gar nicht. Das war für sie ein Land so exotisch wie Papua-Neuguinea. Dafür wusste sie aber schwer Beschweid, bei welchen Essos und Shells es welche Produkte gab. Nur: Ich für meinen Teil hatte mich auf Nudeln gefreut und wollte keine Dauerwurst. Ich hasste diese in Fett gepressten Abfälle.

Ich war fix und alle, hatte Schlafstörungen und begann, vom Fleisch zu fallen. Auch Naddel, die mich frisch gebräunt von meiner Hochzeitsreise zurück wähnte, war geschockt: »Wie siehst'n du aus? Ich dachte, du bist braun gebrannt, glücklich und erholt, aber du bist ja zehn Jahre älter! Guck dich mal im Spiegel an: Diese Frau macht dich zum Wrack!« Nadja war der einzige Mensch, dem ich hätte erzählen können, wie es mit Verona wirklich war. Aber so weit war ich noch nicht.

Meine Mutter fiel aus allen Wolken, als ich ihr meine neue Frau vorstellte: »Mama, das ist Verona – Verona, das ist meine Mama!« Nach zwanzig Minuten nahm sie mich beiseite und fragte entgeistert: »Was ist das denn für eine? Die wird dir nur Unglück bringen. Glaubst du etwa, die würde jemals für dich sorgen? Glaubst du, sie würde in guten und in schlechten Zeit zu dir halten? Glaubst du wirklich, wenn du mal Grippe hast und dich übergibst, dass diese

Frau dein Erbrochenes wegmachen würde?« Aber ich verteidigte sie: »Nee, glaub ich nicht, dass sie das machen würde, aber ist mir auch egal, weil: Ich find die gut!« Ich sagte zu Verona: »Alle Leute, die ich kenne, sind gegen dich. Ob meine Familie, meine Freunde, meine Geschäftspartner – alle warnen mich.« Und was antwortete Verona? »Ja, die wollen eben nicht, dass du so eine tolle Frau kriegst.« Das glaubte ich oder wahrscheinlich wollte ich es einfach glauben.

Butzi-butzi!

Doch in meinem Inneren brach langsam, aber sicher eine Welt zusammen. Denn jetzt begann auch der Stress mit meinen Kindern. Mal meinte Verona: »Die sind aber süß!«, dann wieder gingen die drei ihr am Arsch vorbeiging. Wenn ich zum Beispiel versprochen hatte, Marc, Marvin und Marielin um zehn bei ihrer Mutter abzuholen, dann beschloss Verona, erst mal mit mir eine Runde zu streiten. Wenn ich dann sagte: »Du, ich muss jetzt los, die warten auf mich. Ich muss hin und die Kinder abholen«, drohte sie: »Wenn du wiederkommst, bin ich nicht mehr da. Ich muss jetzt mit dir reden.« Ich bettelte: »Du, pass auf, lass uns doch einfach nachher weitermachen. Wenn ich die Kinder abgeholt habe.« Das Ende vom Lied war, dass die drei bis zum Nachmittag zu Hause am Gartentor auf mich warteten und weinten, weil sie nicht verstehen konnten, dass ihr Papa nicht kam, und das brach mir natürlich das Herz.

Dann wieder waren wir zu fünft unterwegs, plantschten im Freibad in Hittfeld: »Manno, ich glucker dich unter!«, Verona war dabei das Oberkind, jeden Unsinn, jeden noch so bescheuerten Doofkram machte sie mit. Und wenn die drei anfingen, sich ihr gegenüber wieder zu öffnen, sie als die neue Frau ihres Vaters toll zu finden, kam kurz darauf bestimmt der Anruf von irgendeiner Fotoagentur: »Du, Verona, wir brauchen dich, wir machen hier grad ein Casting!« Dann ließ sie spontan alle Pfannen und Fischstäbchen stehen und liegen und Marc, Marvin und Marielin konnten nicht verstehen, wieso die Frau, die gerade noch so lieb mit ihnen gespielt hatte, ohne tschüss verschwunden war.

Verona und ihre Karriere! Das war ohnehin ein Kapitel für sich. Es gab da auch einen Hund, Pepino hieß der, einen Malteser, in den Verona ganz verliebt war und mit dem sie immer butzi-butzi machte. Angeblich kam Pepino bei ihr an erster Stelle, noch vor allen Menschen, erklärte sie immer. »Ist der nicht süß?«, rief sie immer. Doch dann passierte es des Öfteren, dass Pepino anfing, bei Fernseh-Produktionen zu stören, und jemand sagte: »Also, Frau Feldbusch, den Hund hier, den können Sie aber nicht mitbringen!« Und schwuppdiwupp war Pepino verschwunden, von einem Tag auf den anderen war sein Fressnapf verwaist.

Veronas Eltern lernte ich nicht kennen, dafür war dieser finstere Jugoslawe, dieser Alain Midzic, ihr Ex, ein ständiges Thema. Verona telefonierte andauernd mit ihm, mich machte das total eifersüchtig. »Mensch, du, Dieter, wir kennen uns seit sieben Jahren«, beruhigte mich Verona, »das ist jetzt die volle Freundschaft, er ist quasi mein Manager«, erklärte sie mir. Dann durfte ich auch noch die Bekanntschaft machen von Sonja, ihrer schmalbrüstigen Busenfreundin. Sonja war das genaue Gegenteil von Verona: blond, kurze Haare, ein bisschen wie ihr Sklave. »Mensch, können wir die nicht mal einladen?«, fragte Verona. »Ja, klar, why not?«, sagte ich.

Ich hatte allerdings schon komische Geschichten über die beiden gehört: Über ihren gemeinsamen Modeladen, der auch gleichzeitig ihre Wohnung gewesen wäre. Über diese Wohnung, in der es nur ein Schlafzimmer gegeben hätte. Und über dieses Schlafzimmer, in dem nur ein einziges Bett gestanden hätte. Und da genau hätten Verona und Sonja gemeinsam drin gelegen.

Ich betrachtete Sonja daher als Fremdkörper. Nach außen hin war ich trotzdem nett, was nicht schwer fiel, denn ich sah sie sowieso kaum. Den ganzen Tag klüngelte sie mit Verona. Die beiden gingen ihre eigenen Wege, abends lag ich dann wach und wartete auf meine Frau, während die im Gästezimmer bei Sonja auf der Bettkante saß und quasselte bis in die Puppen. »Ich kenn da eine, die kennt jemanden, der hat die beiden schon knutschen sehen«, erzählte ein Freund. Das gab mir den Rest. Die Situation eskalierte, als Sonja mit ihren Gel-Haaren morgens auf dem neuen Sofa saß, das ich mir grade erst angeschafft hatte. Ihr Hinterkopf schubberte an den Polstern, ich sah nur Gel, ich sah nur rot, ich sah nur Flecken und wie alles in den Sofa-Bezug ging. »Mensch, weg, du da mit deinem Fetthaar!«, brüllte ich sie an. Sonja reiste wieder ab.

Sesam und Mohn

Verona hatte ständig »Meetings« außer Haus: »Also heute hab ich dieses Meeting und danach hab ich jenes Meeting, aber wir können uns um 22 Uhr ja da und da treffen!«, so ging das in einer Tour. So hatte ich mir meine Ehe eigentlich nicht vorgestellt. Ich sagte zu ihr: »Pass auf, wir fahren jetzt zusammen nach Hittfeld, ich zeig dir einen Supermarkt: Den Krabbensalat dort mag ich gern und den Fleischsalat auch. Und bei Brötchen nehme ich immer Sesam und Mohn. Aber Sesam und Mohn nur samstags und sonntags. An den Wochentagen Müsli und Ostfriesentee, dazu ein frisch gepresster O-Saft. Außerdem steh ich auf Professorinos, die sind immer in der Kühlabteilung neben den Joghurts.« Ich dachte, ich müsste sie vielleicht nur ein bisschen anschubsen, ich wollte, dass sie mich ein wenig betütelte, dass sie sich ein bisschen um mich kümmert – welcher Mann ist nicht so? Ich hatte einen Doppel-Kühlschrank in meiner Küche stehen, so ein richtig fettes Teil, aber schon bei Naddel lebte immer nur die Einsamkeit drin: eine Tomate, ansonsten Wasser und zehn Flaschen Sekt, all die Jahre hatte ich darunter gelitten. Aber nun schwebte mir ein Kühlschrank vor, den ich öffnete und wo ich so mmmh und boh machen konnte, wo mich die leckeren Sachen nur so ansprangen. Das war der Traum, dann kam die Wirklichkeit: Szenen wie bei den Feuersteins. Ich war für Verona so eine Art Barny Geröllheimer, der mit Kohldampf mittags aus seiner Studio-Höhle kroch und nachguckte, was Selma für ihn im Kochtopf hatte: »Verona, mir knurrt der Magen, ich brauch jetzt was zu essen!«, rief ich in die Halle runter, aber Verona sagte nur frech: »Wenn du was zu essen brauchst, musst du nach Hittfeld zum Italiener und dir halt was holen!«

Was die Prognose für diese Beziehung betraf, hätte ich von Anfang an eigentlich eine gelbe Binde mit schwarzen Tupfen am Ärmel tragen müssen. Verona war, sah man von ihrem Kürprogramm im Bett ab, der diametrale Gegensatz zu meinen Vorstellungen. Man mag es glauben oder nicht: Aber meinen Frauen gegenüber bin ich immer ein ganz Lieber und diese Marke Verona hatte ich bis dahin noch nicht kennen gelernt. Die war so eine Art Schwarze Witwe, die ihr Männchen nach der Paarung auffrisst. Nur: Ich hatte Tomaten auf den Augen und eine Anwältin, die mir versichert hatte, mir könne nichts passieren.

Von Anfang an war Kohle und wie man sie ausgibt *das* Dynamit-Thema, es knallte ständig zwischen uns: »Ich bin doch jetzt deine Frau«, beharrte Verona, »da ist es doch ganz normal, dass ich auch eine goldene Karte kriege und Konto-Vollmacht und so. Ich muss doch von was leben, ich kann dich doch nicht immer fragen, gib mir mal 'ne Mark für 'nen Kaffee.« Sie übertrieb ja gerne. Nur: Da lag ungeheures Geld auf meinen Konten und keinem Menschen auf diesem Planeten hätte ich Konto-Vollmacht eingeräumt, schon gar nicht einer Verona Feldbusch, zu der ich kein Vertrauen hatte. Ich wollte den Daumen draufhalten und sagte: »Frag mich, wenn du Geld brauchst, dann geb ich dir Haushaltsgeld.« Verona kriegte einen Tobsuchtsanfall: »Willst du, dass ich in Müllsäcken rumlaufe?« Sie bräuchte mindestens sechstausend Mark im Monat, sie wolle ein Auto, sie wolle dies und das und jenes. Ich sagte: »Aber Verona, pass auf, hier stehen doch fünf Autos vor der Tür, ein silbernes, ein rotes, ein weißes und zwei schwarze, die kannst du alle fahren, Schatz. Hier, bitte sehr, hängen die Schlüssel, nimm dir, welchen du willst.« Aber sie darauf wie ein kleines Kind: »Nein, ich will mein eigenes Auto.« Und Verona wäre nicht Verona, wenn sie nicht ein Mauselöchlein finden würde, durch das sie schlüpfen konnte: Ich kam nach Hause und da lag eine goldene Kredit-Karte von der Hamburger Sparkasse, ausgestellt auf den Namen »Verona Bohlen«. Klar, als Frau vom Bohlen kriegst du überall Kredit und das wahrscheinlich sogar ohne Limit.

Waldi Kalaschnik

Wenn Verona nicht grade mit Styling beschäftigt war oder ein Casting hatte, setzte sie all ihre Energie in das Ziel, Naddel und deren Überreste aus meinem Leben zu räumen. Dazu fuhr sie alles auf, was eine Frau auffahren kann. In ihrer Klein-Mädchen-Art baggerte sie an Waldi, meinem Gärtner, rum, der eigentlich Waldemar Kalaschnik hieß, Pole war und einen Hänge-Schnauzer wie Lech Walesa hatte. Bis dem armen Mann der Speichel aus den Mundwinkeln tropfte. Schließlich war er ganz zutraulich und erzählte ihr, dass er was mit Naddel gehabt hätte. Ich weiß es noch wie heute: Ich war unten im Keller, da, wo sich meine unfreiwillige Sammlung der tausend hässlichsten Sakkos und Trainingsanzüge dieser Welt befindet – plötzlich stand Verona vor mir und lachte so mitleidig: »Du, ich hab grad mit deinem Gärtner gesprochen. Du erzählst mir doch immer, wie treu Naddel war …«

Waldi war damals für mich so eine Art Vertrauensmann, der alles machte und alles wusste. Er fuhr Nadja zum Friseur und mich zu Auftritten. Ich war geschockt. Mit einem Male fiel es mir wieder ein, dass ich des Öfteren dazugekommen war, wenn die beiden ganz closed in meiner Küche standen. Und plötzlich war da auch die Erinnerung an meinen Klinikaufenthalt vor zwei Jahren bei Professor Huland. Da hatte ich nachts in meinem Krankenhausbett gelegen und zu Hause durchgeklingelt. Aber ich hatte Naddel komischerweise nicht erreichen können. Und den lieben Waldi auch nicht. Ein Freund von mir hatte mal erstaunt gemeint: »Mensch, was für ein vertrautes Verhältnis die Naddel und der Waldi haben! Find ich ja echt komisch, so ist doch kein Gärtner!« Aber ich immer gleich kontra: »Mensch, hör jetzt auf, guck ihn dir doch an, den Waldi!«

Es war außerhalb meines Vorstellungsvermögens, dass die beiden was miteinander haben könnten. Ich rief Naddel an, die erklärte, dass sie nur geknutscht hätten. Ich knöpfte mir Waldi vor, der zugab, dass er ihr einen Heiratsantrag gemacht hätte. Ich setzte ihn vor die Tür. Wie ein begossener Pudel stand ich da, kämpfte mit den Tränen und dachte immer wieder: »Mensch, für Naddel hätte ich die Hand ins Feuer gelegt, dass sie mich niemals bescheißt.«

Lady-Dingsbums

Eines Morgens, Verona war grad mal wieder im Bad und rasierte sich – ich hörte »rrrrrrrrrr!« ihr Lady-Dingsbums durch die Tür –, telefonierte ich mit meinem Notar in Hamburg. »Ich hab neulich geheiratet … Könnten wir auch noch im Nachhinein einen Ehevertrag machen?«, wollte ich wissen. »Schaffen Sie die Dame her«, antwortete er.

Ich bearbeitete Verona wie ein Irrer: »Mensch … dieser Vertrag … du weißt … ich muss … lass uns doch …« Was ich nicht für möglich gehalten hätte: Ganz unvermutet stimmte sie zu.

Von den drei Stunden, die wir beim Notar saßen, weinte Verona ungefähr hundertachtzig Minuten. Machte ich den Vorschlag: »Pass auf, wir organisieren das so, du kriegst pro Jahr, das wir zusammen sind, zweihunderttausend Mark«, fing sie sofort an zu schluchzen, das habe doch nichts mit Liebe zu tun, das sei ja wie Bezahlung. Stattdessen schlug sie mit ihrer Verona-Logik vor: »Was ist, wenn ich eine halbe Million krieg, egal, wie lange wir zusammen sind? Weil: Wenn ich mit dir dann zusammenbleibe, weißt du ja, dass das nicht wegen der Kohle ist. Denn dadurch krieg ich ja nicht mehr.« – »Nee, Verona, das ist Quatsch!«, erwiderte ich. »Ich kann doch jetzt nicht schreiben, hiermit kriegt Frau Feldbusch sofort fünfhunderttausend Mark.« Dann heulte sie aber wieder rum. Mittlerweile hatte auch meine Anwältin ihre Hausaufgaben gemacht und festgestellt, dass in Deutschland das Trennungsjahr gilt und wir ohne diesen verdammten Ehevertrag in Zugewinngemeinschaft lebten. Und ausgerechnet in diesem Jahr verdiente ich gigantomanisch. Ich stand also mit dem Rücken zur Wand, weshalb ich irgendwann sagte: »Komm, okay, ist doch egal! Ich unterschreib das jetzt! Sie kriegt fünfhunderttausend Mark an dem Tag, wo wir uns scheiden lassen. Bums, aus.«

Von der Stunde an war eigentlich Sense. Anstandshalber wartete Verona noch einen Tag, bis wir uns wieder stritten und sie mir am Telefon mitteilte: »Du, pass auf, das Ding ist gegessen! Du bist 'n Arschloch! Ich will dich nicht mehr sehen! Ich reich jetzt die Scheidung ein.« Es war Abend, ich kam nach Hause aus dem Studio und sie hatte tatsächlich ihre Sachen mitgenommen. Ich war total aufgelöst, Ehe zerbrochen und alles im Eimer, wovon ich geträumt hatte. In meiner Verzweiflung rief ich Nadja an: »Du, Verona ist ausgezogen, das hat sich alles erledigt, kannst du nicht vorbeikommen, ich fühl mich so einsam, ich weiß nicht mehr ein noch aus, was soll ich machen?«

Nadja kam und tröstete mich: »… ist doch alles nicht so schlimm, das kriegen wir schon hin«, dann legten wir uns aufs Bett, ich war fix und fertig. Ich dachte an alles andere, aber bestimmt nicht an Sex. Nadja tröstete mich, war einfach nur da, streichelte mich ein bisschen, gab mir ihre Nähe und Wärme. Und ich lag da wie niedergemetzelt und dachte die ganze Zeit nur huhuhu, ohohoh und wie geht's jetzt bloß weiter? Schließlich pennten wir so auf dem Bett ein.

Geknalle und Gekrache mitten in der Nacht am Fußende des Bettes ließen uns hochschrecken: Da stand Verona im Schlafzimmer und hatte das Weiße in den Augen. Die Situation war mehr als doof: Ich nur im T-Shirt, Naddel in BH und Höschen und Verona, die als Einzige was anhatte: »Diese Schlampe verschwindet hier sofort!«, schrie sie. »Du, da war gar nichts, Verona, Naddel ist nur gekommen, um mich zu trösten«, versuchte ich sie zu besänftigen, »du hattest doch gesagt, es sei vorbei … und ich hab doch sonst keinen Freund, den ich anrufen könnte … und Naddel ist doch mein einziger Freund …« Wir zogen uns erst mal an und gingen zu dritt in die Küche – das heißt: Wir hatten vor, in die Küche zu gehen. Denn beim Runtergehen kriegte Verona eine antike Vase zu fassen, die sie hochnahm und mit aller Wucht gegen das Treppengeländer donnerte. Die Streben brachen und als die Vase unten aufkam, zersprang auch der Marmor in tausend Stücke. Zwanzigtausend Mark Schaden, mal eben so.

Schließlich kamen wir doch noch in der Küche an, wo Verona endgültig ausrastete und auf mich losging. Auf der Ladestation lag ein Telefonhörer, ein Riesen-Oschi in Hantelgröße, den schlug sie mir zweimal, dreimal auf den Kopf. Dann krallten sich ihre Fingernägel wie eine Gartenharke in meine linke Gesichtshälfte, bis alles blutete. Naddel stand daneben und wollte helfen, worauf Verona sie ankreischte: »Du verschwindest hier sofort, du alte Hure, du Schlampe, du hast hier nichts zu suchen, der Dieter und ich, wir müssen uns jetzt erst mal unterhalten.« Ihre Stimme kippte, wurde schrill: »Raus hier! Raus hier! Sonst passiert was.« Sie schnappte sich ein Feuerzeug, drohte: »Ich steck die Autos an, ich steck die Autos an!« In Panik sagte ich zu Nadja: »Mensch, Naddel, tut mir voll Leid. Bitte bestell jetzt sofort ein Taxi und fahr wieder in deine Wohnung, ich muss das hier erst mal mit der Verona regeln.«

Ich versuchte, Verona zu beruhigen: Ich redete auf sie ein, dass es mir Leid täte. Dass ich froh sei, dass sie wieder da sei. Dass sie aber auch mich verstehen müsse. Nach drei Stunden fuhr sie in ihre Wohnung und ich war wieder allein mit mir. Am Tag darauf hatte ich ein Fotoshooting für die Zeitschrift »Pop Rocky«. »Hey, Dieter, was haste denn da auf der Backe, ist ja alles kaputt da!«, meinte so ein Redaktionsheini namens Opitz. »Öh, ja ... mhhh ... also ...!«, log ich irgendwas rum. Und dann ließ ich mich nur von rechts fotografieren.

Ich saß im Auto und rief in meiner Verzweiflung über Handy Verona an, um ihr zu drohen: »Du, ich fahr jetzt mit zweihundert gegen 'nen Pfeiler von den Elbbrücken!« Aber Verona ließ das kalt: »Ja, mach doch, wenn du meinst!«

Ich war irrsinnig traurig, ich weinte, diese Härte kriegte ich nicht gebacken: So beinhart, so eiskalt, wie sie war. Sie konnte ihre Gefühle an- und ausschalten. Das hatte ich in meinem Leben noch nicht erlebt. Jede andere Frau würde einen doch in den Arm nehmen, sagen: »Komm, tut mir Leid«, aber Verona war wie ein Stein.

Am nächsten Tag rief ich erneut an. Diesmal war da die andere Frau Feldbusch in der Leitung, die voll nette, die voll liebe. Die Worte absonderte, süß und cremig wie Karamelpudding: »Komm, Dieter, wir versuchen das noch mal ... wir kriegen das schon irgendwie hin, mein Schatz!« Heute weiß ich: Verona ist da verhaltensgestört, sie ist schizophren, so eine Art Frankenstein-Kreuzung aus Mutter Beimer, die einen an ihren Busen drückt, und Alice Schwarzer mit Eierklemmen. Man wusste nie, welche Personality einem an der Tür grade hallo sagte. Das Problem ist ja, in einer Beziehung ist immer der der Stärkere, der weniger fühlt für den anderen, und so war das auch bei uns. Verona ist ein Mensch, der nur sich selbst liebt. Und sie war ein Schlaumeier: »Du, was hältst du davon, wenn ich den Reportern erzähle, dass du impotent bist? Und wie findest du das, dass ich in der Zeitung erzähle, dass du deine Tochter immer so komisch antatschst.« Im Drohen war sie eine Meisterin, kannte tausend Drehs, wie sie einen schier zur Verzweiflung treiben konnte.

Paparazzi-Hotline

Vielleicht widersinnig – aber es kam trotzdem der Zeitpunkt, wo wir beschlossen, es noch ein allerletztes Mal miteinander zu versuchen. Wir trafen uns hier und da und auch an Tankstellen und merkwürdigerweise kriegten das immer irgendwelche Fotografen spitz. Im Nachhinein nehme ich an, Verona hatte eine Paparazzi-Hotline eingerichtet, damit die Knipser sich gar nicht erst die Mühe machen mussten, uns zu suchen. Morgens lächelte ich mir dann aus der Zeitung entgegen: »Bohlen macht sich wieder an Verona ran.« Ich wollte dem Rummel entgehen und schlug vor: »Lass uns wegfahren!« Ich rief die Lufthansa an: »Was ist Ihr weitestes Ziel?«, und buchte Bali, zwei Wochen Luxus in Nusadua mit allem Zipp und Zapp für 20 000 Mark.

Wir hatten im Club Med noch nicht die Badezimmer-Frottee-Puschen an, um schwimmen zu gehen, da war schon wieder Theater. Ich beschloss, endgültig die Schnauze voll zu haben und zurückzufliegen. Alle Wertsachen – Geld, Ausweis, Tickets, eine geliehene Fotoausrüstung für zehntausend Ditscher – hatte ich im Hotelsafe deponiert. Als ich das Ding wieder aufmachte, hatte sich – hokuspokus – alles in Luft aufgelöst. »Verona, wo sind meine Sachen?«, tobte ich. Und Verona: »Hab ich vergraben!« Ich: »Mensch Verona, verdammte Kiste noch mal! Das hat doch alles keinen Sinn, ich will jetzt fahren, gib mir mein Zeug. Sonst hol ich die Polizei!« Verona lachte sich tot: »Geh ruhig zur Polizei und sag, deine Frau hat dir dein Geld geklaut, die pinkeln sich doch vor Lachen in die Hosen, die bei der Polizei.« Wir diskutierten eine ganze Nacht, schließlich lenkte sie ein, lief los und buddelte am Strand mein Geld und meinen Pass aus dem Sand. »Biste jetzt völlig übergeschnappt, hier alles in den Sand zu graben? Wenn das einer findet!«, brüllte ich sie an, woraufhin wir uns gleich wieder stritten: Verona nahm die Fototasche, schmiss sie einmal quer durch die Suite, dann kam die Kamera dran, eine Präzisions-Blitz-Nikon plus zwanzig Objektive, die sie gegen die Wand donnerte, dreimal, anschließend konnte man damit nur noch um die Ecke fotografieren.

Doch es gab auch immer wieder Situationen, wo ich über sie lachen musste: Da war so ein »Come together« der Hotelgäste am Pool, eine Art »Champagner-Steh-in« vor dem Dinner. Alle erzählten so – »rababer-rababer!« –, Verona mittendrin, aufgerüscht wie ein Hollywoodstar, mit Gala-Make-up und Abendkleid so lang, dass es die Kacheln wischte. Keiner nahm Notiz von ihr, ein Unding für eine Frau, die beim Go-Cart-Rennen mit Michael Schumacher auch schon mal rückwärts fährt, weil sie ein Show-Girl ist und in die andere Richtung schon zu viele unterwegs sind. Also kreischte sie plötzlich »Dietäääääär! Halt miiiiiich!«, dann hopste sie in voller Montur in den Pool: mit Glas, mit Gala-Make-up, mit Kachelwischer.

»Hilfe … Hiiiilfe!«

Es war ein traumhaft schöner Tag, wir gingen am Strand spazieren und beschlossen zu schwimmen. Im Wasser trieben Hühner und Äpfel und Birnen – die Balinesen schmeißen ja morgens alles Mögliche für ihre Götter da rein – und wenn du kraultest, hattest du plötzlich einen halben Hahn in der Hand. Ungegrillt, versteht sich. Wir schwammen raus aufs offene Meer und ich wollte Verona zeigen, wie man schnorchelt.

»Du, wir müssen noch weiter bis zum Riff. Hier sind keine

Fische«, erklärte ich ihr. Wir paddelten so vor uns hin, mit einem Male guckte ich durch meine Taucherbrille auf den Grund und stellte fest: eine tierische Strömung, wir wurden rausgezogen. Auch Verona guckte und es dauerte keine zwei Sekunden und sie kriegte einen hysterischen Anfall. Ich selbst hatte DLRG gemacht, ich wusste, was ich tun musste, wenn einer im Wasser den Koller bekam. »Pass auf«, sagte ich zu Verona, »halt dich an mir fest, leg deine Hände am besten auf meinen Rücken und ich hol dich hier raus. Kein Problem.« Worauf sie schrie: »Wehe, du fasst mich an … lass mich los … hilfe … hiiiilfe!« Ich streckte die Hand aus, versuchte ihren Arm zu fassen zu kriegen, doch Verona fing an zu weinen. Sie war nicht die super Schwimmerin, ich versuchte, sie zu beruhigen: »Mensch, gib mir doch deine Hand, wirst sehen, wird alles gut, ich zieh dich hier raus!« Ich merkte, wir entfernten uns immer weiter vom Ufer, und ich wäre so gerne ihr Held gewesen. Ich wollte ihr das Leben retten, ich wollte den großen Macker machen, wollte ihr beweisen, dass ich für sie da bin. Aber Verona ließ mich nicht zum Zuge kommen. Ich überlegte fieberhaft: Was, wenn sie jetzt weiter die Hysterische spielte? Wie sollte ich ihr wieder zu einem klaren Kopf verhelfen? Bei der DLRG lernt man: »Gerät einer in Todesangst, laber nicht, hau ihm auf die Fresse! Nur so kannst du ihn vielleicht retten!« Doch DLRG hin oder her, ich konnte nicht. Verona ruderte weiter wie eine Irre, heulte immer heftiger und mein einziger Gedanke war: »Was machst du nur? Was machst du nur?« So ging das quälende Minuten, während wir paddelten und uns die Strömung immer weiter rauszog.

Der liebe Gott der Pop-Produzenten hatte Erbarmen: Vom Strand aus mussten Leuten beobachtet haben, dass wir abtrieben. Ein Motorboot kam in großer Schleife angefahren, um uns aus dem Wasser zu ziehen. Ich machte einen letzten Versuch: »Probier trotzdem im Wasser zu bleiben, Verona«, sagte ich zu ihr, »probier ganz normal zum Strand zurückzuschwimmen. Das Boot fährt neben uns her und ich bin für dich da – du wirst sehen, du kannst das selbst«, aber Verona hörte gar nicht auf mich, sondern krabbelte sofort an der Bordwand hoch.

Ich war mega-enttäuscht. Für Verona hätte ich mein Leben gegeben, aber das interessierte sie gar nicht. Alles hätte ich für sie getan, selbst wenn ich dabei auch abgesoffen wäre. Ich war mir hunderttausend Prozent sicher: Ich war der Mann, der sie da hätte rausholen können, hätte sie mir nur einmal in ihrem Leben einen Moment lang vertraut. Das hätte uns zusammengeschweißt, ich wäre stolz auf mich gewesen, hätte sagen können: »Mensch, Verona, guck mal, hast mir vertraut und ich hab dir bewiesen, dass ich für dich da bin.« Aber »hätte«, »würde«, »wollte«, »wenn« brachten mich jetzt nicht weiter. Irgendein Typ mit Boot hatte sie rausgeholt, ich existierte für sie, wo es hart auf hart kam, gar nicht. Ich war wütend, unglücklich, brüllte: »Ihr könnt mich alle mal!«, und blieb im Wasser. Ich wollte ja nicht rausgezogen werden, ich wollte immer noch beweisen, dass man es hätte schaffen können. Ich schwamm allein zurück zum Ufer.

Zahlemann & Söhne

Zurück von Bali, meinte Verona den Schlüssel zur Lösung unseres Problems gefunden zu haben: »Diese Villa Rosenstolz bringt uns Unglück! Ich habe darüber nachgedacht! Da hast du die ganze Zeit mit Nadja gelebt, ich will da nicht mehr wohnen. Lass uns 'ne Wohnung in der Stadt nehmen.«

Ich besorgte was Schickes direkt an der Alster: drei Zimmer, fünftausendsechshundert Mark pro Monat. Die Wohnung musste man gleich für ein ganzes Jahr mieten, dazu kam der Makler. Ich kaufte auch ein neues kleines Studio für hunderttausend Mark, kroch selbst auf Knien rum, stöpselte die Stecker in die Dose, richtete Verona ein Büro ein, kaufte Möbel, kaufte Schränke, machte Zahlemann & Söhne – alles in allem eine Investition von zweihunderttausend Mark. Wer nicht da war, war Verona.

Mein Freund Matthias kam vorbei, um mich auf ein Bierchen abzuholen. Ich hatte ihn immer gewarnt: »Du, meine Frau, die ist so kompliziert!« Aber was war? Verona, die mir an diesem Abend die Ehre ihrer Anwesenheit erwies, machte die Tür auf und war

Honig: »Hallo, Matthias, voll nett dich kennen zu lernen!« Der nahm mich beiseite: »Ja, sag mal, hast du sie nicht mehr alle? Die Frau ist doch total pflegeleicht und süß und lieb!«

»Tschüss, Verona!«, verabschiedete ich mich, »wir gehen jetzt was trinken!« Und plötzlich war es so, als ob eine gedimmte Verona wieder hundert Prozent Saft kriegte: Von sofort auf gleich rastete sie aus, fing an zu heulen, zu schreien und machte eine Riesenterz ohne Grund. Ich bot an: »Du, wenn du möchtest, dass ich heute Abend hier bleib, dann bleib ich natürlich hier. Wir haben uns ja sowieso so wenig gesehen ...« Und sie sofort: »Nee, nee, geh du nur!« Aber kaum war ich zur Haustür raus, fing sie wieder an zu schreien, schlug mit den Türen und donnerte irgendwelche Klamotten durch die Gegend. Ich rannte wieder hoch und fragte: »Verona ... du ... soll ich nicht doch vielleicht bleiben?« Aber Verona schrie: »Nein!« Ich ging wieder runter zu Matthias.

Mit einem Mal hörten wir Getöse: Wir guckten nach oben und sahen, wie Verona loslief und volle Kanone gegen ein Fenster sprang, mit Gesicht, mit allem. Es war schon halb elf abends, in der ganzen Straße gingen die Lampen an: Nachbarn, die vom Krawall hochgeschreckt waren. Ich rannte in einem Affenzahn wieder nach oben und fand Verona in der Ecke auf dem Boden: »Mama, Mama, hilf mir, hilf mir, Mama«, weinte sie immer wieder. Ich fragte: »Du, Verona, was ist? Kann ich dir helfen? Ist was passiert? Wollen wir reden?« Aber sie schrie mich immer nur an: »Hau ab!« und schmiss eine Lampe und einen Stapel CDs nach mir. Mir reichte es: »Ich halt das nicht mehr aus, Verona«, sagte ich, »ich geh jetzt mit Matthias ein Bier trinken!«

Und da saß ich dann mit Matthias beim Bier und als ich wieder nach Hause kam, war sie nicht mehr da. Die Wohnung war komplett verwüstet, wie ein Schuhkarton, den jemand hochgenommen und kräftig durchgeschüttelt hatte: Die Stereoanlage war rausgerissen und quer durchs Zimmer gefeuert worden, im Studio lagen die Effektgeräte zertrümmert auf dem Boden, die Türen waren aus den Verankerungen gerissen, überall Berge von Schrott, eine Landkarte der Wut.

Ein paar Tage später erwischte ich sie auf dem Handy. Verona teilte mir mit, sie sei in der Wohnung an der Alster und würde grade ihre Klamotten zusammenpacken. Ich fragte: »Können wir uns noch mal sehen, Verona?« Aber sie sagte: »Nee, ich sprech nicht mit dir, ich will mit dir nichts mehr zu tun haben!« Ich wollte ein letztes Mal mit ihr reden, wollte sie ein letztes Mal sehen, wollte aus ihrem Mund hören, was ich schon längst wusste: Wir würden uns scheiden lassen. Ich raste mit dem Auto los, um Verona vielleicht noch zu erwischen. Mir war alles egal, ich hatte das Gefühl, es ginge um mein Leben. Es gibt den Verstand und es gibt das Herz, und das pochte jetzt in meiner Brust mit 300 Schlägen pro Minute.

Unten vor der Tür parkte mein Jaguar, den Verona fuhr. Oben war sie wie wild am Ausräumen. »Mein Flieger geht, ich hab keine Zeit für dich«, kanzelte sie mich ab.

»Mensch, Verona«, meinte ich, »können wir nicht vernünftig reden, wie zwei Erwachsene und nicht so ein Babykram hier?« Aber sie wiederholte stereotyp: »Nein, ich will mit dir nix mehr zu tun haben, ich hab keine Zeit, mein Flieger geht!« Schließlich sagte ich: »Komm, ich helf dir, ich trag deine Sachen runter.« Unten angekommen fielen mir die neuen Nummernschilder an meinem Jaguar auf: Statt »VB« für Verona Bohlen nun »VF« für Verona Feldbusch, die hatte sie einfach machen lassen, sie hatte ja die Fahrzeugpapiere und konnte das Ding problemlos ummelden. Ich machte den Kofferraum auf und da lagen lauter Sachen von diesem Alain: Faxgerät, irgendwelche Plünnen, dazu auch vieles, was mir gehörte und was sie einfach mitnehmen wollte.

Das war einfach zu viel auf einmal, mir schwoll der Kamm, ich rannte nach oben: »Du hast mir doch erzählt, da wär nichts mehr zwischen euch …«, schrie ich sie an, »… wo kommen denn auf einmal all die Sachen her? He? Sag schon!« Aber Verona war das Super-Coolsein in Person, man merkte, sie fühlte sich am längeren Hebel: »Pass auf, ich reich die Scheidung ein. Du weißt ja, was im Ehevertrag steht. Da kommt jetzt eine Zahlungsaufforderung meiner Anwältin und in den nächsten Tagen musst du mir Geld überweisen.« Das ist der geschönte Wortlaut. Das erste Mal überhaupt ließ sie ihre Maske fallen. Aber sofort danach hatte sie sich wieder unter

Kontrolle und eröffnete mir, dass ich bei »Nicht-Wohlverhalten« mein blaues mediales Wunder erleben würde.

Das war krass, das zog mir den Teppich unter den Füßen weg. Ich glaube, bis zum Schluss hatte ich noch auf ein Happy End gehofft, gedacht, morgen sagt sie wieder: »Du bist mein Traummann!« Auf ihrem Schreibtisch lag der Schlüsselbund. »Mensch, gib mir wenigstens die Wohnungsschlüssel«, sagte ich, »der Vermieter hat gemeint, ich muss alle Schlüssel wieder abgeben, wenn ich hier ausziehe.« Ihr muss durch den Kopf gegangen sein: »Der Kerl will sich jetzt die Schlüssel schnappen und ich krieg meine Sachen nicht mehr.« Wir stürzten beide Richtung Schlüssel, sie griff, ich griff, sie war schneller. Sie rannte weg, ich hinter ihr her. Den Rest kennt man aus der Presse.

Ihr Bruder Alfred kam in die Villa Rosengarten, um mit Verona zusammen ihre Sachen abzutransportieren. Das war eine halbe Karstadt-Tüte voll, drei Kleiderbügel, fünfundzwanzig Lippenstifte. »Mein Bruder haut dich in Stücke, wenn du mir zu nahe kommst!«, hatte Verona vorher gedroht. Ich hatte so viel Angst, dass ich mir vier Gorillas aus meinem Fitness-Studio einlud. Die saßen jetzt bei mir im Wohnzimmer auf der Couch. Dazu meine Anwälte, die aufpassen sollten, dass die Situation nicht eskalierte.

Alfred war wie angekündigt groß und dunkel und finster, doch zu meiner Überraschung konnte man sich ganz gut mit ihm unterhalten. Irgendwie war Mitleid in seinem Blick, nach dem Motto: »Was für 'n Trottel bist du denn?« Nach nur fünf Minuten war der Spuk vorbei und die beiden Feldbüsche wieder weg.

Inkognito

Wie im Fußball gab es ein Rückspiel, ein Jahr später: Die Scheidungsschlacht war grade abgeebbt, die Gülle etwas weggetrocknet, da fingen wir wieder an zu telefonieren. Heimlich, versteht sich. Wir waren mittlerweile das bekannteste Bekloppten-Paar Deutschlands. Inkognito flogen wir nach Mallorca, Verona von Köln aus, ich aus

Hamburg. Wir trafen uns auf dem Anwesen von Frank Elstner in den Bergen von Polensa. Der war sehr kooperativ: »Klar kriegt ihr mein Haus, da sieht euch kein Mensch, da könnt ihr euch aussprechen.« Verona war die Heiteitei-Verona. Wir hatten gutes Wetter und viel Spaß im Bett und sie sorgte für Programm: Mitten auf der belebten Hauptstraße von Cala Ratjada zog sie sich splitterfasernackt aus. Von den Eisbergen bis zum Bermuda-Dreieck war alles zu sehen. Kein Paparazzo. Wir gingen schwimmen am einsamsten Strand, den Mallorca zu bieten hatte, Paparazzi tauchten auf und mir war mal wieder so, als ob jemand auf den Knopf gedrückt hätte. Und die Hand, die das tat, mutmaßte ich, hatte falsche Fingernägel.

Wir schwammen in Franks Pool, als Verona kess fragte: »Na, Dieter, wollen wir noch mal heiraten?« Erst war ich platt, dann total hin- und hergerissen. Ich gebe zu: Ich liebäugelte mit der Idee, ich erwog, auch mal Schwein zu sein. Wenn wir jetzt noch mal heiraten würden, überlegte ich mir, wäre für alle Zeit belegt, dass ich nicht dieser miese Typ sein konnte, als den sie mich in den Medien dargestellt hatte. Verona hatte Jugoslawen-Alain beauftragt, die »Bunte« anzupieksen, was ihnen die Story wert sei: »Bohlen Feldbusch – zweite Hochzeit!«, man war bei 80000 Mark angekommen. Wir drehten weiter unsere Runden im Pool herum und ich provozierte sie: »Und wie machen wir's diesmal, ich mein, das mit dem Ehevertrag?« Verona hatte sich schon alles ausgetüftelt: »Pass auf, wir schreiben da rein, ich krieg fünfhunderttausend ...« Auf einmal hatte ich ein Déjà-vu: diese Summen, die Töne. Moment!, dachte ich. Das kennst du doch irgendwoher!

»Tschüss, Verona, ich meld mich!« So verabschiedete ich mich. Ich flog wieder nach Hause. Ich wollte nichts übers Knie brechen, schon gar nicht die Neuauflage einer ersten Ehe, die mich in den 100 Tagen ihres Bestehens 100 Tage krank gemacht hatte. Es dauerte keine 72 Stunden und Verona saß zu Hause bei mir auf der Couch in Rosengarten: Ein schwarzes Kostüm, mörderschick, mit Nerz oben dran – sie sah nicht aus wie eine verliebte Frau, sondern wie eine Super-

Lady, die einen Geschäftstermin hatte. Nix von wegen: »Jetzt kuscheln wir mal eine Runde!« Verona war rigide: »Dieter … wir müssen uns entscheiden … die von der ›Bunten‹ nerven schon total rum, die wollen jetzt, dass wir ihnen sagen, ob wir heiraten oder nicht. Also: Machen wir's oder machen wir's nicht? Ich will da jetzt anrufen.« Ich wollte mich nicht entscheiden, Verona dampfte wieder ab.

Am übernächsten Tag stand in der »Bild«-Zeitung:

»Dieter Bohlen fragte: Willst du mich wieder heiraten? – Verona sagte nein.«

Und wieder mal war ich der doofe Bohlen, dem sich die große Verona Feldbusch verweigert hatte. Wie link ist die eigentlich?, dachte ich ein letztes Mal. 500 000 Mark hatte mich die ganze Angelegenheit bis dato gekostet. Genug ist genug und manchmal auch zu viel – seither habe ich mit dieser Dame kein Wort mehr gesprochen.

1996

Naddel, die Zweite

Oder: Schlumpf-di-pumpf

»Lass uns nie wieder auseinander gehen!«, hatte ich zu Nadja gesagt, kaum dass Verona die Villa Rosengarten geräumt hatte. Worte können gar nicht ausdrücken, wie sehr ich Naddel nach Verona brauchte. Wie dankbar ich ihr dafür war, dass sie mich nach dem Fiasko mit dieser Frau wieder seelisch aufrichtete. Dass sie zu mir zurückkehrte, obwohl ich derjenige war, der sie verlassen hatte.

Nun könnten die Leute vielleicht denken: Oh, wie dumm und wie devot muss diese Frau denn sein, dass sie so schnell verzeiht? Aber vielleicht ist die Frage ja: Fand es Nadja womöglich einfach nur bequem zurückzukommen? Keine Geldsorgen mehr, Pferde wieder da, alles tutti? Wie die alten ausgelatschten Pantoffeln, die man eigentlich schon ausrangiert hatte, dann aber doch wieder anzieht, weil sie so bequem sind?

Unsere Überlebens-Strategie als Paar war: Wir setzten uns mit dem, was passiert war, verbal nicht groß auseinander. Wir knipsten einfach aus, was Verona betraf, und taten so, als ob es diese Frau nie gegeben hätte.

Aber was uns am Anfang half, wurde ziemlich schnell unser Problem: Es gab keinen wirklichen Neuanfang. Kein sich Zusammensetzen, um unsere Konflikte aus der Welt zu schaffen, die wir auch schon vor Verona hatten. Stattdessen nahm Naddel wieder ihren Cowboyhut, ich nahm meinen und gemeinsam stiefelten wir in den Garten, um uns um die Pferde zu kümmern, wie wir das auch schon sieben Jahre lang vorher gemacht hatten. Wir flüchteten in Gewohnheiten, die uns vertraut waren, die uns Sicherheit gaben.

Es heißt immer, aufgewärmte Liebe würde nichts bringen. Kann ich nur bestätigen. Weder sagte Nadja: »Du, ich lass den Freixenet, kümmere mich jetzt ums Haus und mach es uns kuschelig.« Noch sagte ich: »Ich geh nie wieder auf Piste!« Im Nachhinein sind wir uns einig: Es war ein Fehler, wieder zusammenzukommen. Im Prinzip war klar: Das mit uns würde nicht für die Ewigkeit halten.

»Mensch«, fing sie immer wieder ein Thema an, das sieben Jahre lang keins bei uns gewesen war, »ich würde gern heiraten und ein Baby bekommen.« Mit jedem folgenden Monat und jedem Zeitungsartikel, der die gescheiterte Vier-Wochen-Ehe von Verona und mir zum 2344. Mal aufkochte, wurde Naddel unruhiger und unglücklicher. Das war wie ein Kopf-Virus, der sie gepackt hatte und nicht mehr losließ.

Doch mit Naddel konnte ich mir nur schwer Ehe und Kinder vorstellen. Sie ist eine Frau, die haltlos schluchzt, wenn sich im Fernsehen Lassie die Pfote einklemmt. Aber wenn Marielin, meine kleine Prinzessin, sich das Knie aufschlug und weinte, berührte sie das gleich null. »Geh mal zu Papa«, sagte sie dann immer, »der kann besser pusten.« Da war keine Liebe, keine Herzlichkeit, keine Zärtlichkeit im Umgang mit meinen Kindern. Für sie waren das kleine nervende Hosenscheißer. Ich glaube, ich habe nicht einmal gesehen, dass sie ihnen in der ganzen Zeit einen Kuss gegeben hätte.

Wenn ich fragte: »Sag mal, Naddel, warum hast du meinen Kindern nicht guten Tag gesagt?«, antwortete sie: »Die sagen ja auch nicht hallo!« Ich war richtig erbost: »Mensch, Nadja, du bist doch hier die Erwachsene, das sind doch Kinder! Du musst auf sie zugehen! Öffne dich ein bisschen, sei lieb, spiel mit ihnen. Du wirst sehen, dann kommen dir ihre Herzen nur so zugeflogen.« – »Hmh, ach so, ja, wenn du meinst«, antwortete sie. Es dauerte unter Garantie keine halbe Stunde, dann war wieder Stunk. »Du hast mir gar nichts zu sagen!«, schrie Marci. Und Naddel lief zu mir: »Siehste, hab ich dir doch gesagt, die sind von deiner Frau gegen mich aufgehetzt!«

Bezeichnend ist, dass Marielin, die in all den Jahren nie eine andere Frau an meiner Seite erlebt hatte, nach der Trennung nicht ein einziges Mal wissen wollte: »Du, Papa, sag mal, wo ist eigentlich die Naddel abgeblieben?«

Naddel wurde immer mehr so die Abteilung Schlumpf-di-pumpf: Sie ließ sich immer mehr gehen. Ihre Haare, die seit jeher sehr empfindlich und pflegebedürftig gewesen waren, hingen kaputt herunter. Die Locken waren nachhaltig versaut. Doch das störte sie ebenso wenig wie ihre Zähne, die sich durch das Rauchen langsam Richtung Karamellpudding verfärbten.

»Mensch, Naddel, lass da doch mal was machen«, drängte ich sie. »Der Thomas Anders hat sich doch auch die Zähne in Amerika weiß verschalen lassen. Das sieht voll super aus!« – »Ach so, wenn du meinst …«, sagte sie dann. Aber selbst wäre sie nie drauf gekommen. Ihr war das so was von egal, ob ihre Zähne braun, grün oder gestreift waren.

Unsere Beziehung war ins Koma gefallen. Naddel machte ihr Ding, ich machte mein Ding. Sie pichelte, ich powerte. Und wenn ich nicht ab und an diagonal geguckt hätte, hätten wir, bis wir gestorben wären, parallel nebeneinanderher gelebt. Da konnte der Kurierfahrer von UPS Sturm klingeln, um ein wichtiges Paket abzugeben, und Nadja blieb seelenruhig auf der Couch sitzen. Klingeln löste bei ihr keinen Reflex aus, da hätte auch der Papst vor der Tür stehen können.

Wenn ich genervt fragte: »Warum machst du nicht auf?«, antwortete sie nur: »Wusste ja sowieso, dass das nicht für mich ist.« Schrie ich wütend: »Nimm mir doch mal was ab, statt mir immer mehr aufzuhalsen«, dann schrie sie zurück: »Was gehen mich deine Pakete an?« Und ich brüllte: »Schließlich wohnen wir hier zusammen! Du lebst hier doch nicht zur Miete.«

Das schaukelte sich hoch, am Ende kamen von mir so Sätze wie: »Dann verschwinde doch, ich hab keinen Bock mehr auf dich!«

Und sie: »Ja, du kannst mich auch mal!«

Ich suchte mein Heil auf der Piste. Wenn ich spät nachts wiederkam, stritten wir uns wie die Berserker. Minimum einmal pro Monat ging was zu Bruch. Ich glaube, es gibt keine Tür in der Villa Rosengarten, die Naddel nicht mindestens einmal eingetreten hat. Wenn ich mich – was auch Erika immer schon so aufgeregt hatte – bei einem Streit verdrückte, um mich im Schlafzimmer oder der Gäste-Toilette zu verbarrikadieren, stand sie davor und schrie: »Schließ auf!« Ich schrie von drinnen zurück: »Nee!«, sie wieder: »Ich zähl bis drei!«, und ich: »So weit kannst du doch gar nicht zählen!« Dann machte es irgendwann wumm und krach und ich sah Schuhgröße 42 durchs Holz donnern.

Um ehrlich zu sein: Ein bisschen gefielen mir solche Streitereien. Ich nahm das als Liebesbeweis. So was machte doch keine Frau, dachte ich mir, der du egal bist. Wo Emotion, da auch Liebe, sie war eifersüchtig, also bedeutete ich ihr was. Durchschnittlich eine halbe Stunde tobte die sonst so phlegmatische Naddel durch die Wohnung und drohte: »Ich hau hier alles klitzeklein!«, während ich nach oben ins Schlafzimmer ging und sagte: »Ach, lass mich doch in Ruh! Ich schlaf heute Nacht alleine, wir sprechen morgen weiter!«

Früher war das bei unseren Streits immer das entscheidende Ritual gewesen: Ich brauchte keine zehn Minuten zu warten, dann stand Naddel mit ihrem Kopfkissen vor meiner Tür, machte auf kleines Mädchen und fragte: »Kann ich bei dir schlafen?« Ich sagte: »Na komm!« Der Sex nach dieser Versöhnung war besonders schön und intensiv.

Aber wenn ich jetzt sagte: »Bleib, wo du bist!«, dann ging Naddel tatsächlich und kam auch nicht mehr wieder. Dann war ich es, der auf Zehenspitzen zu ihrem Zimmer schlich, um zu gucken, wo sie abblieb. Da lag sie dann ganz seelenruhig und schlief. Während ich so aufgewühlt war, dass mir das Blut noch im Hals pochte und ich nicht mehr einschlafen konnte.

1998

Modern Talking, das Comeback

Oder: Never say never!

»Drrrrrrrrrrrrrrrrrrrr!!!!!!!!!«

Alle Jahre wieder vor Weihnachten bimmelte bei mir in der Villa Rosengarten das Telefon und am anderen Ende der Leitung war meine Plattenfirma, die zum Fest der Liebe mit einem »Greatest Hits«-Album von Modern Talking nicht nur die Glöckchen, sondern auch die Kassen zum Klingeln bringen wollte. Das lag auf der Hand: Noch nie in der Geschichte der Musik hatte eine deutsche Gruppe fünf Nummer einsen in Folge gehabt und die Kuh war noch nicht ausgemolken. Vielleicht gab sie keine Sahne mehr, aber sicher noch ein paar Gläschen Buttermilch. Doch alle Jahre wieder sagte ich: »Nö!«

So ging das 1994, so ging das 1995, 1996, nur 1997 war es anders, da machte es »Dedede-de! Dedede-de!«, weil sie's zur Abwechslung mal auf dem Handy probiert hatten. Dann kam 1998.

Ich begann erstmals ernsthaft über das Projekt »Reunion« nachzudenken. Blue System fing an, mich zu nerven, ich hatte mittlerweile jede Ballade gesungen, jeden Titel, jede Nummer und mir ging langsam, aber sicher der Saft aus. Von Thomas hatte man neun Jahre nix mehr gehört, außer, dass er nach dem Ende von Modern Talking mit Nora nach Chile, Argentinien und Südafrika gefahren und hier unter unserem Namen aufgetreten war. Nora war Dieter und Thomas war Thomas, so hatten sie Konzerte vor 60 000 Leuten gegeben. Später hieß es dann, er würde für 2 000 Mark in irgendwelchen Eiscafés singen und sich mehr schlecht als recht durchschlagen. Was sich die Leute halt so erzählen. Nach all den Jahren, die vergangen waren, fand ich unseren Streit von damals fast lustig. Zeit heilt alle Wunden und ich war unheimlich neugierig darauf zu erfahren, was aus Thomas geworden war.

Ich gebe zu, dass auch ein bisschen Angst dabei war, als ich zum Hörer griff, um Thomas anzurufen. Vielleicht würde er ja sagen: »Was willst du Penner denn?« Vielleicht würde er aber auch gleich auflegen.

Thomas meldete sich mit: »Ja bitte?«

Ich sagte: »Na, Thomas!«

Er: »Wer ist denn da?«

Ich: »Ja, hier ist Dieter Bohlen.«

Und er so überrascht: »Hey, hallo!«

Wobei »Hey, hallo!« ganz freundlich, ganz easy, ganz offen, ganz locker klang. Wir begannen zu sprechen, dann unterbrach ich ihn und sagte: »Mensch, bevor wir hier jetzt lange am Telefon rumsabbeln, komm mich doch mal in Hamburg besuchen!«

Er kam in der Villa Rosengarten vorbei und – fast musste ich lachen – er war ganz der alte Thomas: Er fuhr immer noch Jaguar und wenn er sich auf die Couch setzte, dann auch wie früher, indem er sich die Beine unter den Körper zog – also im Prinzip so, wie sich auch Mariah Carey auf eine Couch setzen würde.

Dafür fehlten ihm zwei Sachen: Nora war weg und die Haare. Thomas ohne seinen Nscho-Tschi-Skalp – das war ein richtig gut aussehender Mann. Visuell hatte ich voll den positiven Flash, wenn ich ihn anschaute. Er hatte ein bisschen Gewicht an seine spilleri-gen Hüften gekriegt und ich dachte: »Mensch, der hat sich echt gemacht.« Es war komisch: Als wir beim allerletzten Streit auseinander gegangen waren, hatten wir uns noch nicht mal mehr in die Augen gucken können, so viel Hass und Aggression waren da gewesen. Und jetzt saßen wir hier und alles war locker und easy.

Wir hatten Hunger, aber das Essen von Naddelchen konnte ich ihm nicht zumuten, ich wollte ja nicht, dass unsere Kontaktaufnahme gleich nach einer Stunde wieder zu Ende war. Also sagte ich zu ihm: »Lass uns in den ›Tausendjährigen‹ in Hittfeld gehen, da kann man ganz toll Bratkartoffeln essen.« Ein geiler Laden übrigens: Kartoffeln, Gulasch, alles für elf Mark.

Während dieses Gesprächs war ich der festen Überzeugung: Ein Aufrechnen – Wer hat Schuld? Wer hat Recht? – würde zu nichts führen, da hatte ich auch dazugelernt. Zehn Jahre früher noch hätte ich Thomas voll angemacht: »Ey, sag mal, warst du malle? Warum hat Nora damals so ein Theater gemacht? Warum hast du so viele Fernsehsendungen abgesagt, warum dies, warum das?« Aber ich war mittlerweile auch reifer und schlauer geworden. Also fassten wir uns mit Glacé-Handschuhen an, machten um heikle Stellen einen großen Bogen und unser nicht ausgesprochenes Motto war: Bitte nicht wieder Stress.

Dafür nahm ein anderer Gedanke in meinem Kopf immer mehr Gestalt an: »Mensch, stimmt! Eigentlich könnten wir wieder was zusammen machen ...« Und Thomas sagte auch: »Ja, warum nicht?« Im Anschluss ans Bratkartoffelessen in Hittfeld rief ich meine Plattenfirma an: »Okay, ich hab's mir überlegt, wir können ein Comeback starten, aber wenn, lasst uns eine Riesengeschichte daraus machen, dann müssen wir das ganz groß aufziehen.«

Unter »groß aufziehen« verstand mein Freund Andy die Hitparade mit Uwe Hübner. Und ich sagte: »Du bist wohl weich in der Birne! Wenn schon Premiere, dann kann die nur bei Thomas Gottschalk stattfinden!«

Nicht lang klagen, Peter fragen. Genauer: Peter Angemeer, mein langjähriger Freund und eine James-Bond-mäßige Geheimwaffe, was den Auftritt in großen Abend-Shows anbelangte. Peter ist das Urgestein des deutschen TV-Promotors, so was wie ihn gibt es nicht noch mal. Ich schätze, zwanzig Prozent seiner Leber gingen dafür drauf, mir während unzähliger Abendessen – oder waren es mehr Abendtrinken? – mit Sender-Chefs Auftritte zu besorgen. Und an diesem Abend war der Unterhaltungschef vom ZDF Axel Beyer dran. Wir besprachen ihn stundenlang – blablabla – wie eine Warze. Schließlich stimmte Beyer zu, allerdings unter seinen Bedingungen: »Ich will die großen alten Hits«, sagte er.

Und ich: »Wie, große alte Hits? Die hat doch jeder, die interessieren doch keinen.« Ich war davon ausgegangen, dass ich mit Thomas hübsch ins Studio gehen und neue Songs aufnehmen würde.

Doch Beyer blieb stur und sagte: »Nö, das will ich nicht, das erste Mal müsst ihr mit 'nem Medley auftreten und eure Nummer einsen singen.« Im Prinzip sollten Thomas und ich ihm noch heute die Füße küssen, denn er zwang uns quasi zum Erfolghaben – hätten wir ein Album mit lauter neuen Titeln rausgebracht, wäre das bestimmt nicht so gelaufen.

Und beim Rausgehen sagte Beyer noch: »Euer Auftritt soll eine

Überraschung sein. Wenn irgendwas vorher rauskommt oder wir hören irgendwo, dass es Modern Talking wieder gibt, schmeißen wir euch aus dem Programm.«

Tagelang überlegte ich nun hin und her, wie man fünf mottenzerfressene Evergreens so geil frisieren und anziehen konnte, dass sie wie neu daherkamen und man sie sich ein zweites Mal kaufen würde. Dann hatte ich die zündende Idee: Ich ließ den 1-Meter-95-und-7-Zentner-Mann Eric Singleton, Musiker aus New York, groovemäßig dazwischenrappen und verpasste den Songs noch mehr Tempo, indem ich zu Luis sagte: »Mach mal 'n büschen mehr Druck mit der Bassdrum!« (Druck ist sowieso mein Lieblingswort im Studio.)

Bis zu diesem Punkt hatten wir Thomas noch nicht gebraucht, das Comeback von Modern Talking waren ausschließlich ein Schieben von Reglern, ein Drehen von Knöpfen und ein Drücken von Tasten. Schließlich kam er doch noch mal ins Studio, um mit mir drei neue Nummern einzuspielen, die wir hinten auf unser Comeback-Album »Back For Good« packten und für die er zehn Minuten zum Singen brauchte. Jede einzelne dieser zehn Minuten brachte ihm später ein Einfamilienhaus.

Zwei Wochen vor der Sendung klingelte das Telefon, wer war an der Strippe? Martin Heidemanns, der Chef-Spürhund aus der »Bild am Sonntag«-Unterhaltungs-Truppe:

»Dieter, wir haben da was läuten hören, Thomas und du, ihr wart in Hittfeld in einer Kneipe. Das riecht stark nach Comeback.«

Und ich sagte: »Ey, Martin, wenn ihr das jetzt schreibt, dann sind wir echt am Ende, bevor wir überhaupt angefangen haben.«

Für mich ging's in dieser Sekunde um alles. Und wenn dieser Heidemanns unsere Comeback-Meldung irgendwo unten rechts auf Seite acht verwurstet hätte, hätte unser Projekt seine ganze Wichtigkeit eingebüßt. Das wäre gewesen wie: »Margot und Maria Hellwig jodeln beim Marmeladeeinkochen« oder »Drafi Deutscher hat 'nen neuen Hut.«

Wie ein Bekloppter setzte ich mich ins Auto und stand eine halbe Stunde später mit hängender Zunge bei Martin Heidemanns vorm Hydrokultur-Gummibaum. »Pass auf, Martin«, flehte ich, »die haben mir gesagt, wir fliegen raus, wenn die vorab irgendwo eine Meldung lesen.«

Und Heidemanns rubbelte sich so vorwärts-rückwärts über seine Nagelbürsten-Frisur, dann griff er seinerseits zum Hörer, um Professor Stolte, den Boss von Beyer beim ZDF, anzurufen und zu sagen: »Houston, wir haben ein Problem!«

Sie redeten und redeten und redeten, schließlich einigten sie sich darauf, dass am Sonntag, also sechs Tage vor der Sendung, zwölf Millionen Frühstückende zwischen Eiern und O-Saft die Schlagzeile »Modern Talking kommt wieder« lesen würden. Man kann über die »Bild«-Zeitung sagen, was man will, aber das war schon megakorrekt von dem Heidemanns.

Noch während wir hinter den Kulissen von »Wetten dass ..?« auf unseren Auftritt warteten, gab's den ersten Stunk. Thomas kam mir da irgendwie komisch von der Seite und ich biss ihn ab wie einen Dackel: »Du, pass mal auf, du bist die letzten Jahre Moderator bei Radio Regenbogen gewesen für hundert Mark, also pups hier mal nicht so rum.«

Da schwoll mir echt der Kamm, gebe ich zu. Aber Götz Kiso, mein Anwalt, ging dazwischen und sagte: »Du, hör mir jetzt mal gut zu, Dieter! Wenn du willst, dass euer Comeback schon vor dem ersten Auftritt wieder zu Ende ist, dann rede noch drei Sätze so weiter, dann steht Thomas Anders auf und geht.«

Nun bin ich ja einer, dem kann man sagen: »Mach das nicht!«, und ich mach's tausendprozentig doch. Aber in diesem Falle hatte Kiso vollkommen Recht. Ich hatte mich im Ton vergriffen und lief Gefahr, wieder in die alten Muster zu verfallen. Ich hatte ein schlechtes Gewissen, denn auch mir war klar, dass das mit ein Punkt gewesen war, warum Thomas und ich beim ersten Mal auseinander gegangen waren: weil ich ständig wie John Wayne darauf rumgeritten war, wer ich bin und was er, Thomas, nicht ist.

Ich benahm mich also die nächsten zwei Stunden tadellos, stellte mich mit Thomas brav hinter eine Trennwand à la »Herzblatt« und Thomas Gottschalk fragte vor laufenden Kameras und 16 Millionen Zuschauern:

»Willst du, Thomas Anders, deinen Partner Dieter in Zukunft ehren, so antworte denn hier mit ja.«

Dann wandte er sich an mich: »Nun sag du, Dieter Bohlen, wirst du deinen Partner in Zukunft immer gut behandeln?«

Thomas sagte ja und ich sagte ja, dann durften wir zusammen auf die Bühne. So starteten wir – sing-sing-sing unser weltweites Comeback. Das Ding ist ja – das haben Untersuchungen bewiesen –, dass bei »Wetten dass ..?« die Musik-Acts immer fürs Klo genutzt werden, wenn also David Bowie auftritt, gehen fünf Millionen Leute pinkeln. Doch bei uns zeigten die im Sekundentakt aufgezeichneten Einschaltquoten, dass alle 16 Millionen ihren Harndrang unterdrückt hatten.

Das »Back For Good«-Album zündete wie die Challenger in Cape Canaveral, am allerersten Tag schon verkauften wir allein in Deutschland die utopische Summe von 180 000 Stück, was, CD an CD gelegt, einem Fußmarsch von Hamburg bis Pinneberg entspricht. Selbst wenn wir nur ein Zehntel der Summe verkauft hätten, wären wir trotzdem auf Platz eins der Top Ten geschnellt. Und wären die 180 000 Stück auch nicht an einem Tag über den Ladentisch gegangen, sondern 3 000 Stück an 60 Tagen, wären wir heute noch in den Charts. Würde, wollte, hätte, könnte – kurzum: In einer amerikanischen Zeitung las ich, dass unsere Wiedervereinigung das größte Comeback war, das es je in der Musikgeschichte gegeben hatte.

Insgesamt verkauften wir viereinhalb Millionen CDs, mit deren Hüllen man quadratmetertechnisch dreimal das Saarland abdecken könnte. Die Leute rissen die Dinger förmlich aus den Regalen, auf der Jahres-Weltrangliste der meist verkauften Alben stand »Back For Good« auf Platz drei und wir schaufelten dem Bertelsmann-Konzern, der die Rechte für »You're My Heart, You're My Soul« vor 13 Jahren für 'n Appel und 'n Ei und 1 400 Mark gekauft hatte, noch mal so eben 135 Milliönchen in die Geldsäcke.

Mein größter Erfolg im Leben war gleichzeitig auch der größte Erfolg in der Geschichte des Bertelsmann-Imperiums.

Ob Deutschland, Italien, Frankreich, das Comeback von Modern Talking schob ein ganzes 80er-Revival an, Blondie kam zurück aus ihrer Gruft und auch Boy George holte seinen alten Kram aus der Schublade. Alle, die damals mit uns groß geworden waren, versuchten ein Stückchen von der Sahnetorte abzukriegen. Modern Talking war noch nie so angesagt. Das Perverse war, vor dem Comeback waren wir nicht so groß und erfolgreich wie danach, woraus man ableiten kann, dass unser eigentlicher Höhepunkt erst noch bevorsteht. Nämlich dann, wenn man Thomas und mich zum dritten Comeback im Rollstuhl auf die Bühne schiebt. Wir beide, wir sind wahrscheinlich die Walter Matthaus und Jack Lemmons der Musik, selbst mit Arthrose und Prostatasteinen lassen wir uns das Singen nicht verbieten.

Fürs dritte Comeback müssten wir uns allerdings erst noch zum zweiten Mal zerstreiten. Und natürlich fragt man mich schon: »Wann ist es denn endlich wieder so weit?«

Ich kann nur sagen: Thomas und ich haben immer noch unsere Kontroversen. Wir sind auch immer noch so unterschiedlich wie beim ersten Mal (obwohl mein Kleiner bei Videodrehs mittlerweile sogar schon mal ein Bier trinkt). Kurz und schnell: Wir wollen immer noch nicht heiraten, aber wir haben's einfach aufgegeben, uns wegen jeder Kleinigkeit in die Haare zu kriegen. Wir leben unsere zwei Leben nebeneinanderher, er macht sein Ding, ich mach mein Ding und wir wissen beide, dass uns so ein Glück wie mit Modern Talking nicht noch mal passieren wird.

Natürlich ist mir auch klar, dass er darunter leidet, wenn in den Zeitungen unter der Rubrik »Die ewigen Zweiten« Bayer Leverkusen, Pepsi Cola und Thomas Anders stehen, aber er soll sich trösten: Wie sagte der Highlander? Es kann nur einen geben. Der bin ich. Aber für ihn gibt's ja den Posten des Vize-Größten.

Thomas, I love you!

Zu zweit sind wir mehr als zwei.

2000

Das Teppich-luder

Oder: Pistenhühner legen keine Eier

Alles fing an mit Verona. Die Mädchen, die ich vorher in meinem Leben so getroffen hatte, waren mit mir zusammen, um Spaß zu haben. Und vielleicht ein bisschen Sex. Keine hatte sich rangewanzt, um daraus ein Geschäft zu machen. Doch mit Verona hatte Deutschland gelernt: Aus einer Beziehung mit Dieter Bohlen ist viel Geld zu schlagen und man kann damit berühmt werden.

Wobei Verona ja nicht berühmt werden wollte um des Berühmtwerdens willen, sondern weil sie aus mega-einfachen Verhältnissen kommt und nur das eine Ziel hat: Kohle verdienen, Kohle verdienen, Kohle verdienen. »Ich werde dir beweisen, dass ich später mal mehr *Geld* haben werde als du!«, sagte sie mal zu mir. Sie sagte nicht, ich werde *berühmter* sein. Nein! Es ging ihr immer nur um Kohle.

Früher war ich viel im »Traxx«, einer In-Diskothek in den Hamburger Deichtorhallen. Mein privates persönliches Jagdrevier, da fühlte ich mich wohl, da war ich Platzhirsch. Im Schnitt fragten mich hier pro Abend fünf verschiedene Frauen: »Na du, wollen wir nicht mal, wie wär's?« Vielleicht kamen an einem Abend nur drei, am nächsten dafür acht, aber unterm Strich war ich immer gut ausgelastet. Stoßverkehr herrschte zwischen drei und sechs Uhr in der Früh. Da hatten die Bewerberinnen endlich genug intus und gaben sich die Klinke in die Hand, um mich anzusprechen. Eine bekannte Moderatorin verzichtete gleich ganz auf das »Hallo, Dieter!« und kam direkt zur Sache: »Willste f…?« Ihre Anmache war die bis dato brutalste.

Alkohol enthemmt Frauen halt. Das ist auch das angebliche Party-Geheimnis von Michael Ammer: Weiber abfüllen. Denn normalerweise trinken kleine Mädels mit kleinem Portemonnaie in der Disko nicht viel. Wenn's aber umsonst zu saufen gibt, sieht das ganz anders aus: Nicht lang schnacken, Kopf in Nacken. Alle Hühner an die Tränke. Tuck, tuck, tuck! Schluck, schluck, schluck! Und einige Hennen finden eine neue Stange, auf der sie sitzen können.

Meinen roten Ferrari parkte ich mit dem linken Kotflügel immer direkt an der Eingangstür vom »Traxx«. Kein Mensch sagte was, wenn wir darin richtig Party machten und ich den Hühnern an die Federn ging. Da gab's keine Bilder, da gab's keine Seite-1-Geschichte. Ich hatte die tollste Zeit meines Lebens. Ich konnte machen und tun, was ich wollte. Die Frauen und ich waren uns einig. Alle zusammen hatten wir unseren Spaß. Alles lustig, alles locker. Wie gesagt, *vor* Verona.

Danach ging es los, dass viele Frauen sich sagten: »Aber hallo! Respekt! Respekt! Wie diese Verona das gemacht hat! Das war ja richtig Klasse. Die hat mal eben einen Prominenten aufgerissen und das geschäftsmäßig für sich ausgenutzt. Das kann ich auch!« Und viele Mädels, die ich danach kennen lernte, rechneten sich aus: »Ist ja ganz einfach! Da schnapp ich mir den Bohlen, mach da so ein bisschen rum mit dem und dann wird eine zweite Verona Feldbusch aus mir.«

Genauso war das beim Teppichluder, Janina. Auch sie lernte ich zur Hauptverkehrszeit im »Traxx« kennen. Sie war siebzehn, groß und dunkelhaarig und tanzte wie eine Verrückte. Wir tranken was zusammen, dann zeigte ich ihr das Innere meines Ferraris. Richtig unterhalten konnte man sich mit ihr leider nicht, sie hatte den IQ einer Tüte Popcorn. Ab und an begegneten wir uns noch abends im Szene-Treff »Café Sommerterrassen«. Bei einer dieser Begegnungen fragte sie mich: »Hallo, Dieter, du, wollen wir nicht mal ins Gebüsch da?« Ich hatte kein Interesse: »Nee, lass mal stecken, lass mal gut sein.«

Sie ließ nicht locker, rief mich auf dem Handy an und erzählte mir die wildesten Geschichten: »Du, ich bin ins Uni-Krankenhaus Eppendorf eingeliefert worden. Ich hab da so ein Problem, ich habe Bulimie, da spuckt man immer so.« *Wenn* sie etwas hatte, denke ich im Nachhinein, dann war es vielleicht »Bohlemie«. Und wenn sie überhaupt je in ihrem Leben an etwas gewürgt hatte, dann an »Nudel Bohlonese«.

»Mensch, Dieter« ging es flott und munter weiter. »Das ist gar nicht so verkehrt hier. Ich war gestern mit drei Frauen zusammen. Die haben das und das bei mir gemacht. Das fand ich ganz Klasse!« Janina kann unheimlich versaut reden und sie sparte nicht mit Details: Morgens würden da alle Mädels gemeinsam duschen, sich gegenseitig abshampoonieren und die Seife vom Körper wischen. Also, das würde da quasi abgehen, das hätte ich noch in keinem Porno gesehen. Wenn ich ihre Veranlagung richtig einschätze, dann hatte sie in ihrem Leben wahrscheinlich schon mehr Mädels als ich. Am Ende einer eindrucksvollen Schilderung regte sie noch an: »Du kannst ja mal gucken kommen! Und auch gern mal mitmachen!«

Nun bin ich ja ein neugieriger Mensch und ich dachte mir: Mann! Vielleicht geht da wirklich tierisch was ab? Ich fuhr los, um Janina im Krankenhaus einen Besuch abzustatten. Als ich mit meinem Ferrari aufs Klinikgelände fuhr, guckten gleich alle aus ihren Fenstern und freuten sich über den neuen Patienten. Ich drehte eine scharfe Linkskurve, gab Gummi und Janina musste alleine weiterduschen. Das war's.

Drei Jahre später saß ich morgens in Rosengarten am Frühstück und trank meine zweite Tasse Ostfriesentee, als Naddel mit den Frühstücksbrötchen und der Zeitung von der Tanke zurückkam. »Hier, lies mal!«, knallte sie mir die »Bild« auf den Tisch. »Was hast du da wieder für einen Mist gebaut?« Ich nahm mir das Blatt und las:

»Bohlen vernascht Perserin im Perser-Teppich-Laden«

Erst mal musste ich begreifen, wer die Frau auf dem Foto überhaupt war. Dann hatte ich ein weiteres Problem: Den beknackten Teppichladen, den sie da abgebildet hatten, kannte ich auch nicht. Aber was ich am wenigsten begriff: Warum behauptete diese Frau, diese Janina da, dass sie unheimlich schlechten Sex mit mir gehabt hätte? Das war doch der allerbeste Beweis, dass sie mich gar nicht richtig kennen konnte. Und wenn er denn so schlecht war, warum war sie angeblich dreieinhalb Jahre mit mir zusammen? Fragen über Fragen.

Doch zunächst musste ich Naddel beruhigen: »Du, pass mal auf, guck doch mal bitte in den Kalender. Genau an dem Tag, wo das alles passiert sein soll, hatten wir einen Auftritt mit Modern Talking.«

Dann nahm ich den Hörer und rief Manni Meier, den Unterhaltungschef der »Bild«-Zeitung an: »Hey, was soll dieser Schwachsinn? Bist du jetzt völlig gaga?«, machte ich ihn an. Aber er war in Knuddelstimmung: »Ey, Dieter«, kam es aus der Leitung zurück. »Du weißt doch, wir sind Freunde! Das ist doch alles gut für dein Image! Du bist doch ein Rock'n'Roller. Sei doch stolz. Ist doch super!« So in der Art. Na danke schön!

Ich denke mal, der Hase war so gelaufen: Irgendwann hatte Janina einen »Berater« gefunden, der zu ihr sagte: »Hey Kleine. Du hast mir doch mal erzählt, du und Bohlen, ihr hattet da mal eine heiße Sache laufen. In dem Thema ist noch Musik drin! Lass uns doch mal gucken, ob wir da was drehen können.« Dann kontaktierten sie wohl meinen Liebling, Manni, dessen kreative dichterische Fähigkeiten ich schon bei Verona kennen und schätzen gelernt hatte. Und der nicht faul, überlegte sich, weil das sein Job ist, eine griffige Schlagzeile. Okay..., sagte er sich wohl, ...Bohlen hatte mal was mit dieser Tussi, aber wenn wir jetzt schreiben, dass das vier Jahre her ist – das lockt keinen hinterm Ofen hervor. Nicht so der Reißer. Und dann brütete er weiter: Das ist eine Perserin, also müssen wir da irgendwas mit Teppichen konstruieren.

Als Prominenter muss man sich ja immer entscheiden, halte ich jetzt die Schnauze und ist damit das Thema eventuell nach zwei Tagen vom Tisch, weil man keinen neuen Zündstoff mehr liefert. Oder versucht man eine große Rechtfertigung? Das ist natürlich gut fürs Ego, weil man sich erst mal Luft macht, aber auf der anderen Seite immer das Nachspiel hat, dass die andere Partei darauf wieder was sagen kann. Dieses klassische Pingpong à la Wussow.

Ich entschied mich, nichts zu unternehmen. Durch die Verona-Geschichte hatte ich schon so meine Erfahrungen mit der Presse gemacht und dazugelernt. Damals riefen mich die Journalisten immer an: »Ja, Mensch, Dieter, verdammt noch mal, diese Vorwürfe, da musst du doch mal richtig draufhauen! Lass dir das doch von der blöden Feldbusch nicht einfach so gefallen!«

Und ich rasselte natürlich voll in die Falle, indem ich anfing zurückzuwettern. Das war eine riesen Geschichte. Aber am nächsten Tag kam Verona. Und am übernächsten Tag noch mal. Und am Ende stand ich da wie ein Vollidiot.

Außerdem muss ich an dieser Stelle mal ganz doof nachfragen: Was wäre eigentlich so schlimm daran, wenn ich dieses Teppichluder tatsächlich in diesem Teppichgeschäft verwöhnt hätte? Ich habe die Aufregung um diese ganze Geschichte nie verstanden. Ich mein, wenn Franz Beckenbauer auf seiner Weihnachtsfeier eine Sekretärin vernascht und dabei kommt auch noch ein Kind raus, sagen alle: »Ey, is' ja cool, dass der Franz das noch geregelt kriegt!« Oder wenn Boris Becker irgendeine Lady in einer Wäschekammer in London durchbügelt, ist er trotzdem für alle noch ein netter Mensch. Und ich? Ich bin ja auch nur Pop-Star und kein Pfarrer. Da muss man die Kirche wirklich im Dorf lassen.

Gewinnerin bei dieser ganzen Geschichte war eindeutig Janina. Durch mich gab sie bestimmt mal auf die Schnelle zwanzig Interviews, kassierte dafür geschätzte 100 000 Mark, exklusive ihres »Playboy«-Auftritts. Die anderen Mädels bitte ich an dieser Stelle inständig, doch was Vernünftiges zu lernen und anderweitig ihr Geld zu verdienen. Ich stehe in Zukunft nicht mehr zur Verfügung.

2001
Estefania
Oder: Dem Dieter seine Neue

Der Vorentscheid zum Grand Prix 2001 fand an einem Freitag auf dem Expo-Gelände in Hannover statt. Modern Talking sollte das Pausen-Highlight sein. Tage vorher schon waren für alle stundenlange Proben anberaumt. Wahrscheinlich, um zu verhindern, dass Pfiffi-Träger Rudi Moshammer, seines Zeichens Modeschöpfer aus München, versehentlich in seinen Yorkshire-Terrier Daisy sang und das Mikro in die Louis-Vuitton-Tasche packte.

Ich langweilte mich in meiner Star-Garderobe und ging bis zu meinem Auftritt in den 200-Quadratmeter-Aufenthaltsraum, um mich ein bisschen zu unterhalten. Es gab Lachs- und Camembert-Brötchen und drei große runde Tische. Alles starrte auf die Monitore, um zu sehen, wer sich gerade draußen auf der Bühne blamierte. Es zog wie Schwein, weil von fünf Türen fünf offen standen. Überall Neonlicht aus Stabröhren, in dem man so richtig krank aussieht. Die Kuscheligkeit einer Leichenhalle.

Michelle, Zlatko und alle, für die es Teilnahme-mäßig um die Wurst ging – Rudi Moshammer würde an dieser Stelle sagen: »Wie jetzt, Wurst? Ich dachte, man kann hier was Richtiges gewinnen!« –, liefen aufgeregt wie die Hühner durch die Gegend.

Hinten in der Ecke saß ganz still ein Mädchen, das ein bisschen aussah wie Gloria Estefan und aufgeregt an seiner Cola Light rumsaugte. Dunkle Haare, riesen Kitzaugen, kleine weiße Perlzähne: Estefania. Wie ich später erfuhr, war sie die Freundin einer der fünf Tänzerinnen von DJ Balloon und kam aus Hamburg. Dieses fantastische Gesicht hatte ich noch nie abends dort auf Piste gesehen. Das ließ mich – jjjjjjidd! – meine Antennen ausfahren. Ich konnte mich gar nicht satt sehen an ihr. Natürlich war ich gespannt, wie der Rest von ihr aussah. Aber diese Frau blieb sitzen, sitzen, sitzen und saugte, saugte, saugte an ihrer Cola. Endlich stand sie auf und ich hatte spontan Mitleid mit dem Reißverschluss ihres Jeans-Overalls in Konfektionsgröße 30. So was von knackig, so was von eng. Ich dachte nur: Mein lieber Scholli, ist die sexy!

Und endlich konnte ich einen Blick auf den schönsten Hintern werfen, den der liebe Gott je auf diesem Planeten erschaffen hat. Und ich habe schon viele Hintern gesehen. So rund, so mmmh, dass selbst jedes Rio-Mädchen an der Copacabana darauf stolz wäre. Ich glaube, ich stierte wie ein Idiot. Hätte ich mich selbst gesehen in dem Moment, hätte ich gesagt: Dieter, mach mal den Mund zu!

Die Proben zogen sich. Nach dem ersten Durchlauf gab's den zweiten, dann den achten, dann den fünfundvierzigsten. Estefania trank mittlerweile die zehnte Cola Light und hatte mich noch immer nicht eines Blickes gewürdigt. Eigentlich hätte ich es an dieser Stelle knicken müssen. Was sollte ich mit einer Frau, die gar keine Lust hatte, mich anzugucken? Als Mann greifst du ja nur dann an, wenn du mal Augenkontakt mit der Frau hattest. An diesem Abend fuhr ich ganz normal nach Hause.

Dann kam Freitag. Als ich das Gelände betrat, wen sah ich? Estefania. Sie ging direkt vor mir. Ich hatte eine wunderbare Aussicht auf ihre tollen Haare und den süßen kleinen Wackelpopo. Ich konnte gar nicht anders, als ihr hinterherzulaufen. Mensch, Dieter, sagte ich mir, du bist doch keine fünfzehn mehr, reiß dich doch mal ein bisschen am Riemen! Ich drehte nach rechts ab, wo in einem Zimmer schon ein paar Reporter von der »Welt« und der »ZEIT« auf mich warteten. Deren Schlipsträger-Zielgruppe will schließlich auch mal durchs Schlüsselloch in eine Welt spiekern, die sie nicht kennt. Will ein bisschen Jetset-Leben gucken und sich gruseln, was der schlimme Dieter Bohlen und die kleinen Mädchen so alles auf Piste machen.

Die Sendung ging los und ich schwör, durch Zufall setzte ich mich im Aufenthaltsraum direkt neben Estefania (oder vielleicht lass ich das mit dem Schwur mal lieber). Kaum berührte mein Hintern den Stuhl, rückte sie weg und drehte mir dick und fett, beziehungsweise zart und schmal den Rücken zu. Bitte, was ist denn hier los?, dachte ich. Und dann vermutete ich: Naja, vielleicht hat die ja 'ne feste Beziehung oder ist verheiratet.

Die ganze nächste halbe Stunde war Funkstille. Ich überlegte mir bestimmt 25 Mal, ob ich jetzt aufstehe und mich verdünnisiere. Ich hatte das deutliche Gefühl, dass mir alle interessiert beim Ablosen zuguckten. In dieser Sekunde lief Anne, meine Sekretärin, vorbei. »Du, Anne!«, jammerte ich. »Ich brauch dringend was zu trinken, ich verdurste hier, hol mir doch mal 'ne Flasche Champagner.«

Anne ging Schampus holen. Ich klopfte Estefania auf die Schulter und fragte: »Haste mal 'ne Zigarette?« Sie gab mir Zigarette und Feuer, dann drehte sie sich wieder zu ihren Freundinnen. Alles wie gehabt. Wieder guckte der ganze Raum zu, wie Bohlenski an dieser Frau rumbaggerte und sich gerade eine Schaufel abbrach.

Ich klopfte ihr erneut auf die Schulter und rief: »Duuuuu, hallooooooo!!!! Ich möcht mich jetzt ganz gern mit dir unterhalten. Wie heißt du denn?« – »Estefania«, sagte sie mit Betonung auf dem »tef«. Ich kriegte richtig Gänsehaut, mir stellten sich – pffft – die Haare auf. Dieser Name war Musik. Als ich später meinen Freund Andy anrief und sagte: »Du, ich habe eine Estefania kennen gelernt!«, war ich richtig stolz. Das klang doch ganz anders als: »Du, ich bin jetzt mit 'ner Dörthe zusammen.«

Just in dem Moment kam Anne mit dem Schampus um die Ecke, eine Heldenleistung. Sie hatte bis zu einer Tankstelle fahren müssen. »Möchtest du was trinken?«, fragte ich Estefania. »Ja!«, hauchte sie. Mit einem Mal hatte ich das Gefühl, dass das Eis brach. Natürlich war das mein Trick 17. Kleine Mädchen kriegten hier nur Cola und Sinalco zu trinken. Dieter-Bohlen-Schlauwinski konnte da mit seiner Flasche Schampus voll punkten.

Nach zehn Minuten schon war die Flasche leer, Anne musste los, die nächste holen. Denn auch Estefanias Freundinnen kamen auf einmal angekrümelt, um ein paar Tropfen mitschlürfen zu dürfen.

Wir fingen an zu quatschen, so press-press und bröckel-bröckel. Wirkliche Begeisterung war da noch nicht in ihren großen braunen Augen zu sehen. Das Gespräch gefiel mir nicht, es quetschte sich wie Zahnpasta aus der leeren Tube. Gott sei Dank schrie einer: »Ey, Dieter, ihr müsst auf die Bühne«, und ich war ganz froh, dass ich zu meinem Auftritt durfte.

Die Show war vorbei. Michelle hatte gewonnen. Irgendein Wichtigtuer überreichte mir ein gelbes Plastik-Bänsel: die Zugangsberechtigung für die After-Show-Party. Eigentlich eine Majestätsbeleidigung, denn Bohlen hat im Leben noch kein Bänsel für irgendeine Party gebraucht. Ich wollte es schon wegschmeißen, da stand im Aufenthaltsraum plötzlich wieder Estefania vor mir. »Sag mal, gehst du eigentlich auch auf die Party?«, fragte ich. Und sie so: »Nee, dafür braucht man ja 'ne Einladung!« Ich griff in die Tasche: »Hier haste ein Band, komm doch nachher noch vorbei.« Später erzählte sie mir, ohne besagtes Teil wäre sie ins Bett gegangen. Eigentlich müssten wir dem Ding in Tötensen einen kleinen goldenen Schrein einrichten.

Frisch gedresst kam sie eine Stunde später auf die Party: schwarze Corsage, natürlich eng, damit man alles gut sehen konnte, und eine gold glimmernde Hose. Ich hatte in der Zwischenzeit meine Hausaufgaben gemacht. Meine Spione hatten mir berichtet, dass diese Estefania einen Kerl hatte. Da war mir das Herz erst mal in die Hose geplumpst. Dann hörte ich, dass diese Beziehung quasi in der Endkampf-Phase steckte. Schon besser. Noch besser wurde es, als ich mit Ammer, dem König der Pistenhühner, sprach. »Du«, verklickerte er mir mit 25 Mal »Alder« und »ganz normal« im Satz: »Ey Alder, ganz normal, ey! Die hab ich noch nie gesehen, ey, normal halt, die geht auch nicht ins ›Valentinos‹, Alder. Und auch nicht ins ›J's‹.« Noch mal 100 Pluspunkte für Estefania! Ich dachte mir: Wenn der alte Ammer die nicht kennt, muss das eine ganz, ganz tolle Frau sein! Das war der Moment, wo ich meine Absichten umswitchte. Weg von: Die vernaschst du heute Abend. Hin zu: Die guckst du dir mal genauer an.

Ich stand erwartungsvoll da, hatte schon ein paar flotte Sprüche auf den Lippen und dachte: Jetzt kommt sie zu mir. Jetzt geht's los! Jetzt lernen wir uns kennen. Unser Gespräch dauerte exakt drei Sekunden. »Tschüssi, ich geh mal mit meinen Freundinnen tanzen!« Und ließ mich einfach stehen. Nun reicht's mir aber, du blöde Kuh, dachte ich.

Ich war mega-enttäuscht und stinkewütend. Ich hatte mich doch so angestrengt, um alles über sie rauszukriegen! Ich hatte eine Stunde auf sie gewartet, damit sie sich aufrüschen konnte. Jetzt trug sie da *mein* Bänsel ums Handgelenk. *Meine* zwei Gläschen Champagner blubberten in ihrem Bauch. Da hatte sie gefälligst lieb zu sein zum kleinen Dieter, fand ich. Sonst kriegte ich all diese Pistenhühner, die mich umflatterten, nicht mit der Kalaschnikow weg. Die fingen ungefragt neben mir an zu tanzen und zeigten sich von ihrer besten Seite, nämlich von hinten.

Und da war jetzt eine, die einfach ging. Andererseits war's auch wieder reizvoll. So gab es bei unserem Kennenlernen ungefähr 75 Situationen, wo alles hätte breaken können und wir niemals ein Paar geworden wären.

Ich blieb schmollend stehen, wo ich stand. Bis Philipp, mein Betreuer von der Plattenfirma, auf die Idee kam: »Lass mal gucken gehen, wie die Kleine tanzt.« Es heißt doch immer: »Wie eine Maus tanzt, so schnackselt sie auch.« Was das anbelangte, hatte Estefania noch mal tausend Punkte extra verdient. Ich beschloss, ausnahmsweise noch mal großzügig zu sein, und gab ihr eine letzte Chance und quatschte sie wieder an: »Toll, wie du dich bewegst! Wo hast du denn das gelernt? Sieht ja richtig gut aus! Machst du das auch beruflich?« Diesmal war sie unheimlich unzickig, beinahe entgegenkommend. Denn jetzt hatte sie zu den zwei Gläschen Blubber-Champagner auch noch zwei Gläschen Sekt intus.

Kaum standen wir zusammen und redeten mal fünf flüssige Sätze miteinander, tauchte das nächste riesengroße Problem auf. Lichter wie Glühwürmchen, die sich durch den ganzen Raum schwirrend auf uns zu bewegten. Sie gehörten zu Kameras mit Mikros dran. Von RTL über ZDF, Sat 1, ARD und Pro 7 hatten uns so ungefähr alle anwesenden Fernsehteams geortet. Es herrschte Hektik und Gedränge in der ersten Reihe, jeder Redakteur hatte Angst, etwas zu verpassen. So etwas Extremes hatte ich noch nie erlebt. Estefania und ich konnten uns praktisch nix mehr sagen, ohne dass wir Gefahr liefen, dass einer rief: »Dieter, könntest du das bitte wiederholen, die Tonqualität ist noch nicht 1 A.«

Ich kann es auch verstehen: Wir lieferten natürlich das typische Bohlen-Bild. Ich in Lederklamotten in irgendeiner Disse. Dicht daneben auf Hautkontakt ein hübsches Girl mit Multi-Kulti-Schüttel-Shake-Genen. Alle um uns rum schienen mehr zu wissen als wir selbst. »Guck mal!«, sagte ich aus Jux zu Estefania, »die merken alle, dass wir zusammenpassen, nur du schnallst das nicht.« Wir fingen an, durch sämtliche Säle zu flüchten. »Wie hältst du das bloß aus? Ist das immer so bei dir?«, fragte Estefania. Und ich antwortete: »Nein, ein bisschen komisch find ich das auch alles hier. Muss ja die Ober-Langweiler-Veranstaltung sein, wenn die so auf uns abfahren.«

Nicht nur ich hatte Hausaufgaben gemacht. Auch Estefania war voll im Bilde über mich: Wo, wann und mit welcher Frau ich gerade zuletzt irgendwas in irgendeinem Hotel gehabt haben sollte. Inklusive ihrer eigenen Freundin, die auch behauptete, dass ich sie angegraben hätte. »Na, dann zeig mir doch mal diese Freundin!«, verlangte ich. Ich bin da ja hammerhart. Solche Damen, deren Fantasie Purzelbäume schlägt, greife ich mir immer direkt: »So, so! Interessant. Dich habe ich also angegraben!« – »Öh ... ja ... mh ... also ... ömm... da hab ich mich wohl vertan!«, ist dann meist alles, was kommt. In diesem Falle war's genauso.

Grundsätzlich stört mich mein schlechter Ruf in Bezug auf Frauen null, niente, nada. Aber wenn mich dann ein Mädchen wirklich interessiert, heißt es erst mal: Vorurteile und Gerüchte niederknüppeln, um überhaupt an sie ranzukommen. Hallo, hallo! Ich bin nicht das Monster aus der Zeitung, für das du mich vielleicht hältst! Estefania war ein harter Brocken, bis sie endlich meinte: »Mensch! Ich hab immer gedacht, du bist ganz anders!«

Auch dieses Erlebnis habe ich ungefähr dreißigmal die Woche. Wenn ich einer Omi bei der Bank die Tür aufhalte, herrscht Schockzustand. Und wenn ich mich dann auch noch ganz normal in die Schlange stelle, fragen sie bestürzt: Herr Bohlen, ist Ihnen nicht gut? Sollen wir vielleicht den Krankenwagen rufen? »Ja gut!«, sagte ich zu Estefania. »Wenn ich ganz anders und doch kein Idiot bin, dann können wir uns ja noch länger unterhalten.«

Das war so die Zündung. Vielleicht hatten wir da noch keine Schmetterlinge im Bauch, aber zumindest schon mal ein sanftes Ziehen. Und plötzlich waren auch ihre Freundinnen egal. Die hatten uns die ganze Zeit wie die Moskitos umschwirrt und immer wieder versucht, Estefania wegzulocken: »Du, Estefania, lass uns mal hierhin! Du, Estefania, lass uns mal dahin! Du, Estefania, komm mal mit!«

Beim Reden hatten Estefania und ich eine Wellenlänge, einen Gleichklang. Ich hatte immer mehr das Gefühl: Um diese Frau würdest du auch kämpfen. Gegen vier Uhr wurde es langsam leer in der Hütte. Die Kamerateams hatten ihre Jagd eingestellt und waren selbst einen saufen gegangen. Estefania und ich hielten uns an unserem fünften Cappuccino fest. Mir war klar, einen sechsten würde es nicht geben. Gleich würde der Punkt kommen, wo wir uns trennen müssten. Und da kam es auch schon: »So, ich bin jetzt müde, ich denk, ich geh besser schlafen!« Aber ich war vorbereitet: »Öhm, ja, also... ich weiß, das klingt jetzt komisch: Aber willst du nicht mit zu mir kommen? Nicht, dass du das in den falschen Hals kriegst. Ich will nix von dir. Ich will nur mit dir reden und ein bisschen mit dir zusammen sein. Ich fliege übermorgen auf die Malediven. Ich habe wahnsinnige Angst, dass wir uns nie wiedersehen, wenn wir jetzt tschüss sagen.«

Wir fuhren mit dem Taxi vom Expo-Gelände in mein Hotel-Zimmer im »Maritim«. Wir redeten und redeten, es war wunderschön, doch irgendwann konnte ich nicht mehr: »Du, Estefania, ich bin fix und fertig, mir fallen schon die Augen zu ... lass es uns doch ein bisschen bequemer machen, lass uns ins Bett legen und kuscheln ... nichts weiter, versprochen.«

Ich musste mindestens hundertmal versichern, sie nicht anzufassen. Dann robbten wir unter die Bettdecke und legten uns Nase an Nase. Manchmal sprachen wir zehn Minuten kein Wort, weil ich wegdöste. Aber wann immer ich die Augen wieder aufmachte, um zu sehen, ob Estefania ebenfalls eingeschlafen war, guckte ich von Pupille zu Pupille. Die Kleine wollte partout nicht schlafen. Irgendwie hatten wir beide das Gefühl, dass wir keine Sekunde der gemeinsamen Zeit verlieren wollten. Und wenn mir die Lider schwer wurden, nahm ich mir vor: »Bloß wach bleiben ...ach bleiben ...eiben ...«, um doch einzupennen.

Um zwölf Uhr mittags, das Zimmermädchen hatte schon fünfmal geklopft, krochen wir wieder aus dem Bett. Obwohl Estefania jetzt dreißig Stunden nonstop auf den Beinen war, sah sie nicht wie eine abgebeizte Raubkopie aus. Immer noch hübsch. Immer noch süß. Wir tauschten Telefonnummern. Mensch, war ich traurig. »Jetzt habe ich dich gerade erst getroffen! Am liebsten würde ich hier bleiben und nicht zwei Wochen wegfahren. Aber diesen Urlaub auf den Malediven habe ich meinen Kindern versprochen.« Und dann, ich gestehe es, war ich auch mehr als nur ein bisschen geknickt, weil mir schwante: Dieter, du warst an der falschen Stelle Gentleman. Wie sagt Opa Sigmund Freud immer? Wahre Liebe entsteht nur durch Schnackseln. Insofern hatte ich bei Estefania keinen bleibenden Eindruck hinterlassen können. Mist. Mist. Mist.

Ich flog mit Naddel, von der ich Estefania gar nicht gesagt hatte, dass sie auch mit von der Partie sein würde, und meinen Kiddies ins »Rangali Hilton« auf die Malediven. Wenn sich Naddel an der Bar um zwölf Uhr mittags den ersten Malediven Sundowner des Tages spendierte, war die Gelegenheit günstig. Ich verdrückte mich auf die andere Seite der Insel, was drei Minuten Fußmarsch entsprach, um Estefania anzurufen und ihr täglich ungefähr zwei Stunden lang von der Insel vorzuschwärmen: »Oh, wenn du jetzt hier wärst, hier ist der Himmel so toll und das Wasser so grün. Und du kannst dir dies nicht vorstellen und das kannst du dir auch nicht vorstellen.« Ich hatte sicherheitshalber gleich zwei Handys eingepackt und vertelefonierte auf dem einen 11 800 Mark und auf dem anderen noch mal 3 000.

Natürlich registrierte Naddel, dass ich vom vielen Telefonieren schon Schwielen am Ohr hatte. Aber wie das so ihre Art ist: Sie sagte nicht einen Ton. Dafür hatte sie rund um die Uhr schlechte Laune, verkroch sich irgendwo in den Schatten und las dort Liebesromane. Irgendwann kamen meine Kinder zu mir und sagten: »Du, Naddel hat zu uns gesagt, euer Papa hat bestimmt 'ne neue Freundin.« Das war dann sozusagen das offizielle inoffizielle Ende unserer Beziehung.

Nach zehn Tagen landeten wir wieder auf dem Airport Hamburg. Kaum hatte sich mein Telefon in der Arrival Area ins deutsche Netz eingeloggt, war da Estefania an der Strippe. Sie war stinksauer: »Du«, kippte ihre Stimme, »eine Freundin von mir ist mit in der Maschine gewesen! Die hat ganz genau gesehen, wie du mit Naddel ausgestiegen bist!« Ich war total überrumpelt: »Nein, ach Quatsch! Wie kommst du denn da drauf?«, stritt ich alles ab. Und sie: »Du bist so was von mies, gib's doch zu!«

Die Wahrheit war: Auch Estefania hatte geflunkert. Nix da Freundin! Sie war heimlich zum Flugplatz gefahren, um mich abzuholen. Hinter einem Pfeiler, verkleidet mit Mütze und Sonnenbrille, hatte sie darauf gewartet, dass ich rauskam. Schräg vor ihr, keine drei Meter entfernt, stand auch noch Erika, die die Kinder abholen wollte. Sozusagen alle meine Frauen beieinander, nur noch Verona fehlte.

»Wir müssen uns sofort sehen!«, forderte sie. »Ich will das jetzt geklärt haben.« Das Problem war: Ich konnte nicht reden. Vor mir schob Naddel den Gepäckwagen. Was für eine bescheuerte Situation! Halb ein Uhr nachts! 28 Stunden Reisezeit hinter mir! Und dann erzähl mal deiner Noch-Freundin, dass du dich jetzt mit deiner neuen Flamme irgendwo treffen willst. Ab durch die Mitte, für Kreativität blieb da kein Spielraum. »Naddel, ich muss noch mal weg!«, sagte ich. Sie rief nur verächtlich hinterher: »Ja, tschüss! Grüß die Schlampe mal schön von mir.«

Estefania wartete schon auf dem Zimmer im »Élysée« und war immer noch not amused. Mir tat es unendlich Leid, dass alles so gelaufen war, wie es gelaufen war. Wie wir da saßen, trennten uns vier Meter, eine Sitzgarnitur und 700 Vorwürfe. Ich spürte: Wäre ich nicht gekommen, es wäre das definitive Aus von allem gewesen. Estefania fühlte sich von mir belogen, betrogen und hintergangen. »Warum hast du mir nicht die Wahrheit gesagt?«, weinte sie. Es dauerte zwei Stunden, bis ich sie so weit hatte, dass sie mir endlich wieder glaubte. Danach war ich am Ende meiner Kraft. »Tschüss!«, sagte ich. »Ist doch alles wieder gut, oder?« und gab ihr ein Cousinenküsschen auf die Wange. Zu mehr war ich nicht mehr fähig. Ich setzte mich in meinen Wagen und fuhr nach Tötensen zurück. Nach nunmehr 30 Stunden konnte ich endlich meine feuchten Badehosen aus dem Koffer befreien.

Am nächsten Tag trafen wir uns auf zwei Stunden zum Versöhnungs-Sushi im »Nippon-Hotel« im Hofweg. Anschließend, schon auf dem Rückweg, dachte ich: Bohlenski, bist du eigentlich bescheuert? Die fährt jetzt nach Hause. Du fährst nach Hause, wie lange soll das so weitergehen? De facto wollte ich nicht mehr ohne sie schlafen. Ich wählte Estefanias Nummer. Die war ihrerseits gerade auf dem Weg zu einer Freundin, um nicht zurück in ihre Wohnung zu müssen. Da hockte nämlich Jens-Uwe, ihr Ex, der meinte, er sei ein »Noch«.

Wir machten beide so »Us« auf der Straße und sagten in alter Gewohnheit dem Portier vom »Élysée« hallo. Mittlerweile bekam ich als ihr bester Kunde die Suite schon zu einer Special-Rate von 200 Mark statt 800. Ich hatte noch ein Telefonat zu tätigen: »Naddel, du«, stotterte ich, »ich hatte es dir ja schon angedeutet … aber jetzt ist es definitiv… Ich komm nicht mehr nach Hause.« ⛈/🌧☠!!!! machte Naddel und schmiss den Hörer auf.

Estefania und ich zogen los, um Klamotten zu kaufen. Sie war in der Eile nur mit einer Plastiktüte unterwegs. Und ich hatte noch weniger dabei. Für alle in ähnlichen Situationen: Mein Tipp – Socken im Fünfer-Pack für fünf Euro von der Tankstelle.

Am nächsten Tag flog ich mit Estefania für einen Auftritt von Modern Talking zu »Wetten dass ..?« in Lindau am Bodensee. »Macht mir mal ein zweites Ticket auf den Namen Estefania Küster klar!«, hatte ich bei meiner Plattenfirma angerufen. Das Schöne an solchen Telefonaten ist: Beim Stichwort »zweites Ticket« kriegen die dort immer Lauscher wie Wüstenfüchse: »Och nee, der Bohlen wieder …!«

Hinter den Kulissen von »Wetten dass ..?« sorgte das Auftauchen von Estefania bei den Reportern für erregtes Tuscheln und Geschnatter. Als alter Hase im Mediengeschäft war mir sofort klar: Man konnte die Zeit in Tagen rechnen, bis irgendeine Zeitung titeln würde: »Dem Dieter seine Neue«. Wir beschlossen deshalb gleich am nächsten Morgen ins »Rangali Hilton« auf die Malediven zu flüchten. Zuvor war da aber noch was Wichtiges zu erledigen. Darauf hatte ich mich jetzt schon seit über zwei Wochen gefreut.

Gutes Licht, Rückenmassagen, dann Runterküssen à la Ed von Schleck – ich hab zwar nicht so ein Büchlein »34 Bomben-Tipps, wie ich eine Lady flachlege«, aber ich kann nur sagen: Es gibt ein paar Sachen, die es jeder Frau leichter machen, sich fallen zu lassen. Geprüft von Dr. Bumssiegel.

Mit einem Samsonite-Koffer voller Pullis und Schals flogen wir in die Sonne. Der Urlaub war ein Traum. Ich bin ja ein begeisterter Taucher. Nur: Solange ich mit Naddel zusammen war, hatte ich immer wie ein kleiner Junge rumbetteln müssen: »Bitte, komm doch mit mir schnorcheln. Komm, du musst doch diese Welt unter Wasser kennen lernen. Komm, ich zeig dir, wo die Wasserschildkröten sind.« Ob schwimmend oder auf dem Teller – Naddel interessierten Wasserschildkröten nicht.

Estefania setzte sich sofort ihre Taucherbrille auf, nahm meine Hand und schwamm mit mir los. Nach nur drei Tagen Tauchkurs ging sie mit mir auf 25 Meter Tiefe. Wir schauten uns Anemonen an, paddelten den Mantas hinterher, machten Loopings und Faxen. Lagen wir nach dem Tauchen wieder in der Sonne, hieß es: »Mensch, dein Bauch ist rot, ich muss ihn dir eincremen! Liegst du auch bequem? Soll ich dich massieren?« Sie war Fürsorge, Sonnenschein und heile Welt.

Von den Malediven flogen wir direkt weiter nach Mallorca, weil die Villa Rosengarten immer noch besetzt war. Naddel machte auch keine Anstalten auszuziehen. »Okay!«, bot ich ihr an, »du kannst so lange in Rosengarten bleiben, bis du eine neue Wohnung gefunden hast. Dann gib Bescheid, ich helf dir beim Umziehen!« Auch wenn unsere Beziehung schon hundert Jahre vorher marode war: Ich hatte Schuldgefühle ihr gegenüber und fühlte mich verantwortlich. »Und wenn du ins Penthouse auf Mallorca willst, gib einfach Laut, das ist auch okay.« Im Nachhinein denke ich: Das alles könnte ein

Fehler gewesen sein. Naddel nahm diese Trennung wohl nicht ernst. »Du kommst sowieso nicht von mir los!«, war ihr Spruch. Vielleicht war das auch der Grund, warum sie im Anschluss so viele schrecklich merkwürdige Sachen machte. Ich mein: Wer fängt allen Ernstes was mit Ralph Siegel an? Das tut man doch nur, wenn man weiß, bald ist der Dieter ja wieder da.

Meine Großzügigkeit bescherte Estefania und mir auf jeden Fall über vier Monate Zwangsexil auf Mallorca.

Eine Frau, die mit mir zusammen ist, muss damit rechnen, plötzlich Schlagzeile zu sein. Sei es, dass sie vor 15 Jahren ihren Zwerghamster hat verhungern lassen – plötzlich ist das eine Titelseite. »Hör zu«, sagte ich zu Estefania, »es gibt ein Problem! Wenn du mit mir zusammen bist, dann kommt alles raus. Deine gesamte Vergangenheit. Deswegen, ich bitte dich, erzähl mir alles, was gewesen ist! Gibt es irgendwelche Nacktfotos von dir?« – »Nö!«, sagte sie. »Ich hab nur mal so ein paar freizügigere Fotos für einen privaten Kalender gemacht. Den hat dann mein Freund zu Weihnachten gekriegt.« Der Kalender an und für sich juckte mich nicht. Ich bin sogar Fan von Nackig-Schüssen und seinerzeit hatte ich auch die wildesten Aktfotos von Naddel und Verona geknipst. Aber ich wusste aus Erfahrung, dass es das Wort »privat« für Frauen, die mit mir zusammen sind, nicht gibt. Estefania beruhigte mich: »Nein, Dieter, mach dir keine Gedanken, der Typ ist total in Ordnung, der würde so was nie machen, nie im Leben würde er diese Fotos an die Presse geben.«

Es dauerte ungefähr zwei Wochen, da gingen wir im Hafen von Andraitx frühstücken. Wer sagte uns nackedei vom Zeitungskiosk guten Morgen? Estefania. Mir war nach Blut. »Ich hab's dir gleich gesagt!«, schrie ich rum und war fuchsteufelswild. Estefania fing an zu weinen. Ich meine, sie konnte am allerwenigsten etwas dafür, dass sie mit so einem Sackgesicht von Freund zusammen gewesen war, der jetzt ihre Fotos verscherbelte. Doppelt gemein war, dass sie auf diesen Bildern rüberkam wie ein Porno-Azubi. Meine kleine Estefania! Die Erste, die nicht pisten- und schlampenmäßig unterwegs war, und jetzt das! Mir tat das in der Seele weh. Ich wusste genau, was jetzt alle denken würden: »Ach, guck mal, hat sich der Bohlen, Klammer auf, 47, Klammer zu, doch nur wieder so eine Hupf-Dohle, Klammer auf, 21, Klammer zu, geschnappt.« Mir kann so was egal sein, mich kennen die Leute. Everybody's Darling war ich sowieso noch nie, doch für Estefania tat's mir Leid. Bis dato war sie ein unbeschriebenes Blatt. Was sollten die Menschen jetzt anderes von ihr denken, als dass sie ein bisschen primitiv, asozial und doof wie Stulle war, halt wieder so ein Luder.

Vorurteile sind Vorurteile sind Magengeschwüre. Ich habe versucht, Estefania einen Satz zu vermitteln: Wenn du ein Schaf bist und in einen Schweinestall gehst, dann nimmst du Schweinegeruch an. Die Branche ist, wie sie ist. Als Frau eines Künstlers wirst du mit Dreck beworfen, so ist das nun mal. Jeder versucht dich zu besudeln. Dir fliegt Scheiße ins Gesicht und so sind auch Perlweiß-Zähne beim Lächeln halt mal braun. Wichtig ist nur: Keep on smiling und zusammenhalten. Sich nicht kopfscheu machen lassen, weiter gemeinsam seine Träume träumen.

Heute, nach fast zwei Jahren mit Estefania, kann ich nur sagen: Wenn der Fischreiher zu Hause in Rosengarten nicht immer alle meine schönen 500-Mark-Koi-Karpfen aus dem Teich fressen würde, wäre sie die Frau, mit der ich ein Leben lang am Rand stehen und Fische gucken könnte.

Ich gebe zu, dass ich nur eine Frau für *mich* wollte. Dass ich eigentlich gar nicht auf dem Zettel hatte, auch eine zu finden, die sich gut mit meinen Eltern und meinen Kindern versteht. Aber mittlerweile ist es so, dass meine Mama mehr mit Estefania spricht als mit mir.

Estefania ist für mich die Idealbesetzung als Frau in meinem Leben. Sie gibt mir das Gefühl, dass sie das Teil ist, das mir in meinem Lebens-Puzzle immer gefehlt hat. Sie ist die Frau, die sich völlig auf mich einstellt. Ich weiß zum Beispiel bis heute nicht, ob sie Tauchen wirklich so toll findet oder ob sie, wenn ich morgen sagen würde: »Ich steh nicht mehr aufs Tauchen«, sagen würde: »Du, mir geht's genauso!« Manchmal besichtigen wir Häuser. Wenn wir drinstehen, gucken wir uns an und denken: Oh, geil! Und dann gehen wir raus und ich mache »tja …!« und sie macht auch »tja …!« Und dann wechseln wir beide innerhalb von sieben Minuten die Meinung. So viel Harmonie macht mir manchmal Angst.

Seit fast zwei Jahren sind wir jetzt keine Nacht getrennt. Und das Einzige, was mich an dieser Frau nervt, ist: Sie dreht abends die Zahnpastatube nicht zu.

Ich sag mal so: Wenn ich mich in diesem Leben noch mal vermehren möchte, dann nur mit einer einen Meter 60 großen Frau aus Asunción.

Aber wer weiß? Vielleicht kommt ja nächstes Jahr ihr Buch: »Bohlen, das Schwein – meine Rache« …

Ein Album
The Making Of

Ich werde natürlich immer gefragt, wie geht das eigentlich? Produzent sein? Ein Album machen? Wenn ich antworte: »Ich gehe ins Studio und für einen Song brauche ich vier Minuten«, dann stellen sich die Superschlauen hin und rechnen: »Aha! So, so! Multiplizieren wir doch einfach diese vier Minuten mit den sechzehn Titeln einer CD und schon wissen wir: Kaum mehr als eine Stunde und Dieter Bohlen hat ein komplettes Album fertig.« Das ist natürlich Blödsinn.

Das Produzieren eines kompletten Albums ist ein Prozess in unheimlich vielen, unheimlich kleinen, unheimlich aufwändigen, unheimlich fummeligen Schritten.

1) Zuerst wäre da mal die Suche nach dem Künstler. Das ist gleich am Anfang Schwerstarbeit. Um Thomas Anders zu finden, habe ich zehn Jahre gebraucht. Bevor ein Sänger vor mir steht, der was kann, kommen Hunderte, die ich mir anhöre, nur um dann sagen zu müssen: »Is nich'!« Jeden Tag bringt der Postbote mindestens zehn Kuverts mit CDs, DAT- und Audio-Kassetten und einem Brief, in dem steht: »Ja, ich will so gerne Sänger werden!« Meist liegt ein Foto bei, und wenn jemand aussieht wie ein aufgeplatztes Kissen oder schon achtundfünfzig ist, befördere ich das Demo-Tape gleich ins Enddepot: den Mülleimer. Das mag vielleicht hart klingen, aber so ist das Business, dessen Regeln ich nicht mache, sondern dessen Zwängen ich mich zu unterwerfen habe. Bleiben übers Jahr immer noch 3000 neue Talente übrig, die ich mir alle anhöre. Jede Demo-Kassette kostet mich Minimum vier Minuten, sind auf zwölf Monate gerechnet 12000 Minuten, sind 200 Stunden, sind 20 Arbeitstage von acht Uhr morgens bis acht Uhr abends. *Ohne* Pause, wohlgemerkt.

2) Für jeden Künstler schreibe ich eine Auswahl an Titeln, in etwa 60 bis 80 Stück. Die reine Idee, da, wo es wumm macht, geht zwar meist unheimlich schnell. Das Feintuning braucht aber Minimum einen Tag. Das heißt: circa 60 Tage von morgens bis abends im Studio, 60-mal Melodien komponieren. 60-mal Texte texten. 60-mal das Arrangement machen, was bedeutet zu entscheiden, welchen

Part der Melodie übernehmen die Streicher, welchen Groove spielt das Schlagzeug? Jedes Instrument ist eine Spur, am Ende hat man so bis zu 160 Spuren. Dieser Aufwand muss sein, um die Schallplattenbosse davon zu überzeugen, dass sie da wirklich einen Hit vor sich haben. Sonst könnte man ihnen »Strangers In The Night« vorspielen und sie würden trotzdem »Scheiße!« rufen. Aus bis zu 80 Vorschlägen werden anschließend von der Plattenfirma, dem Künstler und mir die 16 besten Titel ausgewählt. Bedeutet: geht wenig voran, dafür endloses Gelaber. Plus zwei Tage.

3) Der Sänger kommt ins Studio, singt zwei bis drei Tage, dann ist seine Arbeit erledigt. Mein Aufwand liegt bis jetzt schon bei Minimum 85 Tagen.

4) Der Stress geht erst richtig los: Jede Instrumentenspur wird noch mal mit einem richtigen Musiker im Studio aufgenommen, denn bislang ist ja jede Geige, jedes Becken auf der Demokassette nur von Dieter Bohlen, das heißt, ich habe alles auf dem Synthesizer selber gespielt. Plus drei Tage pro Titel. Außerdem wird der Chor aufgenommen. Es gibt Titel von Modern Talking, die setzen sich aus bis zu 200 verschiedenen Chor-Tonspuren zusammen. Das muss so sein, denn gerade, wenn jemand hoch singt, klingt das meist nur dünn und fies. Deshalb doppelt man diese hohen Lagen bis zu 50-mal am Computer, damit sie weicher und fetter klingen. Plus ein Tag pro Titel.

5) Alles wird abgemischt, das heißt, Gesang und Instrumente werden in ein richtiges Lautstärke-Verhältnis zueinander gebracht. Anschließend kommen die vielen Knöpfe des Mischpults zum Einsatz: Mit ihnen »equalized« man zum Beispiel – das bedeutet, man lässt etwas heller oder dumpfer klingen – oder produziert Hall und Echo. Plus drei Tage pro Titel, beim kompletten Album also insgesamt 48 Tage.

6) Von der fertigen Version werden bis zu zehn verschiedene Mixe gemacht: der Long-play, die Ibiza-Abhott-Version, der Radio-

Mega-Mix, die Kindergarten-Karaoke-Variante etc. Anschließend wird »gemastert«, also das Band aller Bänder hergestellt. Plus ein Tag.

7) Jetzt beginnen die Diskussionen übers Cover, eine Fotosession muss organisiert, ein geeigneter Fotograf gefunden werden. Oft sind die Fotos schlecht, dann geht alles noch mal retour. Die Idee für ein Video muss her, der Clip anschließend gedreht werden. Hier geht es um richtig viel Geld, das gut investiert sein will, denn einmal die Woche kriegt VIVA etwa 100 Videos zur Ansicht, davon werden sechs genommen und 94 niemals gespielt. Auf diese Weise wandern jedes Jahr Videos im Wert von 750 Millionen in die Kellerarchive, um hier zu verstauben. Kein Wunder, dass es der Musikindustrie so schlecht geht. Plus fünf Tage.

8) Schließlich die Frage: Wo soll die Fernseh-Premiere stattfinden? Promotion-Aktionen, Interviews in Zeitungen und Zeitschriften müssen organisiert werden. Zig Telefonate mit zuständigen Redakteuren und Programmdirektoren. Plus eine Million zermarterte Zellen.

9) Summa summarum: 203 Tage reine Arbeitszeit, die ich für ein komplettes Album brauche. Würde ich das alles gegenrechnen, käme ich unterm Strich auf einen schlechteren Stundensatz als mein Anwalt.

Vergiss Konfuzius!

Oder: Dieters twenty tolle Thesen to Erfolg & Happiness

1. Hab ein klares Ziel vor Augen! Dieses Ziel kann verrückt, utopisch, unerreichbar, gaga scheinen, wenn es wirklich das Ziel ist, von dem du überzeugt bist, dass du es erreichen willst, kannst du es schaffen. Ohne diese Perspektive brauchst du gar nicht an den Start zu gehen.

2. Frag dich: Wie groß ist mein Ehrgeiz, wie stark mein Biss? Wenn dir diese beiden Begriffe fremd sind, bleib lieber auf dem Sofa.

3. Prüfe dich: Was für ein Typ bist du? Ist es dir egal, nachts aufzustehen? Spürst du weder Hunger noch Durst und vergisst du, auf Toilette zu gehen, nur weil du für deine Sache kämpfst und alles andere daneben unwichtig wird? Wenn du so jemand bist, kannst du es schaffen. Wenn nicht, auch nicht schlimm! Ich kenne jede Menge Menschen, die nur deshalb glücklich sind, weil sie eben nicht so sind. Gratulation, du hast das bessere Leben vor dir!

4. Frage dich: Willst du wirklich alles opfern? Erfolg zu haben heißt, zu trainieren, Entbehrungen in Kauf zu nehmen, und das schon möglichst früh. Wenn andere zum Fußball gehen, musst du an deinem Traum arbeiten, wenn andere Partys feiern, ist dir vielleicht zum Weinen zumute, weil du allein bist und an den Grenzen deiner Kraft. Bist du wirklich dazu bereit? Denn wisse: Erfolg haben will jeder, doch nur die wenigsten sind willens, die negativen Seiten anzunehmen. Erfolg ist eine Schokolade mit Füllung: außen die Süße, innen der Schweiß.

5. Sprich nicht zu viel von deinen Sehnsüchten. Das sind die Träumer und Spinner in unserer Gesellschaft, die dich pausenlos zudröhnen, was sie alles erreichen wollen, und wenn du sie fragst, was sie dafür tun, kriegen sie das große Stottern. Worte bringen nichts, nur Taten entscheiden.

6. Vor jedem Erfolg kommt der zehntausendfache Misserfolg. Erfolg ist die Ausnahme, Misserfolg die Regel. Auf dem Weg zum Erfolg

wirst du tausendmal fallen, wichtig ist, dass du tausendundeinmal wieder aufstehst. Vergiss das nie!

7. Erfolg ist eine ziemlich launische Diva, die auf Händen getragen werden will und um die man sich Tag und Nacht kümmern muss. Wem das zu anstrengend ist, der wird nur den Eintagsfliegen-Erfolg haben, dessen Vater das Glück ist und dessen Kind Frust heißt. Echter Erfolg ist etwas Dauerhaftes und auf Dauer hat nur der Tüchtige Erfolg!

8. Lass dich nie beirren. Lass es nicht zu, dass jemand mit der Nadel in deinen Ballon voller Träume piekst. Schmeißt man dich vorne raus, gehe morgen von hinten wieder rein.

9. Neue Ideen zu haben ist immer schwer. Denn derjenige, dem du sie erzählst, wird immer denken:
   a) Warum bin ich da nicht selber drauf gekommen? Du machst ihm Frust, deswegen wird er dir Steine in den Weg rollen.
   b) Was will der da von mir? Tolle Menschen mit tollen Ideen bedrohen den Ideenlosen in seiner leeren Existenz. Er lässt dich nicht an sich ran, weil er nicht sehen will, dass er gegen dich niemand ist.

10. Lerne aus jeder Backpfeife. Frage dich: Was kann ich noch besser machen? Suche die Schuld nicht bei anderen. Versuche, noch überzeugender zu sein. Gib niemals auf, versuche nur, jeden Tag besser zu werden.

11. Lass dir nicht von anderen einreden, dass etwas nicht geht, unrealistisch ist und du es vergessen sollst. Denke daran: Andere mögen es nie, wenn du sie überholst. Auch deine Freunde hätten am liebsten, dass du auf gleicher Stufe mit ihnen bleibst. Und es gibt auch Freunde, die hätten dich gern noch eine Stufe drunter.

12. Lege dir dein Können beizeiten zu. Wenn du das alles willst, dann fang jetzt an, nicht morgen. Versuche nicht, überall gut, sondern auf einem Gebiet der Beste zu sein. Michael Schumacher kennt bestimmt auch nicht den Satz des Pythagoras.

13. Wisse: Mit Erfolg kannst du glücklich *werden*, aber Erfolg ist kein Garant dafür, dass du glücklich *bleibst*. Dauerhaftes Glück und Zufriedenheit sind etwas anderes als Erfolg.

14. Lerne deine Unzufriedenheit anzunehmen, sie ist deine stärkste Antriebsfeder. Sätze wie: »Ich kann das noch besser« und »Ich werd's denen mal zeigen« katapultieren dich aus der Suppe, in der alle schwimmen, in eine geistige Poleposition.

15. Gebrauche deinen Verstand und dein Herz gleichermaßen. Gehe nicht über Leichen, das ist das Erfolgsmodell für Doofe. Statt den Konkurrenten umzubringen, sei einfach schneller, schlauer, besser. Überholen ist das Schönste am Erfolgreichsein und Tote fahren nicht mehr auf der Erfolgsautobahn.

16. Sei kein Ignorant, sei selbstkritisch und hinterfrage alles und jeden. Doch baue niemals auf die Hilfe anderer, denn sonst bist du abhängig – und deine Eisdecke kann jede Sekunde einbrechen.

17. Sage dir immer wieder: Erfolg ist wiederholbar. Wenn du wirklich besser bist, wirst du auch am nächsten Tag wieder gewinnen.

18. Ganz oder gar nicht! Mache niemals halbe Sachen, weil du dich auf tausend andere Dinge gleichzeitig konzentrierst. Alles, was du anfängst, zieh zu hundert Prozent durch.

19. Ziele sind immer nur Teilziele, du bist Fahrgast im Riesenrad deines Lebens. Hast du eine Station erreicht, sind Aufenthaltsdauer und Freude nur kurz, dann warten fünf neue Ziele. Lass dich dadurch nicht entmutigen!

20. It's lonely at the top! Sei dir dessen stets bewusst. Bist du endlich am Ziel angekommen, um auf dem Thron deiner Träume Platz zu nehmen, wirst du spüren, was wahrer Neid ist. Denn du musst feststellen, dass am Thron leider schon ein »Occupied«-Schildchen hängt. Hier sitze nämlich ich.

Schwanen-
gesang

Liebe Betroffene!

Ihr müsst wissen, Ähnlichkeiten zu lebenden oder bereits verstorbenen Persönlichkeiten sind voll beabsichtigt. Wenn ihr jetzt aufgeregt mit den Flügeln schlagt, weil euch nicht gefällt, was ihr über eure Person in diesem Buch lest, mein Tipp: Keep cool! Macht nur alt und Falten. Und Hand auf's Herz! Ist doch toll, wenn morgen RTL, Sat 1 und Pro 7 anrufen und alle Interviews mit euch wollen. Da macht das Leben als Promi doch wieder richtig Spaß, oder? Scheinwerferlicht und Kamerageknipse. Das Telefon, das die ganze Zeit klingelt. Dazu lauter Leute um einen rum, die aufmerksam lauschen, wie man darüber ablästert, was Bohlen, der alte Drecksack, da über einen erzählt hat. Und bei der Gelegenheit verdient ihr auch gleich noch ganz lässig zwei Euro fünfzig. Häääärlich!, sage ich nur.

By the way: Ein Pokerspieler hält immer noch ein Ass im Ärmel. Gelle, Verona?

Bis zum nächsten Buch,

Euer Dieter

Alle meine Künstler

Oder: Diskographie,
Personenregister, Bildnachweis

Diskographie

(Originalaufnahmen, Kompositionen, Coverversionen)

A

Alexander, Peter
1991 Verliebte Jahre (Album)
1991 Auf die Liebe kommt es an (Single)
1992 Der Tag des kleinen Helden (Single)

Anders, Thomas
1983 Heißkalter Engel (Single)
1983 Was macht das schon (Single)
1983 Wovon träumst Du denn (Single)
1984 Es geht mir gut heut' Nacht (Single)
1984 Endstation Sehnsucht (Single)

Ashberger, Peter
1989 Red Roses For My Lady (Single)

Atisha
1996 Secret Of The Night (Single)

B

Benson, Steve
1980 Don't Throw My Love Away (Single)
1981 Love Takes Time (Single)
1981 (You're A Devil With) Angel Blue Eyes (Single)

Berger, Jürgen
1980 Du siehst gut aus (Single)

Bianco, Lory »Bonnie«
1989 A Cry In The Night (Single)

Black, Roy
1991 Rosenzeit (Album)
1991 Frag' Maria (Single)
1991 Ich träume mich zu Dir (Single)
1991 Jeder braucht 'nen kleinen Flugplatz (Single)
1992 Mein Traum (Album)
1992 Rosenzeit (Single)

Blue System
1987 Walking On A Rainbow (Single)
1987 Sorry Little Sarah (Single)
1987 Sorry Little Sarah (New York Dance Mix) (Single)
1988 Body Heat (Album)
1988 My Bed Is Too Big (Single)
1988 Under My Skin (Single)
1988 Silent Water (Single)
1989 Twilight (Album)
1989 Love Suit (Single)
1989 Magic Symphony (Single)
1989 Love Me On The Rocks (Single)
1990 Obsession (Album)
1990 48 Hours (Single)
1990 Love Is Such A Lonely Sword (Single)
1990 When Sarah Smiles (Single)
1990 All Around The World (Video)
1991 Seeds Of Heaven (Album)
1991 Déjà vu (Album)
1991 Lucifer (Single)
1991 Testamente D'Amelia (Single)
1991 Déjà vu (Single)
1991 It's All Over (Single)
1992 Hello America (Album)
1992 Romeo & Juliet (Single)
1992 I Will Survive (Single)
1993 Backstreet Dreams (Album)
1993 History (Single)

1993 Operator (Single)
1994 21st Century (Album)
1994 X-Ten (Album)
1994 6 Years – 6 Nights (Single)
1994 That's Love (Single)
1994 Dr. Mabuse (Single)
1995 Forever Blue (Album)
1995 Laila (Single)
1996 Body To Body (Album)
1996 Only With You (Single)
1996 For The Children (Single)
1996 Body To Body (Single)
1997 Here I Am (Album)
1997 Love Will Drive Me Crazy (Single)
1997 Anything (Single)

Brink, Bernhard
1979 Frei und abgebrannt/Steig aus, wenn du kannst (Single)
1979 Ich wär' so gern wie Du/Du bist die Frau für's Leben (Single)
1979 Viel zu jung/Ich hab' den Koffer in der Hand (Single)
1979 Wenn and're schlafen/Spiel dein Spiel (Single)
1980 Fieber/Glaubst Du, Du findest den Weg (Single)
1980 Geh oder bleib (Single)

Brown, Errol
1992 Secret Rendezvous (Album)
1992 This Time It's Forever (Single)
1992 Secret Rendezvous (Single)
1993 Emmalene (That's No Lie) (Single)

C

Carpendale, Howard
1986 Sag ihm, dass du gehst – Here I Go Again (Single)

Castelli, Gino
1988 Rainbow To Paradise (Single)

C. C. Catch
1985 I Can Lose My Heart Tonight (Single)
1986 Catch The Catch (Album)
1986 Welcome To The Heartbreak Hotel (Album)
1986 Cause You Are Young (Single)
1986 Strangers By Night (Single)
1986 Heartbreak Hotel (Single)
1986 Heaven and Hell (Single)
1987 Like A Hurricane (Album)
1987 Are You Man Enough? (Single)
1987 Soul Survivor (Single)
1988 Diamonds (Album)
1988 Big Fun (Album)
1988 House Of Mystic Lights (Single)
1988 Backseat Of Your Cadillac (Single)
1988 Summer Kisses (Single)
1988 Nothing But A Heartache (Single)
1989 Baby I Need Your Love (Single)
1989 Good Guys Only Win In Movies (Single)
1998 Megamix '98 (Single)
1999 I Can Lose My Heart Tonight '99 (Feat. Krayzee) (Single)

Cheyenne
1979 Let Us Fly To America (Single)

Christian, John
1985 There's Too Much Blue In Missing You (Single)
1987 Ebony Eyes (Single)

Cinderella
1979 T-T-T-Shirt (Single)
1980 Mr. Pharao (Single)

The Clockwork Toys
1985 Modern Talking Medley (Single)

Clüver, Bernd
1983 Mit 17/Eine Insel zum Träumen (Single)
1983 Ein leeres Boot (Single)
1984 Der Wind von Palermo/Und wenn ein neuer Tag erwacht (Single)
1984 Ein Stück von meinem Himmel/Und wenn ein neuer Tag erwacht (Single)
1984 Sandy River/Die Wahrheit tut weh (Single)
1986 Gefühle sind herzlos/Ich fang' von vorn an (Single)

Conny & Jean
1984 Hilf mir, ich liebe dich (Single)

Cool Cut (with Eric Singleton)
1997 Please Let Me Know (Single)

Copy-Right
1985 You Can Win If You Want (Single)

Cordalis, Lucas
1992 Satellite To Satellite (Single)

Countdown
1989 Magic Race (Single)
1991 More Than Words (Single)

Cramer, Andreas
1981 Holiday auf Wolke 7 (Single)
1982 Halle HSV/Zu wenig Schlaf – zu viel Kaffee (Single)

Creative Connection
1985 You're My Heart, You're My Soul (Single)

D

Da Flow
1997 You're My Heart, You're My Soul (Single)

Dann, Georgi
1984 Ulé Tamouré (Single)

De Angelo, Nino
1989 Samurai (Album)
1989 Flieger (Single)
1989 Samurai (Single)
1989 If There's One Thing That's Forever (Single)
1989 Who's Gonna Love You Tonight (Single)

Double Trouble
1994 I Swear (Single)
1996 Come On Pussies (Single)

Drews, Jürgen
1989 Ich schenke dir Flügel/Ti amo (Single)

E

Ebstein, Katja
1982 Mann bist du schön (Single)

Engelbert
1989 Ich denk an dich (Album)
1989 Red Roses For My Lady (Single)
1989 I Wanna Rock You In My Wildest Dreams (Single)
1989 Only A Lonely Child (Single)

F

Fancy
1983 Reach For The Sky (Single)
1983 Love Takes Time (Single)

Fernandez, Millane
2001 Boom Boom (Single)
2001 Dam Dubi Dam (Single)

Forstner, Thomas
1989 Nur ein Lied (Single)
1989 Wenn nachts die Sonne scheint (Single)
1989 Song Of Love (Single)

Fritsche, Maja Katrin
1985 Ich bin stark nur mit dir (Single)

G

G & G Music
1987 Brother Louie (Single)
1987 Jet Airliner (Single)

Gerhard, Wolff
1984 Vielleicht bin ich zu jung (Single)

Gildo, Rex
1985 Du ich lieb' dich/Und wenn ein neuer Tag erwacht (Single)

Gold, Thommie
1983 Ulé Tamouré (Single)
1984 By The Old Tom Doo (Single)
1988 Sunny Guitar Dreams (Single)

Groove Gangster
1995 Probier's mal mit Gemütlichkeit (Single)

G-traxx
1997 Why? (Single)

Gunsch, Elmar
1981 Morgentau (Single)

<u>H</u>

Harris, Marc
1980 Maybe, I'm Right (Single)
1981 Airport (Single)

Headliner
1984 Catch Me I'm Falling (Single)

Heaven Knows
1986 Lucky Guy (Single)

Hit The Floor
1994 Energizer (Single)
1994 Love Generator (Single)

Hoffmann, Holger
1980 So schaffst du es nie (Single)

Holiday, Tony
1982 Dieselben Sterne leuchten auch für dich/Irgendwer, irgendwo, irgendwann (Single)
1983 Das sagt sich so leicht/Alle Kinder der Welt (Single)

I

Indian '94
1994 Indian Groove (Single)

Isabel
2002 Will My Heart Survive (Single)
2002 Like Snow In June (Single)

K

Kaiser, Roland
1983 Vielleicht war ich zu jung (Single)
1984 Und in dieser Nacht bin ich gestorben (Single)
1985 Nachts such ich dein Gesicht (Single)
1986 Midnight Lady (Single)
1986 Sie lebt in dir (Single)
1986 Du – wer sonst (Single)
1989 Jede Nacht hat deine Augen (Single)

King, Ricky
1981 Halé, Hey Louise (Single)
1982 Happy Guitar Dancing (Album)
1982 Ahoi, Ay, Ay Capt'n (Single)
1982 Fly With Me To Malibu (Single)
1983 Duwalyana (Single)
1986 Agadir (Single)

L

Lavi, Daliah
1986 In deinen Armen (Single)

Leit Motiv
1996 You're My Heart, You're My Soul (Single)

Lenz, Christine
1980 Den Duft der Freiheit spür'n/Müssen Tränen sein (Single)
1980 Die Schuhe in der Hand/Geh doch, geh Deinen Weg (Single)

Lift Up
1985 Diamonds Never Made A Lady (Single)

Little Severine
1986 Einmal mit Daddy (Single)

Lockwood, Joe
1986 Hey You (Single)

M

McKeown, Les
1988 She's A Lady (Single)
1988 Love Is Just A Breath Away (Single)
1989 It's A Game (Album)
1989 It's A Game (Single)
1989 Love Hurts And Love Heals (Single)
1989 Nobody Makes Me Crazy (Single)

McLean, Penny
1982 Wenn die Träume Flügel kriegen (Single)

Major T.
1994 Keep The Frequency Clear (Single)
1994 I Can Only Give You My Heart (Single)
1994 Tell Me Why (Single)
1996 Dicky Down (Single)

Marcel
1983 Sterntaler (Single)

Mardello, Marcel
1980 Morgentau (Single)

Martino, Al
1993 Voice To Your Heart (Album)
1993 Spanish Ballerina (Single)
1993 Lady Rosalita (Single)

Miller, Grant
1986 Doctor For My Heart (Single)

Modern Talking
1984 You're My Heart, You're my Soul (Single)
1985 The First Album (The 1st Album) (Album)
1985 Let's Talk About Love (Album)
1985 You Can Win If You Want (Single)
1985 Cheri Cheri Lady (Single)
1986 Ready For Romance (Album)
1986 In The Middle Of Nowhere (Album)
1986 Brother Louie (Single)
1986 Atlantis Is Calling (Single)
1986 Geronimo's Cadillac (Single)
1986 Give Me Peace On Earth (Single)
1986 The Video (Video)
1987 Romantic Warriors (Album)
1987 In The Garden Of Venus (Album)
1987 Jet Airliner (Single)
1987 In 100 Years (Single)
1998 Back For Good (Album)
1998 You're My Heart, You're My Soul '98 (Single)
1998 Brother Louie '98 (Single)
1999 Alone (Album)
1999 You're Not Alone (Single)
1999 Sexy, Sexy Lover (Single)
2000 2000 – Year Of The Dragon (Album)
2000 China in Her Eyes (Single)
2000 Don't Take Away My Heart (Single)
2001 America (Album)
2001 Win The Race (Single)

2001 Last Exit To Brooklyn (Single)
2002 Ready For The Victory (Single)
2002 Juliet (Single)
2002 Victory (Album)

Monza
1978 Hallo Taxi Nr. 10 (Single)
1978 Heiße Nacht in der City (Single)

N

N.O.R.A
1995 You're My Heart, You're My Soul (Single)

Norman, Chris
1986 Some Hearts Are Diamonds (Album)
1986 Midnight Lady (Single)
1986 Some Hearts Are Diamonds (Single)
1986 No Arms Can Ever Hold You (Single)
1988 Broken Heroes (Single)
1994 Wild Wild Angel (Single)

P

Platinas, Mike
1986 Atlantis Mix (Single)

R

Rivalen der Rennbahn
1989 Soundtrack (Album)

Roos, Mary
1985 Keine Träne tut mir leid (Single)
1985 Ich bin stark nur mit dir (Single)
1986 Bleib wie du bist (Single)

Rosenberg, Marianne
1989 I Need Your Love Tonight (Single)

Ross, Lian
1985 Fantasy (Single)

S

Sanders, Melanie
1981 Weck mich nicht auf (Single)

Sanders, Norman
1979 Fremde Augen/Benito der Clown (Single)

Schörner, Hannes
1980 Sommernacht in unsrer Stadt (Single)
1988 Vielleicht wirst du nie geboren (Single)

Schwarz, Christian
1980 Mama Mama Believe Me (Single)

Secret Star
1986 Jump In My Car (Single)

Shayne, Ricky
1989 Once I'm Gonna Stay Forever (Single)

Sheree
1988 Ronnie Talk To Russia (Single)

Si Si Sabine
1986 Sahne am Kleid (Single)

Simmons, Ryan
1984 Lucky Guy (Single)
1985 The Night Is Yours, The Night Is Mine (Single)

Smokie
1989 Young Hearts (Single)

Stadtindianer, Die
1994 Soundtrack (Album)

Stein, Tanja
1984 Sieben Rosen (Single)

Steiner, Tommy
1984 Das ewige Feuer/So war das damals (Single)

Stevie
1980 Hey, Little Devil (Single)

Sunday
1981 Jung und frei (Single)
1981 Halé, Hey Louise (Single)

Susan & Chris
1983 Bel Ami (Single)

T

T-Ark
1989 Carry Me (Single)

The Teens
1980 She's A Groover (Single)
1981 New York (Single)
1982 Automatic World (Single)

Terra Alpha
1986 Unsere Überschallrakete (Single)
1986 Atlantis taucht unter (Single)

Thiele, Achim
1979 Ich flipp aus (Single)

T.N.T.
1992 Foolish Heart (Single)

Touché
1997 Part One (Album)
1997 I Can't Get No Sleep (Single)
1997 I Want You Back, I Want Your Heart (Single)
1998 I'll Give You My Heart (Single)
1998 Kids In America (Album)
1998 Y.M.C.A. (Single)
1998 This Goodbye Is Not Forever (Single)
1999 Dinner In Heaven (Single)
1999 Kids In America (Single)
2000 Another Part Of Us (Album)
2000 Heaven Is For Everyone (Single)

Turner, Ann
1989 I'm Your Lady (Single)

Tyler, Bonnie
1991 Bitterblue (Album)
1991 Against The Wind (Single)
1991 Bitterblue (Single)
1992 Angel Heart (Album)
1992 Fools Lullaby (Single)
1992 Call Me (Single)
1993 Silhouette In Red (Album)
1993 Sally Comes Round (Single)
1993 God Gave Love To You (Single)
1993 Stay (Single)
1993 From The Bottom Of My Lonely Heart (Single)
1994 Comeback Single-Collection ('90–'94) (Album)
1994 Back Home (Single)

V

Vocal Control
1985 Cheri Cheri Lady (Single)

W

Warwick, Dionne
1989 It's All Over

Wegas, Tony
1992 Zusammen geh'n (Single)

West, Richie
1981 Reach For The Sky (Single)

Wildecker Herzbuben, Die
1995 Kuschelzeit (Album)
1996 Bitte, bitte, bitte…! (Single)

Whittaker, Roger
1995 Ein schöner Tag mit Dir (Album)
1995 Ein schöner Tag mit Dir (Duet with Aylin) (Single)
1996 A Perfect Day (Single)

Wollersen, Lutz
1984 Wenn Engel Trauer tragen (Single)

Z

Zorc, Der Mann ohne Grenzen
1992 Soundtrack (Album)

Meine erfolgreichsten Singles in den deutschen Top 100 Verkaufs-Charts

(gereiht nach der höchsten Platzierung und der Anzahl der Wochen)

Schönen Dank an Dr. Hendrik Olandt für die folgenden Übersichten. Die jeweils aktuellen Versionen finden sich auf seiner Fanpage »Hendrik's Modern Talking Site«, www.geocities.com/Hollywood/Heights/8073/mt.html

Rang	Interpreten	Single	Jahr	Höchste Platzierung	Anzahl der Wochen
1	Modern Talking	You're My Heart, You're My Soul	1984	1	25
2	Modern Talking	Cheri Cheri Lady	1985	1	22
3	Modern Talking	You Can Win If You Want	1985	1	21
4	Chris Norman	Midnight Lady	1986	1	18
5	Modern Talking	Brother Louie	1986	1	17
6	Modern Talking	Atlantis Is Calling	1986	1	14
7	Modern Talking	You're My Heart, You're My Soul '98	1998	2	20
8	Chris Norman	Broken Heroes	1988	3	12
9	Modern Talking	Geronimo's Cadillac	1986	3	11
10	Modern Talking	Win The Race	2001	5	13
11	Blue System	Under My Skin	1988	6	14
12	Modern Talking	You Are Not Alone	1999	7	15
13	Modern Talking	Jet Airliner	1987	7	11
14	Modern Talking	Ready For The Victory	2002	7	11
15	C.C.Catch	Heartbreak Hotel	1986	8	17
16	Modern Talking	China In Her Eyes	2000	8	9
17	C.C.Catch	Strangers By Night	1986	9	15
18	C.C.Catch	Cause You Are Young	1986	9	14
19	Blue System	My Bed Is Too Big	1988	10	26

Rang	Interpreten	Single	Jahr	Höchste Platzierung	Anzahl der Wochen
20	Blue System	Magic Symphony	1989	10	22
21	C.C.Catch	Back Seat Of Your Cadillac	1988	10	14
22	Nino de Angelo	Samurai	1989	11	13
23	Blue System	Déjà Vu	1991	12	15
24	C.C.Catch	I Can Lose My Heart Tonight	1985	13	15
25	Nino de Angelo	Flieger	1989	13	13
26	C.C.Catch	Heaven And Hell	1986	13	10
27	Blue System	Silent Water	1989	13	9
28	Ricky King	Halé, Hey Louise	1981	14	22
29	Blue System	Sorry Little Sarah	1987	14	15
30	Blue System	Love Suite	1989	14	12
31	Chris Norman	Some Hearts Are Diamonds	1986	14	12
32	Modern Talking	Sexy Sexy Lover	1999	15	9
33	Blue System	Love Is Such A Lonely Sword	1990	16	19
34	Modern Talking	Brother Louie '98	1998	16	11
35	Roland Kaiser	Midnight Lady (Einsam so wie ich)	1986	16	11
36	Bonnie Tyler	Bitterblue	1991	17	17
37	C.C.Catch	Soul Survivor	1987	17	14
38	Bernhard Brink	Ich wär so gern wie du/Du bist die Frau fürs Leben	1979	19	16
39	C.C.Catch	Are You Man Enough?	1987	20	10
40	Millane Fernandez	Boom Boom	2001	21	18
41	C.C.Catch	House Of Mystic Lights	1988	22	15
42	Bernhard Brink	Frei und abgebrannt/Steig aus, wenn du kannst	1979	24	12

Rang	Interpreten	Single	Jahr	Höchste Platzierung	Anzahl der Wochen
43	Blue System	Lucifer	1991	25	12
44	Blue System	Romeo & Juliet	1992	25	9
45	Modern Talking	Juliet	2002	25	8
46	Errol Brown	This Time Is Forever	1992	26	15
47	Blue System	History	1993	26	11
48	Touché	This Goodbye Is Not Forever	1998	27	12
49	Blue System	Laila	1995	29	15
50	Bonnie Tyler	Fools Lullaby	1992	29	13
51	Modern Talking	Give Me Peace On Earth	1986	29	8
52	Blue System	48 Hours	1990	29	8
53	Modern Talking	In 100 Years	1987	30	6
54	Touché	Y.M.C.A.	1998	31	14
55	Millane Fernandez	I Miss You (Dam Dubi Dam)	2001	31	10
56	C.C.Catch & Krayzee	Megamix '98	1998	33	11
57	Les McKeown	It's A Game	1989	33	9
58	Blue System	Testamente D'Amelia	1991	34	7
59	Ricky King	Fly With Me To Malibu	1982	35	9
60	Bernhard Brink	Fieber/Glaubst du, du findest den Weg	1980	35	7
61	Isabel	Will My Heart Survive	2002	35	9
62	Bonnie Tyler	Against The Wind	1992	36	7
63	Modern Talking	Last Exit To Brooklyn	2001	37	5
64	Les McKeown	She's A Lady	1988	38	17
65	Roy Black	Ich träume mich zu Dir	1991	39	17
66	C.C.Catch	Nothing But A Heartache	1989	39	7

Rang	Interpreten	Single	Jahr	Höchste Platzierung	Anzahl der Wochen
67	Lory »Bonnie« Bianco	A Cry In The Night	1989	41	12
68	Bernhard Brink	Viel zu jung/Ich hab den Koffer in der Hand	1980	41	8
69	Modern Talking	Don't Take Away My Heart	2000	41	5
70	Smokie	Young Hearts	1989	43	9
71	Ricky King	Ahoi, Ay, Ay Capt'n	1982	44	10
72	Isabel	Like Snow in June	2002	47	
73	Les McKeown	Love Is Just A Breath Away	1988	44	6
74	Les McKeown	Love Hurts And Love Heals	1989	47	9
75	Blue System	6 Years, 6 Nights	1994	47	5
76	Engelbert	Red Roses For My Lady	1989	50	10
77	Touché	I Want You Back, I Want Your Heart	1997	51	9
78	Roy Black	Jeder braucht 'nen kleinen Flugplatz	1992	52	7
79	Chris Norman	No Arms Can Ever Hold You	1987	52	6
80	Touché	I Can't Get No Sleep	1997	53	9
81	Marianne Rosenberg	I Need Your Love Tonight	1989	56	7
82	Peter Alexander	Auf die Liebe kommt es an	1992	57	5
83	Blue System	Only With You	1996	58	3
84	Blue System & Dionne Warwick	It's All Over	1991	60	8
85	Blue System	When Sarah Smiles	1990	63	5
86	Touché	Kids In America	1999	63	4
87	Blue System	For The Children	1996	67	3
88	C.C.Catch & Krayzee	I Can Lose My Heart Tonight '99	1999	72	6

Rang	Interpreten	Single	Jahr	Höchste Platzierung	Anzahl der Wochen
89	Errol Brown	Secret Rendezvous	1992	72	4
90	Roy Black	Frag Maria	1991	74	6
91	The Teens	New York	1981	75	1
92	Bonnie Tyler	Sally Comes Around	1993	76	3
93	Blue System	Anything	1997	79	1
94	Roy Black	Rosenzeit	1992	84	2
95	Bonnie Tyler	Call Me	1993	86	4
96	Blue System	Operator	1993	87	3
97	Engelbert	I Wanna Rock You In My Wildest Dreams	1990	88	2
98	Major T.	Tell Me Why	1995	92	1
99	Errol Brown	Emmalene (That's No Lie)	1993	92	1
100	Al Martino	Spanish Ballerina	1993	93	1

Meine erfolgreichsten Alben in den deutschen Top 100 Verkaufs-Charts

(gereiht nach der höchsten Platzierung und der Anzahl der Wochen)

Rang	Interpreten	Single	Jahr	Höchste Platzierung	Anzahl der Wochen
1	Modern Talking	Back For Good	1998	1	52
2	Modern Talking	The First Album	1985	1	43
3	Modern Talking	Alone	1999	1	27
4	Modern Talking	Ready For Romance	1986	1	26
5	Modern Talking	Victory	2002	1	15
6	Modern Talking	In The Middle Of Nowhere	1986	1	13

Rang	Interpreten	Single	Jahr	Höchste Platzierung	Anzahl der Wochen
7	Modern Talking	Let's Talk About Love	1985	2	44
8	Rivalen der Rennbahn	Soundtrack	1989	2	27
9	Modern Talking	America	2001	2	15
10	Modern Talking	Year Of The Dragon	2000	3	18
11	Ricky King	Happy Guitar Dancing	1982	3	14
12	Modern Talking	Romantic Warriors	1987	3	10
13	Roy Black	Rosenzeit	1991	5	25
14	Blue System	Backstreet Dreams	1993	5	15
15	C.C.Catch	Catch The Catch	1986	6	17
16	Blue System	Seeds Of Heaven	1991	11	27
17	Blue System	Twilight	1989	11	25
18	Blue System	21st Century	1994	11	13
19	Chris Norman	Hits From The Heart	1988	13	11
20	Blue System	Obsession	1990	14	14
21	Chris Norman	Some Hearts Are Diamonds	1986	14	12
22	Modern Talking	Best Of Modern Talking	1988	16	9
23	Blue System	Déjà vu	1991	18	14
24	Blue System	Forever Blue	1995	18	11
25	Blue System	Body Heat	1988	20	16
26	Engelbert	Ich denk an Dich	1989	20	12
27	Bonnie Tyler	Bitter Blue	1991	22	17
28	Blue System	X-Ten	1994	24	10
29	Bonnie Tyler	Angel Heart	1992	28	25
30	Bonnie Tyler	Silhouette In Red	1993	28	13
31	C.C.Catch	Welcome To The Heartbreak Hotel	1986	28	8
32	Blue System	Body To Body	1996	28	6
33	Blue System	Hello America	1992	29	20
34	C.C.Catch	Like A Hurricane	1987	30	6

Rang	Interpreten	Single	Jahr	Höchste Platzierung	Anzahl der Wochen
35	Touché	Part One	1997	35	8
36	Modern Talking	In The Garden Of Venus	1987	35	5
37	Blue System	Here I Am	1997	38	3
38	Bonnie Tyler	Comeback Single Collection	1994	39	9
39	C.C.Catch	Diamonds	1988	43	5
40	C.C.Catch	Big Fun	1988	53	5
41	C.C.Catch	Best Of '98	1998	76	6
42	Touché	Kids In America	1998	89	3

Alle meine Auszeichnungen

Jahr	Künstler	Auszeichnung	Kategorie	Land
2002	Modern Talking	Echo-Preis	Gruppe National/ Rock-Pop nominiert	Deutschland
2002	Modern Talking	Top of the Pops Award	Top Artist Germany	Deutschland
2001	Modern Talking	Echo-Preis	Gruppe National/ Rock-Pop nominiert	Deutschland
2000	Modern Talking	Echo-Preis	Gruppe National/ Rock-Pop international nominiert	Deutschland
2000	Modern Talking	Amadeus Award	Beste Gruppe/ Pop-Rock nominiert	Österreich
1999	Modern Talking	Record-99 Award	Sales Award	Russland
1999	Modern Talking	World Music Awards	World's Best-Selling German Group	

Jahr	Künstler	Auszeichnung	Kategorie	Land
1999	Modern Talking	Radio Regenbogen Award	Comeback des Jahres	Deutschland
1999	Modern Talking	Echo-Preis	Gruppe National/ Rock-Pop	Deutschland
1999	Modern Talking	Echo-Preis	Rock/Pop Single national Nominiert	Deutschland
1999	Modern Talking	Goldene Kamera	Comeback des Jahres	Deutschland
1998	Modern Talking	Goldene Europa	Comeback des Jahres	Deutschland
1998	Modern Talking	Bambi	Comeback des Jahres	Deutschland
1998	Modern Talking	Viva Comet	Lebenswerk	Deutschland
1989	Dieter Bohlen		Held der russischen Jugend	Russland
1986	Modern Talking	Der Goldene Löwe	Beste Gruppe des Jahres	Deutschland/ Luxemburg
1986	Modern Talking	BRAVO Otto	Beste Gruppe, Silver Award	Deutschland
1985	Dieter Bohlen	Goldene Stimmgabel	Erfolgreichster Produzent und Komponist	Deutschland
1985	Modern Talking	BRAVO Otto	Beste Gruppe, Gold Award	Deutschland

Alle meine Songs für den Grand Prix d'Eurovision de la Chanson

Jahr	Interpret	Lied	Platzierung	Land
2002	Isabel	Will My Heart Survive (Vorausscheidung)	6	Deutschland
1992	Tony Wegas	Zusammen geh'n	10	Österreich
1989	Thomas Forstner	Nur ein Lied	5	Österreich
1989	Nino de Angelo	Flieger	14	Deutschland

Personenregister

Bildnachweis

Kapitelaufmacher
S. 7: Stefan Pick; S. 10, 38: privat; S. 65: action press/Abi Schmidt; S. 85: privat; S. 103, 108: Fryderyk Gabowicz; S. 115: dpa München; S. 118: Fryderyk Gabowicz; S. 123: BMG; S. 137: People Picture; S. 163: dpa München; S. 171: dpa München; S. 181, 186: privat; S. 192: dpa München; S. 202: privat; S. 206: dpa München; S. 213: dpa München; S. 216: dpa München; S. 221: privat; S. 263: Stephan Pick; S. 268, 276: Wolfgang Wilde; S. 282: Stephan Pick; S. 297: action press/Thomas Meyer; S. 301, 306: Stephan Pick; S. 308: privat

Erster Bildteil
S. 1–6: privat; S. 7: dpa München; S. 8: BMG

Zweiter Bildteil:
S. 1: Stephan Pick; S. 2: action press/Thomas Gottschalk; S. 3: Bild-Zeitung/Sybill Schneider; S. 4: Stephan Pick; S. 5, 6: privat; S. 7, 8: Stephan Pick

DIETER BOHLEN
GREATEST HITS
ZUM ERSTEN MAL
DIE GRÖSSTEN
DIETER BOHLEN-HITS
AUF EINER CD!
DIETER BOHLEN
GREATEST HITS
INKL. DEN MEGA-HITS:
YOU'RE MY HEART, YOU'RE MY SOUL, MIDNIGHT LADY,
UNDER MY SKIN, WIN THE RACE & HEARTBREAK HOTEL.
MIT DEN STARS:
MODERN TALKING, CHRIS NORMAN, C.C. CATCH,
BLUE SYSTEM, NINO DE ANGELO, BONNIE TYLER,
ERROL BROWN, TOUCHÉ, MILLANE & ISABEL.
BMG
BERLIN MUSIK
HANSA